SOY MALINTZIN

PEDRO J. FERNÁNDEZ

SOY MALINTZIN

OCEANO

SOY MALINTZIN

© 2021, 2023, Pedro J. Fernández

Diseño de portada: Jorge Garnica
Fotografía del autor: Javier Escalante

D. R. © 2023, Editorial Océano de México, S.A. de C.V.
Guillermo Barroso 17-5, Col. Industrial Las Armas
Tlalnepantla de Baz, 54080, Estado de México
info@oceano.com.mx

Primera edición en Océano: 2023

ISBN: 978-607-557-798-2

Impreso en México / Printed in Mexico

Para Fernanda Álvarez
y Andoni Vales

*Una historia que fue sometida a toda clase de tergiversaciones, no sólo por par-
te de quienes entonces vivían, sino también en tiempos posteriores; porque es lo
cierto que toda transición de prominente importancia está envuelta en la duda y
la oscuridad. Mientras unos tienen por hechos ciertos los rumores más precarios,
otros convierten los hechos en falsedades. Y unos y otros son exagerados por la
posteridad.*

TÁCITO

*A veces casi sueño que yo también he pasado una vida a la manera de los sabios,
y pisé una vez caminos familiares. Tal vez perecí en una autosuficiencia arrogan-
te hace siglos; y en ese acto se elevó una oración por una oportunidad más, así
que por instinto con mejor luz, dejada entrar por la muerte, esa vida se borró,
mas no tan completamente, pues aún quedaron suficientes restos de ella, tenues
recuerdos, como ahora. Una vez más el objetivo está a la vista.*

ROBERT BROWNING

¡Escucha, hijo mío!

Sé a qué has venido a mi lecho.

Calla por un momento, porque yo soy la mujer de muchas lenguas. Hoy llegarán a ti palabras de lo que no puede ser creído, de lo que no debe ser olvidado, de lo que no debe morir mientras el tiempo sea tiempo... y lo llevarás por siempre en tu corazón.

Escucha mis sueños de piedra, de fuego y de humo, de vida y muerte... escucha esta historia, espejo, para que reflejes en ella lo que llevas en tu espíritu.

Escucha tú también, Coatlicue, pues tu falda de serpientes, tu cintura rodeada de cráneos y tu mirada de reptil serán invocadas entre nosotros. ¡Más viva que nunca!

Deja que las palabras liberen las cadenas de tu espíritu, permite que sean viento, tierra, sueño; olvida todo lo que conoces y vuelve a soñar que el mundo se crea de nuevo entre aguas turbulentas y ríos de fuego. Yo, Malintzin, no soy lo que otros te han hecho creer. Mucho se ha hablado de mí, pero es momento de que te cuente sobre el camino de piedras, los dioses muertos, las enfermedades horribles y las noches tristes que nos han traído hasta aquí.

¡Escucha, hijo mío!

¡Escucha!

Y mis palabras serán las tuyas...

Ik'

Viento

Sueños de Piedra Muerta

COMENZAMOS A MORIR con el primer aliento de vida. El día que lo entendí, el cielo nocturno tronaba furioso; chocaban entre sí nubarrones sin forma, fríos truenos anunciaban la próxima tormenta que habría de inundar los rincones ocultos de la selva. El viento soplaba en círculos violentos desde lo más alto del cielo, agitando las nubes, las copas de los árboles, las hojas de las ramas más largas, el nido de un águila. El mundo en movimiento estaba lleno de vida, pero al mismo tiempo mostraba su poder de destrucción. Escuché círculos de viento cuando me asomé por la entrada de la casa; un escalofrío subió por mi espalda como si una serpiente de nieve se enredara en mis huesos y los apretara.

Sabía que los dioses estaban inquietos porque sentía su aliento enojado.

—Sería típico del viejo egoísta morirse un día como hoy —escuché la voz de mi madre, la de una mujer que apenas llegaba a los treinta años; usaba el cabello largo, tenía los ojos pequeños como granos de cacao y, en la piel, el color gris de la arena húmeda. Las otras tres concubinas, un poco más jóvenes, se quedaron calladas en una de las esquinas del cuarto. Estaban asustadas, rezaban.

Yo volví al rincón para sentarme en cuclillas; jugaba a preparar las tortillas en un metate de piedra pequeño que me había regalado papá en las últimas fiestas de Tláloc, dios de la lluvia, lo mismo que un comal más chico que mi cara. Ahí molía la nada y cocía el aire... pasaba tardes enteras imaginando que hacía la comida, platicando conmigo misma sobre lo que me había pasado durante el día.

—¿Bebió el agua hervida con hierbas, como le ordené? —preguntó el Tiempero.

—Desde hace tres noches, pero su pecho sigue muy hinchado. Es un viejo egoísta. Antes del amanecer, el señor que gobierna sobre el lugar de los muertos habrá venido por su espíritu.

—Si bebió el agua, recuperará la salud.

El idioma que usaban era el popoluca; mismo que todos hablábamos en Oluta, el pueblo donde nací. Aunque también sabíamos maya y náhuatl, pues pasaban muchas personas que hablaban esas lenguas para vender o comprar conchas de colores y otros tesoros del mar. Así fue como todos en la casa las aprendimos.

Me detuve, levanté la cabeza. El Tiempero era un hombre arrugado, con el cabello blanco como la espuma que dejan las olas al chocar con la playa. Solía vestir una pieza sencilla de algodón blanco, y papá lo iba a buscar cada vez que se sentía mal, porque él sabía qué hierbas tenían el poder de sanar dolencias de cuerpo y espíritu. Además, decían por ahí, adivinaba el futuro sólo con mirar las estrellas durante largo rato. Hasta sugería que no estaban fijas, sino que se movían muy quietecitas en el cielo, y que eso también definía nuestro destino.

—Será mejor preparar los rituales funerarios. Si no se acercara la tormenta, si las nubes no taparan el cielo, estoy segura de que verías en el futuro titilante que tengo toda la razón. Eres un necio también, ¿para qué levantas tanto la cabeza? Un día de estos olvidarás que la vida está aquí abajo, que en la tierra es donde se vive, se sufre, y se muere. Deja el cielo a los dioses.

El Tiempero sacudió la cabeza mientras soltaba un suspiro.

—Rezaré toda la noche para que encuentres el sosiego que te hace falta. Volveré en la mañana para revisar al enfermo. Verán que tengo razón... si no quieres verme, que me reciba alguna de estas mujeres.

Mientras el pobre hombre hacía a un lado la cortina gris que teníamos a la entrada de la casa, escuché el trueno, como tambor de guerra, seguido de la lluvia potente que caía sin tregua sobre el pueblo.

Ya solos, mamá soltó para sí:

—¡Viejo tonto!

Luego aventó su collar de conchas hacia la esquina en donde temblaban las otras concubinas; una de ellas lo recogió, pues todo lo que venía del mar tenía un gran valor para nosotras.

Yo, asustada, bajé la cabeza. Volví a preparar tortillas imaginarias en el comal de juguete. Tláloc, dios y señor de la lluvia, debía estar molesto por algo. No era usual que los cielos se abrieran de esa manera, con tanta furia. Cada rayo era sólo el preludio de un rugido terrible.

Cerré los ojos muy fuerte. Al menos el miedo servía para matar el hambre. Con la visita del Tiempero, ni siquiera habíamos cenado. Ay, ojalá hubiera sobrado alguna tortilla del mediodía o un guiso de pescado. A mamá, eso no le importaba. Caminaba de un rincón a otro del cuarto, como si aquélla fuera su prisión, como si tuviera la necesidad de salir corriendo pero tuviera que quedarse ahí. El único lugar al que no se acercó fue precisamente a donde yo jugaba, pues a mi lado estaba papá. Se encontraba recostado bocarriba en su petate. Una manta vieja cubría todo su cuerpo, y sus manos reposaban sobre el pecho inflado. Estaba pálido, sudaba. Desde hacía horas había cerrado los ojos como si durmiera, pero no era así. Más bien tenía tanta fiebre que no podía mantenerse despierto. Sus labios se movían como si dijera algo, pero ningún sonido salía de su boca, ni siquiera una palabra. Respiraba muy rápido. Temblaba.

Yo sólo tenía ocho años. Creía que si rezaba con suficiente fuerza, los dioses escucharían mis plegarias, mis pensamientos ocultos... Toqué a papá. Su brazo se sentía frío. Estaba segura de que podría hablar con él por la mañana, que tal vez el Tiempero no se había equivocado, porque él conocía el mundo a través de las estrellas.

—¡Anda! ¡A dormir, Malinalli! —me ordenó mamá con un grito.

Yo quería quedarme con él, pero no era costumbre que las mujeres durmieran en el cuarto del señor de la casa. Nosotras teníamos el nuestro, más pequeño, al otro lado del patio. Ahí cuidábamos que el fuego del hogar no se apagara, se preparaba la comida y se trabajaba el algodón para la ropa de todos en la casa. Levanté mis juguetes, los apreté contra mi pecho y salí del cuarto.

Mis pies descalzos sintieron la tierra húmeda, las gotas frías cayeron sobre mi frente. Aullaba el viento cual ocelote negro.

Entré a nuestra habitación y las otras hijas de papá estaban ahí. Las otras concubinas entraron detrás de mí, y comenzaron a preparar el espacio para que durmiéramos. Al menos una de ellas se apiadó de mí y me calentó un par de tortillas en el comal para matar el hambre antes de dormir.

No pasó mucho tiempo cuando mamá entró y me vio sentada en el piso.

—¡Te dije que te durmieras! ¿Por qué no me obedeces?

No quise decir nada, así que me recosté en mi petate. Me cubrí con una manta mientras mamá se sentaba frente al fuego del hogar para cuidarlo y para calentarse.

Cerré los ojos.

Poco después comenzó la furia de la tormenta. Primero escuché algunas gotas gruesas chocar sobre las hojas de los árboles. Luego, al aire violento que enfriaba todo el pueblo. Se abrieron los cielos, gritaron los dioses. Apreté mis piernas contra mi pecho y temblé con los ojos cerrados, hasta que...

Unos ojos de piedra me miraban desde lo alto; en mi mundo de sueños no había color. Poca luz, muchas sombras, y un silencio largo como la existencia del mundo. Yo conocía a la señora. Su rostro eran dos serpientes que se juntaban, cráneos blancos rodeaban su cintura y su falda estaba hecha de culebras vivas. Tenía los pechos secos, y sus manos y pies no eran sino terribles garras. Ella, Coatlicue, era madre de la noche, de los secretos, de todo aquello que se encuentra oculto por designio de los dioses. Ella había entrado a mis sueños y había levantado su mano derecha para señalarme, pero no a mí, sino a lo que se hallaba detrás de mí: una ciudad muy grande, llena de fuego y humo, que se consumía. Relámpagos de sangre atravesaban el cielo y...

Me senté. Abrí los ojos. Una luz blanca y el ácido olor de la tierra húmeda lo llenaban todo. Las gotas que caían de los árboles eran la única prueba de que había estado lloviendo toda la noche. Me llevé la mano al pecho, mi corazón latía muy rápido. Tenía un miedo terrible, la imagen del fuego y el humo no me dejaba. Intenté acomodarme y me quité la manta que se había enredado entre mis piernas. Sin importarme el frío, o que los demás aún durmieran, salí al patio. El cielo era blanco, apenas había luz. Intenté evitar los charcos que se formaban en el lodo, pero los dedos de mis pies se mojaron. Llegué al cuarto de papá, dos esclavos suyos estaban esperando a que despertara para llevarle algo de comer.

No sé por qué, pero empezó a dolerme el estómago. Entré al cuarto con mucho cuidado y me acerqué a él. Sin querer, toqué su mano... fría...

¡Era una mano muerta!

Volví a tocarla para darme cuenta de que lo había perdido para siempre. El señor que mora sobre el lugar de los muertos había venido a recoger su espíritu por la noche.

Una punzada me atravesó el pecho, me subió por la garganta y me arrebató las palabras. Nunca había sentido tanta tristeza.

Apreté los labios mientras lágrimas salían de mí sin que yo pudiera evitarlo. Me aferré a su cuerpo sin espíritu, lo abracé por última vez, lo llamé por su nombre, le pedí que me respondiera. ¡Tenía tantas ganas de contarle mi sueño y que él me consolara!

Pero él no respondió, la vida se le había ido. No tendría la oportunidad de escuchar su voz nunca más... ¡Nunca!

—Viejo necio —exclamó mamá, quien había estado viendo aquella escena sin haber querido compartir ni siquiera un poco de consuelo para mí; en lugar de eso, escupió cerca de la puerta y salió de la casa.

Yo me quedé ahí, abrazada al cuerpo muerto de papá, llorando con la misma fuerza con la que lo había hecho Tláloc durante toda la noche.

Ese día conocí la muerte. Y supe que yo también moriría. Así los dioses un día dejarán de soplar vientos fríos sobre la Tierra, porque su aliento se habrá detenido... y llegará el día en el que los hombres olvidarán sus nombres.

Cuando la noticia se dio a conocer, hombres y mujeres de Oluta pidieron ver al muerto. Mamá los dejó entrar en grupos pequeños.

De acuerdo con las creencias de nuestro pueblo, durante los próximos días nos preparamos para su entierro. Mamá hizo traer a un sacerdote de un templo que quedaba cerca de Citlaltépetl, el volcán de la cumbre nevada. Él procedió a hacer los ritos necesarios: desde los rituales ocultos hasta los rezos enredados.

Después de lavar el cuerpo de mi padre, le llenaron la boca con maíz molido y una piedra de jade.

Aunque no estaba permitido que una chamaca viera estos rituales, ni mamá ni las otras concubinas estaban para cuidarme, por lo que pude escabullirme al cuarto donde tenían el cuerpo de papá. Ahí, me asomé con mucho cuidado y lo vi todo. Cómo le rezaban y le lloraban; cómo le envolvían cada parte con las mantas de algodón. Sobre aquel bulto, que tenía forma de hombre, colocaron una máscara de barro, en la cual habían pintado unos ojos y una boca.

Dolía sentir que me faltaba un trozo de vida.

Antes de que cayera el sol, su xoloitzcuintle fue sacrificado, y también envuelto en una manta. Los dos habrían de arder, de irse al lugar de los muertos, donde no hay puertas ni ventanas, donde sólo un perro puede ayudarte a pasar las horrorosas pruebas dispuestas por el Señor de la Muerte.

¡Cómo me pesaron esas horas de luto! No sólo porque mamá, las otras concubinas y sus hijos e hijas lloraban a todas horas y arrastraban los pies en el patio. Tampoco porque no pudimos ver el sol, velado por las nubes de tormenta que amenazaban con quedarse para siempre; ni siquiera por el Tiempero que se paseaba por Oluta, apoyado en un viejo palo de madera, para gritar (a todo aquel que deseara escucharlo) que pronto veríamos los presagios de la destrucción de nuestro mundo. Más bien, sentí la extrañeza de aquellos días en la ausencia de papá, en no verlo en su cuarto, en no escuchar su voz dar órdenes a sus esclavos, negociar algún trueque con los mexicas o contarme la historia de cómo los dioses nos formaron como al maíz.

En la muerte, cuanto más pesa el silencio, más duele la ausencia.

Mientras moría el día, su cuerpo permaneció sobre una piedra larga. Ahí llegaron sus amigos, algunos de Oluta, otros de pueblos cercanos. Lloraban y tocaban la máscara de barro como si se tratara del rostro de papá. Le reclamaban a Mictlantecuhtli por habérselo llevado. Cierro los ojos y recuerdo una de sus voces, seca, desgarrada, triste, que entonaba un viejo cantar en náhuatl:

> Por eso lloro, me aflijo,
> quedo abandonado entre la gente de la Tierra.
> ¿Qué quiere tu corazón, Dador de la vida?
> Que salga de tu pecho la miseria.
> Que supure cerca de ti tu dios.

Cuando terminaron los hombres, las concubinas de papá hicieron lo mismo. Una a una se acercaron al bulto aquel para llorarle. Mamá fue la primera porque era la favorita, y yo la escuché murmurar entre dientes:

—¡Viejo necio! —antes de sollozar y dejar que las otras concubinas se aproximaran. Una de ellas, la más joven, incluso bailó alrededor del cuerpo mientras se despedía de él.

Ni sus hijos e hijas, ni yo misma, pudimos acercarnos. Nos dolía demasiado el corazón, pero no nos estaba permitido volver a la casa. El atardecer pronto llegaría a su fin, comenzaría a oscurecer. Si las nubes no hubieran cubierto el cielo, quizá habríamos podido ver un atardecer brillante, como los que tanto le gustaban a papá.

El sacerdote se aproximó con una antorcha en la mano. La roja luz del fuego nos empapó a todos. Sombras largas aparecieron debajo de nosotros, de los troncos de los árboles y también de sus hojas.

Yo no quería ver, mas no cerré los ojos. Apreté las manos, aguanté los sollozos, tragué saliva. Para distraerme, intenté pensar en aquel sueño en el cual se me había aparecido Coatlicue hecha de piedra. No pude hacerlo. Tras un largo silencio, fuimos espectadores mudos de cómo la antorcha se acercaba al cuerpo de papá, y al de su perro, y se prendían juntos. Lo último en desaparecer fue la máscara de barro. Un momento luminoso para una vida que se convertía ya en recuerdo.

Polvo fue lo que quedó. Cenizas y pedazos de huesos, recuerdo de una vida que me hubiera gustado conocer, porque nadie me la había contado. ¿De qué sirve llevarse secretos y verdades a la tumba si los muertos no pueden hablar después? Lo que quedó de papá fue envuelto en otro petate, el cual enterramos en el patio de la casa.

Recuerdo que el viento sopló durante días, y yo me quedaba en el patio, con los brazos extendidos y los ojos cerrados. Me gustaba imaginar que el aire no era el aliento de los dioses, sino el espíritu de todos aquellos que han muerto, que nos acompañan, nos murmuran y nos guían.

Los muertos no se olvidan, nos hablan a su manera, nos dicen cómo actuar y hacia dónde debemos caminar. Y cuando más desesperados nos sentimos, nos dan un poco de esperanza para seguir.

De niña no lo sabía. Me preocupaba más por el viento, por los juegos y por las tortillas calientes, hasta por cómo mi cuerpo cambiaba para convertirme en mujer, y pensaba en el hombre desconocido con el que compartiría mi lecho algún día.

El mundo cambiaba a mi alrededor y yo no me daba cuenta.

Muerto el cacique del pueblo, otro ocuparía su lugar, siempre y cuando los mexicas estuvieran de acuerdo con ese otro hombre que tomara el poder.

Debí saber qué sucedería, pues yo ya entendía cómo funcionaban las cosas.

En cuanto la noticia de la muerte de papá se extendió por toda la región, empezaron a llegar hombres extraños a Oluta. Muchos de ellos eran guerreros o comerciantes mexicas. Se paseaban por el pueblo, miraban las casas de adobe y, en especial, a las mujeres. Comencé a sentir el peligro cuando se metieron a nuestra casa y pidieron hablar con los hombres más viejos del lugar. Fue una reunión corta, los mexicas sabían lo que querían, y nuestra gente estaba dispuesta a entregarlo con tal de no entrar en guerra con ellos.

Luego fueron todas las concubinas de papá a la reunión, mientras yo me quedé muy quietecita junto al fuego del hogar. Hacía como que jugaba con el comal de juguete, aunque el momento no era para divertirse. Estaba sola, pues las otras hijas de mi padre limpiaban el patio, y los hijos habían salido del pueblo para cazar un venado para la cena.

Algo no estaba bien, yo lo sabía. El aire era de un color diferente, y yo tenía esa vaga idea de que mi vida pronto cambiaría. Mi espíritu se encontraba inquieto.

Me senté, apreté las rodillas contra mi pecho y escuché el crujir del fuego.

En una de ésas, hasta le pedí a Coatlicue que detuviera la mano de todo aquel que osara dañarme, y que me ayudara a encontrar la tranquilidad, así como ella calma las estrellas que acompañan a la luna.

Pero no pude, mi corazón palpitaba con miedo.

Con la última luz del día, vi a mamá entrar al cuarto.

Dos comerciantes mexicas, viejos, arrugados, con la piel que les colgaba en la barbilla y el cabello de un gris espantoso, entraron detrás de ella. Al mirarme, mojaron sus labios con la lengua y un brillo de deseo iluminó sus ojos.

Mamá se sentó frente a mí y apartó un mechón de cabello que caía por mi frente.

—Malinalli, estos hombres son enviados del señor Motecuhzoma, *huey tlatoani* de Tenochtitlan. Han pedido comida, mantas y mujeres, y han mostrado mucho interés en ti. No quieres que Oluta padezca una guerra, ¿verdad? A partir de hoy, serás su esclava... tu libertad será el precio a pagar para que todos conservemos la vida.

Se me fue el aire.

Sentí como si el corazón se me hiciera un nudo.

El ritual

CUANDO VINE AL MUNDO, hijo mío, habían terminado ya los días calurosos. Los vientos soplaban con fuerza, llevándose el verde de los árboles. Las hojas se volvieron amarillas y cayeron. Se secó la tierra. Así nací, con el frío cruel. Me arroparon con mantas de algodón para que dejara de llorar. Mamá me apretó contra su pecho para darme calor, y dormimos las dos durante horas junto al fuego del hogar.

"Malinalli" fue el nombre que me pusieron, en honor a la diosa de la hierba, porque papá decía que yo estaba llena de vida y que encontraría mis raíces a pesar de la tormenta. Mamá dijo que no era buena idea, porque era un signo terrible… era un nombre que acarrearía desgracias a mi destino. Papá no lo creyó nunca y yo tampoco, al menos hasta que escuché a mamá decir:

—A partir de hoy, serás su esclava…

Temblé de miedo, pensando en lo que estaba por venir.

Apenas tuve esa tarde para alistarme. Nunca esperé dejar atrás mis juguetes tan pronto, nunca esperé convertirme en mujer en tan sólo un día. Nunca… porque a la vida no le importa lo que tú esperes de ella. Ya tiene sus planes. El mío era prepararme para ser esclava y no podía llevar nada conmigo. Mejor dicho, casi nada.

Recuerdo que mamá se volvió hacia los comerciantes mexicas y les pidió que nos dejaran solas por un momento. Ellos aceptaron, aunque no estaban muy de acuerdo. Los vi apretar los labios cuando salieron, pero se quedaron en el patio, no me fuera yo a escapar. No lo hubiera intentado; de ser descubierta, me habrían matado.

Miré a mamá, no sabía qué decirle. Ella tampoco. Era un silencio que nos dolía. Se sentó detrás de mí, sentí una caricia en la cabeza, luego sus dedos pasaron por mi cabello delgado, negro, largo, pues solía llegarme hasta la cintura. Lo separó en tres partes...

—Si pudiera, Malinalli, ofrecerme en tu lugar, hoy mismo perdería mi libertad. No está en mí, ellos son los que han elegido por nosotras. Mientras Oluta no tenga un hombre que lo defienda, los mexicas continuarán pidiendo más y más... ya sabes lo que va a pasar cuando no podamos pagar ese tributo, ¿verdad?

—Lo sé, mamá —respondí.

Sentí cómo me iba haciendo una trenza, poco a poco. Parecía que mi cabello estaba hecho de hilos de maguey, a los cuales había que darles forma. Mientras tanto, yo tenía la mirada puesta sobre la tierra apisonada, podía escuchar los pasos de los mexicas allá afuera, sabía que ellos destruirían mi pueblo cuando no pudiera pagarse el tributo. Por un momento imaginé las casas destruidas y las piras funerarias para todos los muertos.

—Nosotras no hemos decidido las reglas de este mundo. Los hombres creen que somos débiles porque no cazamos como ellos, ni nos dedicamos a la guerra, pero no se han dado cuenta de que nos necesitan. Sin nuestro trabajo en la cocina no tendrían qué llevarse a la boca. ¿Quién les haría la ropa que usan? Ellos no saben de la vida, porque no han llevado una dentro de sí. Ellos creen que son dueños de todo, porque son tan necios que no han entendido que en el equilibrio está la perfección. El mundo necesita de hombres y mujeres. ¿Acaso dirías que la diosa Coatlicue es débil por ser mujer?

—No —respondí, apenas con un hilo de voz.

Durante algunos segundos más, mamá tejió la trenza. Cuando terminó, me pidió que me levantara.

—Ya eres una mujer. Saldrás al mundo para ser esclava de tu destino. Quítate esos trapos que llevas puestos.

Así lo hice. Me quité la vieja tela con la que me había cubierto durante los últimos meses y mamá me ofreció un huipil blanco que me quedaba un poco grande. También zapatos de piel de venado. Entonces comprendí el ritual apurado, a través del cual ella me había hecho mujer. Ya tenía el peinado, la ropa y los zapatos de una mujer. Sí, pero era tan sólo una niña.

Levanté la mirada y la vi. Ella me dio un beso en la frente.

—No estabas preparada para dejar de ser niña, pero una nunca está lista para crecer. Oluta siempre será tu casa. Mientras el mundo permanezca, siempre podrás volver. Mi espíritu estará aquí para encontrarse contigo, hija mía. Yo te traje libre a este mundo, y este mundo me obligó a entregarte como esclava. Que sea para tu bien, Malinalli.

Mis ojos se humedecieron, sentí deseos de abrazarla, pero al mismo tiempo la odiaba por lo que me estaba haciendo. Tantos humores encontrados luchaban dentro de mi corazón por dominarlo como guerreros en una batalla, pero quise ser fuerte. Por eso, me dije: "Malinalli, no derrames ninguna lágrima frente a ella", no fuera a ser que pensara que yo era débil. Porque en mi mundo, la tristeza no era un símbolo de fortaleza. Quise que el último recuerdo que mi madre tuviera de mí fuera el de una niña con el espíritu duro, dispuesta a aceptar el funesto destino que me deparaba, aunque no fuera cierto.

Quiero que sepas que nunca estuve preparada para la adversidad, para que unos extraños me arrancaran de mi hogar, para la muerte de mi padre ni para ser lanzada a lo desconocido. Si yo hubiera tenido la opción de elegir, habría rechazado ese llamado a la aventura. Hubiera preferido ser feliz, estar tranquila, junto al fuego del hogar, soñando con el guerrero que habría de convertirme en la madre de sus hijos.

Cuando una es joven, hijo mío, no entiende que la vida no es para ser amaestrada por los buenos deseos, sino para vivirla desde la expectativa y la incertidumbre. Así que, bajo un atardecer gris, inicié mi marcha. Me alejé para siempre de la casa en la que vi la luz por primera vez y en la que conocí la naturaleza de la muerte.

Agradecí, al menos, tener zapatos nuevos para iniciar el viaje. Lo hice sola. Ni mamá ni las concubinas quisieron salir a verme por última vez. Quizá la culpa de haberse deshecho de mí era demasiada, al menos eso es lo que he pensado durante todos estos años.

Lo que yo sentía era una pena tan profunda que no tenía ganas de hablar ni de pensar. A mi alrededor crecía un silencio que nunca he sabido explicar. Dentro y fuera de mí no había palabras, sólo sentimientos oscuros. Era tal ese silencio que ni siquiera tuve fuerzas para pedirle ayuda a nuestra madre Coatlicue, para que viniera en mi auxilio. Hasta llegué a pensar que nunca más hablaría. No tenía palabras porque mi corazón no tenía pensamientos. Mi silencio era total.

Esos primeros pasos fueron los más difíciles. Bajé la cabeza y apreté contra mi pecho las mantas que les habían dado en Oluta. Mantas, collares, conchas y yo, ése había sido el botín de los mercaderes mexicas, el que habían ganado gracias a que los guerreros de Tenochtitlan habían presionado a los hombres de mi pueblo. Cerré los ojos por un momento, escuché los pasos de los dos comerciantes, a cinco guerreros mexicas y a otros dos esclavos (hombres, casi niños) al caminar. A veces pisaban una hoja, otras un charco, casi siempre caminábamos sobre lodo.

Era yo, para aquellos mercaderes, como una piedra, silenciosa, callada... un "algo" de valor, pero ¿para qué? ¿Cuál esperaban ellos que fuera mi destino? No lo compartían, porque no hablaban conmigo, no sentían compasión por la niña que yo era. No les importaban las lágrimas que resbalaban por mis mejillas y mojaban la tierra bajo mis pies.

Caminamos hasta antes de que la luz se apagara. Encontramos un espacio abierto, con pocos árboles, y ahí nos sentamos. Encendieron un fuego. La noche caía, el cielo nocturno se había salpicado de estrellas frías. La luna era un cuerno amarillo. El aire estaba quieto. Los tres esclavos nos sentamos cerca del fuego. Nos dieron un tamal duro que nos ayudó a matar el hambre.

Uno de los mercaderes se sentó entre nosotros y comió en silencio. Su presencia me dio miedo. Se trataba de un hombre delgado, moreno, de rostro lampiño y una nariz larga con un pedazo de jade que la atravesaba. Dos pequeñas piezas de obsidiana le colgaban de cada oreja. No llevaba más que un trozo de tela que le cubría la cintura y la pelvis, así que su pecho estaba al descubierto. Cuando terminó, me volteó a ver y respiró con furia. No le gustó ver que no me había terminado el tamal.

—Ésta no quiere cenar... qué desperdicio.

Yo lo miré con el mismo silencio que llevaba por dentro y me apuré el resto del tamal. Nos dieron un poco de agua de un río cercano, así que pude apaciguar la sed que sentía.

—¿Algún dios burlón te arrancó la lengua? —se mofó el otro mercader. Yo bajé la cabeza, esperando desaparecer con el mundo.

Empecé a desear que la diosa Coatlicue surgiera de entre las sombras para llevarme adonde fuera.

Nos recostamos en unos viejos petates que llevaban, y nos cubrimos con las mantas que habían dado los pobladores de Oluta. Me acosté bocarriba para intentar dormir, pero no pude. Cerraba los ojos, pero no podía entrar al mundo de los sueños. Sólo veía el rostro de mi mamá despidiéndose de mí. Cuando los abría, sólo contemplaba el cielo estrellado. Ahí estaban, quietecitas las estrellas, sin moverse, a pesar de lo que el Tiempero decía acerca de ellas. ¿Podrían las estrellas haberme revelado si estaba en peligro o si habría de morir al día siguiente?

Papá... él sí era más de la idea del Tiempero; decía que toda nuestra vida podía verse en los cielos. Recuerdo que una vez me contó que, cuando yo era muy pequeña, apareció una estrella a la mitad del día. Era grande, atravesaba el cielo, con una cola larga de fuego, como si se hiciera acompañar de raíces rojas. Yo no lo creí, pero mamá decía que ella también la había visto. Todos en Oluta, y en los pueblos cercanos, fueron testigos de eso.

En todos los pueblos sintieron miedo, porque de acuerdo con las antiguas tradiciones, aquél era un presagio funesto, un signo de que algo terrible se acercaba: destrucción, muerte, el fin de nuestro mundo.

Pues bien, hijo mío, aquella noche, convertida en esclava, recordé aquello y me dije: "Éste es el fin de mi mundo". Cada noche se destruye todo, cada mañana vuelve a crearse. Cuando no hay libertad, cuando toda esperanza está perdida, cualquier momento de existencia duele. A mí ¿qué me iban a contar de presagios?

Entonces pensaba que si cayeran las ciudades, no me importaría.

Con esa idea me fui quedando dormida sin que me percatara. No tuve sueños, fueron devorados por alguna criatura. No sé por cuánto tiempo dormí, pero fue más del que hubiera esperado.

Seguramente estarás preguntándote por qué no aproveché la noche para escapar, ¿verdad? No habría sido tan fácil hacerlo, los soldados mexicas habían tomado turnos para no dormir y vigilarnos. Podría haber muerto con tan sólo intentar buscar mi libertad. Si me convertía en un problema para ellos, o en una molestia, se desharían de mí rápido. Poco les había costado mi vida, así que no valía nada para ellos.

Pues bien, desperté y me encontré con que los otros dos esclavos, aquellos hombres que eran casi niños, se habían sentado en sus respectivos petates y miraban el montón de ceniza, donde había estado el fuego.

El cielo era amarillo. El aire comenzó a moverse y nos dio frío.

Me cubrí con una de las mantas y me levanté. Necesitaba estirar las piernas para despertar.

Uno de los guerreros me gruñó:

—No te alejes, mujer.

Lo miré en silencio, no le respondí, pero creo que le di la confianza necesaria para que no me siguiera, así que caminé un poco. Al principio, sólo me acerqué a la ceniza humeante, y luego levanté los ojos hacia el cielo y en lo alto vi una forma negra que se deslizaba. ¡Un águila! Era una imagen muy rara, hijo mío. La seguí con la mirada y continué caminando. No me di cuenta de cuánto me estaba alejando de los guerreros, o de hacia dónde iba.

Entonces escuché unos murmullos y me sentí atraída por ellos. Caminé hacia allá hasta que sentí que mis pies se hundían en la tierra húmeda. Me apoyé en el tronco de un árbol viejo para no caerme, y los vi. Supe que hablaban de mí, aunque no me llamaban por mi nombre, sólo decían "la mujer de Oluta".

—Y cuando la entreguemos en Tenochtitlan, nuestra paga será grande. Hace mucho que no vendemos una mercancía tan bonita como ésa —dijo en náhuatl el primero de ellos.

El otro soltó una risotada, mientras respondía:

—El pueblo será feliz cuando ella sea llevada a lo más alto del Huey Teocalli, le abran el pecho con un cuchillo de obsidiana y le ofrezcan el corazón a Tláloc.

Y las risas fueron el anuncio de que habría de morir.

Mamá sabía que me había vendido para morir sacrificada.

El rapto

¡MIS DÍAS ESTABAN CONTADOS!

Por un momento creí que sólo había nacido para eso, para que mi corazón fuera devorado por los dioses. El silencio que habitaba dentro de mí se volvió más grande y le salieron espinas que me agujeraron el estómago. No podía respirar. Mis dedos se aferraron al tronco del árbol mientras escuchaba aquellas palabras.

Ay, pero ellos ya me habían visto. No podía permitir que supieran que ya había escuchado que me venderían para un sacrificio. Seguramente se preguntaban por dónde había venido y dónde estaban los guerreros mexicas y los otros esclavos. Intenté correr de regreso, pero de pronto sentí un pinchazo en el tobillo. Pensé que había sido un alacrán, así que me arrodillé por un momento para ver la herida, pero en lugar de eso sólo había una rama seca con un poco de sangre.

—¿Qué haces aquí? —escuché la voz de uno de los mercaderes mexicas, luego me agarró del huipil para levantarme.

Pude ver sus ojos llenos de furia. Esperaba una respuesta mía, pero yo no dije nada. El silencio y la tristeza de mi corazón me lo impedían.

—Deja a la mujer de Oluta, habrá nacido sin habla —le dijo el otro.

El primero gruñó y me empujó de regreso hacia donde estaban los guerreros y los esclavos; caí sobre un petate que no era el mío. Ellos me miraron hacia abajo. Era la única mujer del grupo, y eso me hacía menos para ellos.

Me sentí mal cuando decidieron castigarme por haberme alejado del grupo principal. No, no me golpearon ni me gritaron. Sólo no me dieron nada para comer antes de volver a caminar. Teníamos un largo trayecto por delante. Tras los primeros pasos escuché mi cuerpo, el hambre. Me llevé las manos al vientre porque hacía ruidos. Ay, si tan sólo hubiéramos pasado por un árbol que tuviera un poco de fruta. Lo que fuera que pudiera llevarme a la boca.

Quise, mejor, llevar mi mente a otros lugares. ¿Sabes, hijo mío? Estas tierras estaban llenas de misterios, de animales coloridos que se arrastraban, que corrían y volaban, de insectos que ofrecían muerte o alimento. Caminar por sus rincones, entre los árboles, por los ríos, junto a las montañas nevadas, bajo atardeceres encendidos o amaneceres tiernos, era distraerse o encontrarse.

También era perderse... olvidar el hambre, mi casa y el dolor que sentía en los pies. Yo no estaba acostumbrada a caminar durante tanto tiempo. Apenas había salido de Oluta un par de veces con papá para conocer la playa. No me imaginaba que el mundo fuera tan grande, tan lleno de vida, tan lleno de hombres y mujeres con miedo... tan lleno de una tristeza profunda.

Después de caminar un rato, comencé a sentirme más cansada de lo que yo hubiera esperado. No era sólo el dolor de las piernas, sino que ya no las sentía como parte de mi cuerpo. Parecía que ya no tenían sentimientos, ya no hacían lo que yo les pedía. Tropecé con una piedra y caí sobre la tierra en medio de una nube de polvo. Apenas me dio tiempo de meter las manos para no lastimarme la cara. El huipil que me había dado mamá quedó manchado de lodo y se rompió un poco del hombro derecho.

Primero me di cuenta de ello, luego intenté ponerme de pie, aunque me resbalé un par de veces en un charco que se encontraba entre la hierba. Respiraba muy rápido. Ninguno de los hombres que estaban ahí me ayudó a levantarme. Los guerreros habían soltado unas risotadas espantosas con mi caída, mientras que los mercaderes sólo me llamaban con insultos. Los otros dos esclavos tenían miedo de que los fueran a castigar si intentaban ayudarme, así que se quedaron quietecitos. Me veían con ojos grandes y seguramente pensaban que yo era una tonta y que sólo daba problemas. Tal vez...

Cuando me levanté, intenté agitar mis manos para quitarme el lodo y un poco de sangre, y las sequé en el borde bajo de mi huipil. Luego, lo sacudí para limpiarle la tierra que había quedado. Los guerreros dijeron que debíamos detenernos para descansar. ¡Qué alivio! Al menos podría sentarme en el tronco de un árbol caído y recuperar el aliento. Uno de los mercaderes me ofreció un poco de pescado seco para comer. Lo acepté y le sonreí, pero daba lo mismo que lo hubiera hecho o no. Su mueca de asco no cambió al verme.

Mientras estábamos ahí sentados, aproveché para estirar las piernas y dejarlas descansar un rato. Poco a poco empecé a sentirlas, primero con un hormigueo y luego estuvieron listas para reiniciar la larga caminata.

Mientras estábamos ahí, escuché unos golpes pequeños y rápidos, cada vez más cerca. ¿Qué era eso? Me volví hacia atrás justo a tiempo para ver pasar a un hombre fuerte que corría a toda velocidad. Fueron sólo unos segundos, pero recuerdo las piernas musculosas, el pecho desnudo, la mirada al frente. Llevaba una bolsa tejida en la espalda.

Al volver en mí, abrí tanto los ojos que uno de los guerreros mexicas me explicó en náhuatl lo que pasaba, sin que yo le preguntara nada:

—Ése era uno de los esclavos de Motecuhzoma. Cuando el *huey tlatoani* quiere pescado, entonces se manda un mensaje. Cada uno de estos esclavos recorre una parte del camino con el mensaje hasta una playa cercana a tu pueblo, Oluta. El pescado se cubre con sal para que los esclavos puedan llevarlo así hasta Tenochtitlan. Motecuhzoma lo pide un día y al siguiente lo tiene con él.

Le respondí con una sonrisa, pero el guerrero tampoco me la devolvió.

El mundo me parecía un lugar tan gris, tan vacío de sentimientos. Ya no sabía qué tan lejos estaba de mi casa, o si podría cambiar mi futuro de alguna forma.

Comencé a creer que tal vez los dioses no estaban ahí. ¡Qué sentimiento tan aterrador! Todo en lo que había creído cambiaba de golpe. De repente, a pesar de mis sueños, de lo que me habían enseñado desde niña, de lo que siempre había pensado como verdadero, me sentí huérfana. Algo crecía dentro de mí. Eran las sombras de la desesperanza que se sumaban al silencio y la tristeza.

Por primera vez, quise morir. Supuse que podría ver de nuevo a papá, que podría alejarme de los comerciantes mexicas que querían que yo fuera sacrificada, que se terminarían las dudas sobre si los dioses existían o no.

Así, reanudamos la marcha. Me obligaban a caminar hacia mi destrucción, y lo hice, porque entonces creí que sólo había una razón por la cual había nacido en ese mundo: encontrar el silencio y entregar el corazón a un dios que se alimentaba de la sangre de hombres y mujeres. ¿Y si dejáramos de alimentarlos? ¿Y si permitiéramos que el mundo terminara y fuera destruido? ¿Acaso sería tan malo? Después de todo, alguna vez lo había soñado, yo lo había visto, había estado ahí. Algún día, el mundo sería destruido, y yo quería que ese día llegara, pero no lo hizo.

A veces miraba mis pies para no tropezar. Otras veces miraba hacia adelante para encontrarle sentido a mis desgracias. Durante un tiempo muy largo caminamos todos en silencio. Un guerrero iba al frente, luego los tres esclavos. Detrás de nosotros, los dos mercaderes, y al final el resto de los guerreros.

De repente escuché un sollozo, me volví hacia el esclavo que se hallaba a mi izquierda y noté que tenía las mejillas húmedas. No sabía desde hacía cuánto estaba llorando, pero se encontraba muy triste. Me dio lástima, muchísima. Tuve ganas de ponerle un brazo en el hombro, de decirle algo. Tal vez extrañaba su pueblo, a sus hermanos o a sus padres. Debió ser un niño al que cuidaban mucho, porque su cuerpo no tenía marcas, tampoco había jade u obsidiana que le atravesara las orejas, el labio o la nariz. El otro esclavo tampoco. No estaban hechos para vivir en un mundo salvaje. ¿De dónde venían y cuál era su destino? Nunca lo supe. Tal vez el silencio había echado raíces en sus entrañas como en las mías, porque no hablaban.

¡Qué terrible es el dolor que se oculta! El dolor que no se abre al mundo se agusana en la memoria y aparece cuando menos lo imaginas. Yo nunca tuve tiempo de llorar la inesperada muerte de papá, la manera en que fui arrancada de mi hogar y en la que perdí la fe, de modo que ese dolor alimentó las sombras de mi espíritu.

Todo el grupo caminó hasta que el cielo se encendió, como si las nubes se hubieran convertido en troncos que alimentaran el fuego del hogar. El sol se hacía cada vez más grande y naranja mientras perdía su calor. Cuando nos envolvió una brisa fresca, uno de los guerreros nos advirtió que lo mejor sería detenernos y descansar. Los mercaderes protestaron, dijeron que no llegaríamos a tiempo a

Tenochtitlan. No hubo forma de que cambiara el rumbo de las cosas. Los guerreros estaban cansados y habían tomado una decisión.

Aún no había aparecido la primera estrella cuando se escuchó el canto de los chapulines, el cual me arrulló durante la noche. Después de cenar sobre los petates, seguimos el mismo ritual de la noche anterior. Los esclavos nos cubrimos con una manta. Estaba tan cansada que cerré los ojos y no supe de mí durante un tiempo. No soñé con la señora de la falda de serpientes, ni con las ciudades que se cubrían de humo antes de desaparecer. Tampoco con los guerreros, los mercaderes y los esclavos. En mis sueños, me encontraba en casa, junto al fuego del hogar, con aquel comal pequeño que papá me había regalado. En el metate de juguete, palmeaba la masa invisible a la que luego habría de darle forma con mis manos, tal como había visto a mamá hacerlo muchísimas veces, para después ponerla en el comal y cocinar las tortillas. Sí, hijo mío, dirás que son tonterías, juegos de niña, pero eso era yo entonces... aún una niña a la que otros trataban como si fuera una mujer. Aquella noche fue la última vez que soñé con el pasado, me despedí de él.

Desperté con la idea de que me habían quitado un peso de encima. Me sentí aliviada. Me invadió una luz blanca antes de que abriera los ojos. Apenas amanecía. Me estiré un poco y me quité la cobija. Los otros esclavos ya comían algo. Me había despertado tarde, pero al menos me lo habían permitido. Me imagino que pensaban que si dormía un poco más, aguantaría mejor la caminata del día. Intenté acomodarme un poco el cabello y el huipil, aún manchado de tierra. Me dieron otro tamal y me dijeron que antes del mediodía llegaríamos a un pueblo, en el cual podríamos comer un guisado caliente y tortillas frescas. Nada más de escuchar aquello, sentí que la boca se me llenaba de saliva y mi estómago comenzó a hacer ruidos. ¡Al fin podría comer!

Poco después recogimos nuestras cosas y comenzamos la marcha del día. Todavía era temprano, pero ya empezaba el calor. Respiré profundo, abracé el silencio que crecía dentro de mí y di el primer paso.

Llevábamos un largo rato de camino. Cada vez podía andar un poquito más sin cansarme, y eso me daba gusto. Ese día no encontramos troncos para sentarnos, así que lo hicimos sobre la hierba verde. En aquella ocasión no hubo nada de comer, solamente queríamos descansar. Un gran sol amarillo brillaba sobre el cielo azul; yo sentía las gotas de sudor sobre la frente y en todo mi cuerpo. En ese momento necesitaba un baño; me hubiera encantado quitarme la ropa, sumergirme en agua fresca y lavarme un poco. No me gustaba el olor que despedía mi cuerpo.

De pronto, sentí que alguien tocaba mi hombro. Levanté el rostro, era uno de los guerreros. Noté el sudor en su pecho lampiño, quemado por el sol; los músculos se le marcaban. No sé por qué me fijé en sus brazos y en sus pezones morenos. Se abrieron sus labios oscuros:

—¿Se oyen las aguas de un río cercano? Si tienes sed, bebe, pero si no vuelves pronto, ya aprenderás a respetarnos.

Lo vi con ojos muy grandes. No le respondí, ni siquiera con un gesto. Me apoyé en la hierba para levantarme y me sacudí la tierra que tenía en las manos. Fui hacia el agua; sólo de escucharla, mi espíritu parecía refrescarse. Tenía la lengua seca, lo mismo que el paladar. Ya no tenía saliva que tragar. Caminé sola, escuché mis pasos, respiré profundo. ¡Qué sol hacía!

Me recargué un momento en un árbol para descansar bajo la sombra sin saber que alguien me observaba a lo lejos.

Volví a caminar hacia el río y lo encontré rápido. Ahí estaba, lleno de vida, con pececillos rojos que se movían. Me arrodillé, hice un cuenco con mis manos y lo llené de agua. Entonces bebí un par de veces. Luego mojé un poco mi cara; el agua estaba fría, las gotas caían por todos lados. ¡Qué delicia!

El día parecía bueno, agua fresca, comida caliente y....

¡Sentí cómo unas manos grandes me tomaban de la cintura! Eran fuertes y me levantaron con violencia. Moví las manos para que me soltaran. Abrí la boca para gritar, mas nada salió de ella. Sacudí las piernas como si pateara el aire, pero no sirvió.

¡Dos hombres desconocidos me llevaban a la fuerza!

Señor Tabscoob

AL PRINCIPIO LUCHÉ para que me dejaran libre, pero entendí que no podría escapar. Aquellos hombres eran fuertes y sabían bien qué hacer conmigo. No importaba cuánto pateara, no podía mover las manos.

Por si acaso, me cubrieron la boca, no fuera que se me ocurriera gritar y llamar a los guerreros mexicas para que vinieran a rescatarme. En el jaloneo, sentí cómo se rompía un poco más de mi huipil, del lado derecho de mi cadera. Aquellos hombres me arrastraron por la hierba hasta otra parte del río, en la cual habían escondido un bote pequeño entre los pliegues del agua. Me empujaron hacia él para obligarme a subir. Abrí los ojos con miedo, no sabía qué querían de mí, así que cerré las piernas y las apreté lo más fuerte que pude. Sentí que una lágrima se me escapaba. El mundo parecía vacío, sólo estábamos nosotros; nadie más, ni siquiera los dioses.

De pronto se subieron al bote y uno de aquellos hombres lo empujó de la orilla para que la corriente nos arrastrara. El otro se sentó muy cerca de mí y me acarició el brazo. Con asco, bajé la cabeza. Sabía bien lo que querían hacer conmigo.

Los dos tenían los ojos rasgados, de un negro profundo que no dejaba de mirarme. Llevaban el pecho desnudo y se cubrían la pelvis con pieles de ocelote que llegaban hasta la mitad del muslo. En los brazos se habían pintado, seguramente con carbón, varios glifos que representaban viento, agua, fuerza. Los dos tenían cicatrices en las mejillas y a lo largo del pecho. También usaban huaraches, algo rotos por el uso.

Así los recuerdo, hijo mío, en la barca en la que me llevaban. Con una rama larga iban dándole sentido a ese bote que navegaba por el río.

Me asomé, el agua parecía un pedazo de tela arrugado del color del maíz azul. Ahí estaba mi reflejo, el de Malinalli, la hierba del destino torcido, la del corazón silencioso, la que una vez más no sabía qué sería de ella. Podía verlo reflejado. La Malinalli del agua ya no podía sonreír, tenía los ojos tristes y el cabello revuelto por la pelea con aquellos hombres. Ahí estaba, la niña que había sido lanzada a los horrores del mundo para satisfacer a los dioses, si es que acaso yo les importaba algo. ¡Cómo me gustaría olvidar aquello! El verdadero reflejo de una persona es doloroso. Es más fácil engañarnos para creer que somos felices que entender cómo somos en realidad.

Ah, pero uno de los hombres se dio cuenta de que yo estaba asomándome al agua, así que me jaló de regreso al bote. Habrá pensado que quería echarme al río para escaparme. Me senté bien y lo miré a los ojos. Podía sentir cómo me desnudaba con la mirada y quién sabe cuántos pensamientos más ensuciaban su espíritu. Estaba viendo cómo levantaba una mano para tocarme cuando sentí que el bote golpeaba contra algo. Tal vez era una roca. Después de eso, la barca empezó a agitarse y saltaban gotas de agua por todos lados.

La corriente del río comenzó a cambiar, se volvió violenta. No sólo navegamos cada vez más rápido, sino que empezamos a movernos de lado a lado. Cuando casi chocábamos contra una piedra, sentí un dolor en el estómago, un miedo terrible de que la barca pudiera voltearse y yo me golpeara con una roca.

Así como el agua comenzó a moverse con más fuerza, también lo hizo mi corazón. Me aferré a cada lado de la barca con dedos temblorosos. Cerré los ojos y rompí el silencio para repetir en mi mente: "*Que esto termine, que esto termine...*".

¡Y otro golpe contra una piedra!

Las gotas frías salpicaron mi rostro. Apreté los labios, intenté respirar cada vez más lento, pero no podía calmarme.

La corriente nos hizo chocar contra uno de los bordes del río. La barca se levantó. Pensé que nos volcaríamos, pero volvió a caer en el agua con un ruido espantoso.

Un pensamiento llegó a mi cabeza: los dioses me habían rescatado de ser sacrificada en Tenochtitlan sólo para morir ahogada. Sentí el viento en mi rostro, mis dedos estaban tensos.

¡Lo que hubiera dado por poder gritar!

No sé cuánto duró aquel viaje salvaje. Más tiempo del que yo hubiera esperado... o querido. Cuando por fin llegamos a tierra firme, bajé de la barca y caí sobre mis manos. Tenía el estómago revuelto y unas tremendas ganas de vomitar. Mi respiración estaba demasiado agitada y ¡no me sentía en tierra firme! Parecía que todo el mundo se agitaba y se movía tanto como aquel bote.

Me tomó algunos momentos de respirar por la boca el permitir que todo volviera a ser como antes, a que mi estómago se calmara y que el mundo dejara de girar a mi alrededor. Quizás aquellos hombres que me habían secuestrado sufrían los mismos males, porque se recargaron en dos árboles cercanos para respirar. Claro, sin quitarme un ojo de encima, no fuera a ser que a pesar de todo lo vivido en el río intentara salir corriendo. Nunca lo hubiera logrado, estoy convencida de que me habrían alcanzado en poco tiempo. Y además ya estaba cansada de ir de aquí para allá, de caminar sin rumbo, de no tener un hogar, de extrañar...

Levanté el rostro, las nubes parecían apilarse unas sobre otras. Hasta lo más alto donde alcanzaba la vista, cada una tenía diferentes blancos y grises. ¿Cuánto mide el cielo? Ay, hijo mío, no sé qué necesidad tengo de preguntarle a la vida lo imposible, si sé que el viento no tiene las respuestas.

¿Por qué no conozco la libertad? Ésa habría sido otra pregunta que podía haber hecho para que nadie me la respondiera. Ni siquiera aquellos dos hombres que me habían convertido en su propiedad tan sólo porque lo habían deseado. Lo malo de ser una cosa es que cualquiera puede robarte como tal... ¿Tendría derecho a mis pensamientos y sentimientos o acaso mis señores esperaban que siguiera los suyos? Eso tampoco lo supe...

Muy cerca del río se encontraba Potonchán. Aquello no era un pueblo pequeño como mi natal Oluta. ¡Todo lo contrario! Lo hubieras visto entonces, hijo mío, eran cientos de casas construidas con piedra y cal. Hombres, mujeres y niños caminaban, reían al saludarse; las mujeres se encontraban para platicar sobre los últimos rumores. Escuché el ruido, las palabras altas, los susurros. ¡Cuánto extrañaba eso!

—Esto es Potonchán —dijo uno de los hombres que me había robado; por eso conocí el nombre del pueblo y entendí que estaba en la zona maya, porque Potonchán quiere decir "región de cielo" precisamente en esa lengua.

Si te lo estás preguntando, para mí sí era un pedacito de cielo. La selva se mezclaba con las casas, y los pájaros de color azul, rojo y verde surcaban el cielo. Se sentía el calor húmedo en los huesos y la amenaza de la lluvia que no llegaría ese día. El clima era muy parecido al de mi casa, así que me dije: "Iré hasta donde me lleve el viento, porque si sigo resistiéndome a sus cambios, él me romperá". Por eso no me quejé cuando aquellos hombres me empujaron por las calles de la ciudad, cuando no me dejaron cruzar miradas con la señora llena de canas que me vio con lástima, ni cuando tuve que detenerme un momento porque un niño perseguía a su cachorro y me dijeron que siguiera caminando, que más valía que me portara bien o tendrían que castigarme... Mientras tanto, yo pensaba en qué diría papá si me hubiera visto así. ¿Se habría enojado o hubiera dicho que así estaba escrito en las estrellas y no podría escapar a mi destino?

Las calles eran anchas, el dulce aroma de las flores nos rodeaba, el del epazote del mercado, el del maíz al calentarse; el viento caliente, el olor de mi sudor y el de otros, el copal amargo de algún templo cercano... Llegamos a la casa más grande y alta de todas. Entonces comprendí que mi nuevo dueño no sería un hombre cualquiera, sino un gran señor.

Entramos a un primer cuarto, en el cual todas las paredes estaban pintadas de rojo. Lucía aún más siniestro por la luz que apenas llegaba desde fuera. Luego entramos a un patio más grande, donde alcanzaban a verse muchas otras habitaciones.

Uno de los hombres se quedó conmigo mientras el otro fue al siguiente patio.

Ahí nos quedamos los dos, en silencio, envueltos por una luz blanca y el aire fresco, bajo las nubes grises, hasta que vino a mí una mujer que no tendría ni diez años más que yo. Sin decirle nada a aquel hombre, me apartó. Así cruzamos ese patio.

En el momento en que entré al segundo cuarto, no pude creer lo que veía. Había niñas y mujeres de todas las edades. Sentí cómo su mirada se posaba en mí, entendí su lástima. Eran esclavas como yo, mujeres sin libertad de escoger, mujeres que seguían órdenes, que no se sentían con el derecho de abrazar sus recuerdos para sentirlos cercanos. Mujeres que no se sentían mujeres.

Aquella que me había llevado hasta ahí se colocó frente a mí. Era más alta que yo por una cabeza, pero me miraba con una ternura que no puedo describir. Al fin alguien me veía como una niña y entendía mi miedo. Sentí una caricia suya en mi mejilla y cómo me peinaba con sus dedos.

—¿Cuál es tu nombre? —me preguntó en maya. Su voz era dulce y pausada, casi como si pensara bien cada palabra antes de decirla.

Yo la miré sin abrir los labios. El silencio que habitaba dentro de mí no me permitió responderle.

—No tengas miedo, aquí cuidamos de todas. Dime tu nombre —insistió aquella mujer.

No lo hice.

Ella comprendió mi dolor, hijo mío, porque no preguntó por mi nombre una tercera vez. No era necesario. En lugar de eso, me pidió que me sentara, me quitó los zapatos que me había dado mamá y luego hizo lo mismo con el huipil roto. Sólo entonces descubrí moretones de todas las veces que me había caído, en los brazos, en las piernas. Cada vez que los tocaba, me dolía.

—No te preocupes, curaremos también tu espíritu —me explicó la mujer, y le creí.

Una de las niñas se acercó con un cuenco hecho de alguna semilla hueca. Bebí lo que había en su interior. Era agua caliente con flor de azahar. En un principio lo rechacé y saqué la lengua, quería que ellas entendieran que no me había gustado, pero después escuché que una niña me suplicaba que bebiera, luego otra, ¡y otra más! Bueno, tampoco es que me hubieran robado de los mercaderes mexicas tan sólo para traerme a un pueblo y darme veneno. Bebí, y entonces me sentí un poco mejor. Una cálida sensación me llenó desde la punta de los pies hasta el pecho. Todo mi cuerpo se relajó y el miedo comenzó a desaparecer.

Luego me cubrieron los moretones con raíz de polmoché machacada en *mollicaxtli*, es decir, en molcajete. ¿Te has quemado un dedo y después lo has puesto en agua? Sentí el mismo alivio. Esos empastes me ayudaron a sentirme un poco mejor.

Estuve dos días en aquel cuarto, durante los cuales no pude salir más que para realizar mis necesidades más básicas, tú me entiendes, hijo mío. El resto del tiempo me encontraba recostada en un petate, o me decían que hiciera esto o aquello. Eran tareas muy simples, que cuidara los guisos que habían dejado al fuego, o que intentara arreglar el huipil o el vestido. Yo sabía bordar y zurcir tejidos porque lo había aprendido, desde que era niña, en Oluta, así que sabía bien cómo hacer todo lo que me pedían. Así pude remendar el huipil que me había dado mi madre, después de que una de las niñas fuera a lavarlo al río. A los zapatos nada pudo hacérseles, pues se habían roto.

Una vez al día traían agua fresca en la que después hervíamos algunas hierbas para limpiarnos muy bien todo el cuerpo. La higiene era muy importante para nosotras, debíamos estar siempre limpias para sentirnos mejor y oler bien. Además, el calor húmedo que vivíamos en Potonchán hacía que sudáramos todo el tiempo, entonces yo esperaba a que llegara la hora del baño. Era uno de mis momentos favoritos del día.

Por la mañana nos llevaban alguna fruta para calmar el hambre; por la tarde y la noche podíamos comer lo que sobraba de los guisos que habían preparado para el señor de la casa. Guisos rojos, verdes, con chiles, con carne de animales del monte o con pescado fresco; con hierbas, con semillas o con insectos machacados.

¿Aún no te he platicado de quién era mi dueño? Es verdad... es que pasaron muchos días antes de que pudiera conocerlo.

Cuando los moretones habían desaparecido y me sentía un poco mejor, volvió la mujer que me había recibido.

—Antes de que conozcas a nuestro señor Tabscoob, necesito que me digas tu nombre.

Mi respuesta fue un largo silencio. Hasta entonces había obedecido en todo lo que me había pedido, pero sin decir una palabra. Durante ese tiempo estuvo bien, simplemente me llamaban "mujer" o "niña", y yo había estado de acuerdo, pero ya no sería posible seguir con ese juego.

—Entonces se lo dirás a él —concluyó.

Con unos huaraches que me habían prestado, el huipil que me había dado mi madre y el cabello negro que caía por mi espalda, bajé la cabeza y seguí a aquella mujer hasta el primer patio de la casa.

Luego cruzamos hacia un segundo patio más pequeño, en el cual había varias plantas largas.

Seguí a la mujer hacia el último cuarto y me encontré con paredes pintadas completamente de azul. Por las ventanas de cada lado entraba una luz amarilla, brillante y calurosa. El piso entero estaba lleno de petates. Algunos eran viejos y descuidados, otros eran nuevos, quizá los habían colocado ahí pocos días atrás. Yo tenía la mirada puesta en el hombre que se hallaba al fondo.

—Acércate —dijo.

Así lo hice, con pasos lentos, torpes. La figura fue tomando forma, ya no era más la sombra de un hombre, sino uno de verdad. Digamos que, un poco más alto que tú, hijo mío, pero con los hombros muy anchos. Recuerdo sus labios gruesos, su piel oscura, su mirada dura. Llevaba una larga pieza de jade en cada oreja. El cabello se le veía corto, pero era porque se lo había recogido con una cinta en la nuca. No tenía barba o bigote. ¡Para nada! Hasta recuerdo que no tenía vello en el pecho ni en los brazos, porque los llevaba descubiertos. ¿Sabes de qué me acuerdo mucho también? De un pectoral que tenía, lleno de piedrecitas azules. La verdad nunca supe de qué estaba hecho, pero se le veía muy bien.

Así que aquél era el señor Tabscoob, cacique de Potonchán. Su piel estaba curtida por el sol. Yo calculo que tendría unos cuarenta años de edad, o al menos estaría cerca, pero su cuerpo era fuerte. Por cierto ¿sabes lo que quiere decir "Tabscoob" en maya? Significa "Señor de los ocho leones".

Él me miró completa.

—¿Eres la mujer que iba con esos mercaderes mexicas? —me preguntó.

Yo no tenía ánimos de responder, pero el señor Tabscoob tampoco tenía ánimos de soportar mi silencio.

—Tu historia se sabe, Malinalli. Sí, conozco tu nombre. Las noticias sobre la muerte de tu padre llegaron hasta mi pueblo. También llegaron hasta mis oídos los rumores de que perdiste la libertad a cambio de que los mexicas dejaran en paz a tu pueblo. No te preocupes. Éste no es su territorio, aquí ellos no entrarán. No vendrán a buscarte.

Una sonrisa apareció en mi rostro.

Tabscoob continuó:

—No te pongas tan feliz. Después de todo, no te robaron de los mexicas para que goces de libertad aquí. Servirás en esta casa al igual que el resto de las esclavas, obedecerás a mis concubinas y permanecerás aquí porque es mi voluntad. Mírame a los ojos, porque será la única ocasión en la que hablaremos. En los próximos días aprenderás cuál es tu lugar, a cocinar los guisos que más me gustan, a preparar la ropa, a servirme si te lo piden. Yo no miraré tu cuerpo, me olvidaré de tu nombre y no recordaré tu historia. No tendré compasión alguna por tu condición. Si vuelves a hablar o te quedas en silencio hasta el día en que terminen los tiempos, no me importará. A cambio, vivirás aquí, comerás todos los días, tendrás un techo sobre ti, dormirás sin miedo a que venga otro a robarte y no serás sacrificada en Tenochtitlan. Si yo lo decido, encontraré a un hombre para ti. Si así lo decido, te convertiré en mi concubina y serás madre. No levantes la mirada al cielo, no intentes saber qué dicen las estrellas sobre tu futuro. Ahora soy yo quien decide si vives o mueres, y he decidido que vivas… de momento. Tú decidirás si el silencio vale algo. Para mí, tu silencio es sólo tuyo y no tiene valor.

Cuando terminó de hablar, me dio la espalda. Supe que ya no diría más, aquello había sido lo único que habría de decirme y no tenía derecho a cuestionarlo. Aunque no hubiera vivido el silencio dentro de mí, creo que no habría tenido nada que decirle.

Bajé la cabeza y salí de aquel cuarto. Mi corazón latía muy rápido y me temblaban las manos. Lo habían hecho durante todo mi encuentro con el señor Tabscoob, y apenas me daba cuenta.

La mujer que me había llevado hasta ahí me miró a los ojos y me preguntó si estaba bien. Mi respuesta fue caminar a través del segundo patio, luego del primero, y volver al cuarto donde estaban las demás esclavas.

¿Sabes cómo me sentía? Como si me hubieran dado un golpe muy fuerte en el estómago; me faltaba el aire, me sentía como un trozo de barro roto. El silencio dentro de mí nunca había sido tan fuerte. Las sombras que crecían en mi espíritu eran tan grandes que no quise comer más, ni siquiera antes de dormir.

Por la noche me acosté con la idea de que no tenía nada más en el mundo, que todo estaba perdido. Debajo de la cobija apreté las piernas contra mi pecho, dejé que el aire frío de la noche me llenara. Fue la primera vez que dejé que todos los sentimientos que había en mi corazón me inundaran, todos de golpe, todos duros, tristes, melancólicos... acompañados de recuerdos. No dormí, sino que terminé de romperme. Comencé a llorar desconsoladamente, me dolieron los huesos, mi espíritu cambiaba con las lágrimas, con las estrellas... algo de mí murió esa noche, quizá la niña que era, la que jugaba a hacer tortillas con el aire, la que todavía soñaba, la que todavía creía...

Y así como las plastas de hierbas curaron las heridas de mi cuerpo, las lágrimas sanaron mi espíritu. ¿O acaso fueron los bebedizos que me habían dado?

Llegó el amanecer, no había dormido, pero aquello no me importó. El dolor punzante que me llenaba la cabeza valió la pena. Me despojé de la cobija, me senté en el petate. Miré mis manos, ya no eran las de una niña, tampoco mis pies. Por alguna razón, me pareció que el mundo tenía colores otra vez, y me llené de esperanza. La luz del día invadió mi ser.

Llené mis pulmones y contemplé el mundo con nuevos ojos, los de una mujer. Porque una deja de ser niña cuando toma la decisión de crecer y vuelve a nacer.

Una de las esclavas, que tenía aproximadamente la misma edad que yo, unos ojos rasgados muy bonitos y la cara redonda, se acercó a mí.

—Tu cara está hinchada, herviré flor de azahar para ti.

Se levantó para buscar las hierbas en las vasijas de barro cocido en las que guardábamos todas las plantas medicinales.

—No dormí, prefiero comer algo —exclamé.

Se detuvo, no podía imaginar que yo hablara. Todas las mujeres hicieron lo mismo, de repente voltearon a verme como si yo fuera el animal más extraño de todos. Sí, hablaba, les dije mi nombre, les conté mi historia y, más importante, les hablé de todo lo que sentía. Mientras más soltaba la lengua, más me liberaba y completaba mi cambio a mujer.

Así aprendí el poder que tienen las palabras para sanar a la persona que las expresa. De igual modo, acepté mi nuevo destino como esclava en la casa grande del señor Tabscoob.

Pasaron muchas lunas, muchos periodos, muchos años. A veces contaba cómo había sido mi vida con papá y mamá, otras veces apreciaba el silencio para poder escuchar a mi cuerpo y mi espíritu. Aprendí a ser feliz con lo que me había tocado vivir. Pensé que era lo mejor, porque supuse que mi labor sería ésa hasta la muerte.

Después de que les conté a las otras esclavas mi historia, empezaron a llamarme Malintzin, un nombre parecido a Malinalli. "Malintzin" quiere decir "noble prisionera" en náhuatl, porque ése era mi primer idioma, aunque tengo que decir que me comunicaba con ellas en maya, chismeábamos, reíamos y llorábamos en esa lengua. En esa casa acompañé a las concubinas del señor Tabscoob mientras daban a luz, y también a quienes perdían su espíritu a manos del señor dios que gobierna sobre el Mictlán.

En toda casa habita la vida y la muerte, y es importante abrazar y entender a las dos, porque si no, el tiempo te será corto y no tendrá sabor. Cuando le faltas a la muerte, la vida te da la espalda.

Ah, pero, hijo mío, debes saber que la vida tiene un extraño sentido del humor, y mientras más cómoda estás, más quiere ésta reírse de ti.

Como te dije, yo ya me había acostumbrado a los ires y venires en casa del señor Tabscoob, sabía preparar guisos, salsas, curar heridas, contar historias, preparar la ropa, lavar las vasijas de barro y hasta ir al mercado de Potonchán cuando se necesitaba algún ingrediente para la comida.

Aun así, no sabía que lo que estaba por suceder cambiaría mi mundo.

Recuerdo que aconteció un día sumamente caluroso, amarillo, sin nubes ni viento. Yo me encontraba en la habitación, sola, tejiendo un huipil para la nueva concubina del señor Tabscoob, cuando llegaron algunos amigos de éste. Gritaban sobre algo mientras atravesaban el primer patio, y luego el segundo. ¿Qué rumores extrañísimos repetían?

Dejé a un lado el tejido, quería escuchar las noticias que habían traído desde la costa. Todos en la casa grande queríamos oír lo que aquellos hombres tenían que decir. Un extraño presentimiento me invadió, uno que no había sentido desde aquella lejanísima tarde en la cual mamá me informó que habría de perder mi libertad. Percibí un sabor diferente en el viento, un raro sentimiento en mi estómago.

Me castigarían si descubrían que estaba espiando el cuarto en el que el señor Tabscoob reía con sus amigos, pero aquellas risas callaron y el silencio reinó en toda la casa. Cuando los mensajeros recuperaron el aliento, uno de ellos habló:

—Hombres blancos han llegado a nuestras tierras... vienen del mar.

El señor Tabscoob se sentó bien en su petate mientras sus ojos se mantenían fijos. Vi cómo una vena se le marcaba en el cuello cuando apretaba los dientes. Supuse que mil preguntas abarrotaban su mente como si fueran insectos llenos de ponzoña... aún más venenosa que la de aquellos hombres blancos.

Los extraños rumores

UNA DE LAS CONCUBINAS del señor Tabscoob me tocó el hombro.

—¿Qué haces aquí? Ve por algo de comer para tu señor.

No jugaba, aquella mujer estaba realmente enojada.

Regresé al primer patio y fui hasta el cuarto opuesto al de las esclavas, pues era ahí donde se preparaban los guisos, se guardaban las frutas, la carne de venado y los chiles, todo lo de barro, el fuego... era una habitación llena de olores y sabores. Aunque las paredes eran blancas, estaban salpicadas de salsa. El olor de un guiso de chapulines inundaba el ambiente.

Me dieron una cazuela de barro que hacía poco habían sacado del fuego para que la llevara hasta la habitación del fondo, en el segundo patio. Sentí el calor en mis dedos y el olor ácido de aquel guiso... ¡qué hambre tenía! Ah, pero era más mi curiosidad. Seguí a dos de las esclavas para llevar la comida. El cuarto estaba como yo lo recordaba, la luz entraba como si fuera una tela amarilla que caía recta sobre el rostro del señor Tabscoob. Frente a él puse el guiso, otra esclava hizo lo mismo con las tortillas. Ya había más comida entre los petates, en los cuales se habían sentado en cuclillas para escuchar y comentar las últimas noticias.

Recuerdo que al señor Tabscoob no le importó, ni siquiera se dignó a verme. Nunca lo hacía. Había sido fiel a sus palabras, se había olvidado de mí.

No fue mucho lo que alcancé a escuchar mientras espiaba a lo lejos, ni cuando entré con la comida y salí. Poco después nos reunimos todas las esclavas en nuestra habitación para compartir lo que cada una había oído. ¡Qué curiosos eran los extraños rumores que habían llegado ese día!

¿Eran dioses? Todas nos lo preguntábamos. Estoy segura de que las noticias sobre los hombres extraños que habían llegado a la playa se escucharon en toda la región. Recuerdo que los visitantes que acudían a contarle todas estas maravillas al señor Tabscoob decían que primero habían aparecido nubes extrañas en el cielo, casi todas de la misma forma, que acompañaban a barcas tan grandes que podrían ser pueblos pequeños, o montañas. Todo estaba construido de madera. ¡Todo! Yo no podía creer lo que oía. Me pregunté cuántos árboles se necesitarían para construir una ciudad de madera en medio del mar. En aquel momento no entendí muy bien lo que describían.

Pero eso no fue lo peor. Cuando hablaron sobre los hombres que habían salido de aquellas ciudades de madera, quedé con la boca abierta. Sí, hijo mío, parecían dioses. Dijeron que tenían la piel blanca, pero no como la de una nube iluminada al mediodía, sino más bien de un rosa muy pálido. Sus barbas eran grandes, y de colores que nunca se habían visto: algunas rojas, otras amarillas, la mayoría del color de las semillas o de un tronco después de quemarse. Además, su vestimenta era extrañísima. Decían que podía reflejar el sol y que llevaban curiosos objetos en las manos. No podían decir bien de qué se trataba, pero suponían que podía ser alguna especie de arma para enfrentar la batalla.

¿Serían hijos del sol? Todos en casa del señor Tabscoob nos preguntábamos si aquellos rumores podrían ser ciertos. Si las descripciones de los extraños animales que acompañaban a estos hombres podían ser verdad.

Yo no podía expresar lo que pensaba, hijo mío, pues era una mujer y una esclava. Según lo que me contaron, dos amigos cercanos del señor Tabscoob le habían dicho que seguramente aquellos extraños eran dioses, que venían de más allá del mar para cumplir alguna profecía. Quizá, se dijeron con esperanza, su propósito era castigar a los mexicas y a su *huey tlatoani*. Que sólo tendríamos que esperar para comprobar que sus armas no eran tales, sino que se trataba de artilugios mágicos para cambiar o destruir el mundo.

Un hermano del señor Tabscoob no estuvo de acuerdo. Escupió en el piso y dijo que lo que contaban aquellos hombres era una tontería. ¿Dioses en nuestras tierras? ¿Qué razón tendrían para visitarnos? Les dijo que tal vez los hombres extraños eran eso, hombres. Nada más.

Comentó que quizá venían de tierras tan lejanas como la luna, y que a lo mejor no sabían de nosotros, así como nosotros no sabíamos de ellos. Me pareció que eso tenía más sentido.

Entonces me puse a pensar en eso. La descripción de esos hombres me parecía extrañísima. Tenía que reflexionar durante mucho tiempo para que las imágenes de las casas flotantes y las vestimentas que reflejaban el sol llegaran a mi mente.

Los invitados discutieron por largo rato sobre aquellos extraños hombres mientras comían hasta saciarse. Por lo visto, sea lo que estuvieren pensando sobre aquellos rumores, no les preocupaba que pudieran llegar de improviso. Si acaso presentían una amenaza, la veían como algo muy lejano. O tal vez estaban convencidos de que la mejor manera de ocultar el miedo era tras una sonrisa.

Aunque no salí de casa del señor Tabscoob, comenzaron a llegar noticias de todo el pueblo. Tal parecía que no todos compartían la seguridad de los señores de la casa grande. Casi todos tenían miedo de los rumores que corrían por esas tierras. Aunque algunos creían que se trataba de dioses o seres mágicos, la mayoría creía que eran hombres. Hombres peligrosos. Hombres a quienes había que destruir para que ellos no nos destruyeran a nosotros. ¿Por qué será que siempre queremos matar aquello que nos da miedo o aquello que no entendemos? No es algo que pensemos mucho, simplemente sentimos ese deseo de matar. Y el pueblo de Potonchán lo sintió.

Aquellos fueron días raros. No sé por qué, pero los sueños que me llegaban eran violentos. Volvió a mí esa ciudad que se destruía en medio del fuego y el humo. Los ojos de Coatlicue me miraban con lástima, como si quisieran decirme algo, pero por más que le hice preguntas, ella no quiso responderme. Los amigos del señor Tabscoob se fueron después de algunos días; partieron una mañana para intentar conocer un poco más sobre lo que sucedía en la playa con los hombres extraños. Esa tarde llegaron más rumores que no pudieron explicarse. Venían de la mismísima Tenochtitlan. ¡Más presagios funestos!

De acuerdo con lo que escuchamos de los mercaderes mayas que venían precisamente de la gran ciudad que gobernaba Motecuhzoma, hacía unos días se había incendiado de repente el gran templo de Huitzilopochtli. Grandes lenguas de fuego salieron del templo, lo llenaron todo. Humaredas negras brotaron desde el interior del edificio. No había explicación alguna para este hecho, pero los mexicas sólo se dijeron: "¡Vamos! Necesitamos agua para apagar este fuego".

Todos los mexicas corrieron con cántaros y recipientes llenos de agua. Así, la fueron arrojando hacia el fuego con el propósito de contener aquel incendio, mas no se logró la proeza. Sí, hijo mío, no pudo apagarse el fuego, sino que continuó creciendo y creciendo a pesar del agua. Imagínate a aquellos hombres que no entendían por qué su dios les había dado la espalda y había quemado su propio templo. A la mañana siguiente se dieron cuenta de que todo el interior se había destruido. No había quedado nada que pudiera salvarse. ¿Qué fe puede tenerse cuando llega la desgracia? Tú lo sabes porque los dioses de todos los hombres hacen lo mismo, siempre callan ante la calamidad.

Poco después los mexicas volvieron a llenarse de espanto ante otro presagio funesto. Una tarde en la que apenas empezaba a llover, los cielos se abrieron con violencia y un rayo azulado cayó sobre el templo de Xiuhtecuhtli, el cual estaba hecho por completo de paja. Los que vieron aquel horror dicen que no se escuchó el trueno, sino que sólo se vio cómo el rayo silencioso lo destruía todo. Algunos de los que estuvieron ahí se taparon la boca, aterrorizados, o levantaron la cabeza y, con los ojos llenos de lágrimas, pidieron clemencia a los dioses.

Motecuhzoma debió turbarse con estos presagios funestos. Seguramente recordó aquella estrella que había atravesado el cielo, y estableció una relación entre el fuego del templo de Huitzilopochtli y la llegada de los hombres extraños desde el inmenso mar.

Vientos de cambio soplaban en nuestro mundo, no cabía duda.

Miedo y horror fueron sentimientos que invadieron al pueblo, pero el señor Tabscoob estaba tranquilo, no lo despertaban los malos sueños ni había perdido el apetito. Una vez al día se echaba con alguna de sus concubinas para llevarla al goce. Los rumores de los hombres extraños no cambiaron los hábitos del señor Tabscoob porque creía que sus guerreros podrían combatirlos, pues eran más numerosos.

Era una cuestión sencilla. Aquellos hombres extraños eran apenas cuatrocientos, y por cada uno de ellos, había diez guerreros de Potonchán. Podríamos combatirlos si acaso se acercaban a nuestro pueblo. Sería fácil defendernos, dijeron, pero ni siquiera así lograron ahuyentar nuestro miedo.

¿Sabes qué es triste? Hay cosas que recuerdo sin esforzarme mucho, el rostro de mamá al despedirme, mi primer encuentro con el señor Tabscoob y el día que me secuestraron en el río, pero hay otras cosas que no vienen a mí por más que cierre los ojos y busque en mi memoria.

No olvido la ocasión en la que escuché por primera vez los rumores de los hombres blancos, pero no puedo recordar los siguientes días o cuántos fueron. Tampoco sé qué hice en aquellos momentos o qué comí. En cambio, sí tengo presente el miedo que sentí de que una batalla se acercara, de percibir que los días de aquel entonces no tenían viento, que el aire estaba seco, que una de las concubinas del señor Tabscoob murió mientras daba a luz a su primer hijo... pero todo esto viene a mi memoria como si hubiera sucedido el mismo día, y no fue así.

Bien habría hecho el señor Tabscoob en preocuparse de aquellos extraños rumores, porque una mañana llegó corriendo uno de los guerreros de Potonchán:

—¡Están aquí! ¡Los hombres blancos están aquí!

Dejé a un lado los zapatos que remendaba en ese momento. Varias esclavas hicieron lo mismo y nos miramos en silencio. Entendimos el horror de lo que estaba sucediendo. De inmediato nos pusimos de pie y corrimos al patio. No gritamos, no dijimos ni una palabra.

Por más que nos habían dicho que no debíamos sentir agobio por aquellos extraños, nuestro espíritu se encontraba turbado por algo. El señor Tabscoob debió saberlo porque de repente apareció entre nosotros llevando una manta verde, nueva y muy gruesa, sobre los hombros. Recuerdo cómo apretaba los labios y miraba al frente. Estaba serio, entendía que aquél no era un tiempo para juegos.

—¡Regresen a sus ocupaciones! —nos ordenó con una voz tan potente que parecía la de un trueno.

Yo creo que todas bajamos la cabeza. Las esclavas nos quedamos en nuestro cuarto, en el primer patio; las concubinas y los hijos del señor Tabscoob en el suyo, en el segundo patio.

Confieso que me moría de curiosidad por saber qué era lo que iba a pasar, pero no quería que me castigaran por desobedecer. Aunque nunca me había pasado, había visto cómo reprendían a otras esclavas y cómo les golpeaban los muslos y las pantorrillas con palos hasta que la carne les quedara roja. Muchas veces había escuchado a otras esclavas gritar de dolor cuando ocurría esto, todo por no acatar las órdenes del señor Tabscoob o por envidia de alguna de sus concubinas.

Ya en nuestra habitación, no volvimos a nuestras labores. Estábamos muy nerviosas como para tejer, bordar, cocinar, e incluso rezar. Yo misma intenté, en silencio, conversar con nuestra madre Coatlicue, diosa de la noche, señora de las dos serpientes, dueña de los misterios del mundo... pero cada vez que trataba de hablar con ella, mi mente quedaba en blanco. No sabía qué decirle, o a lo mejor no encontraba las palabras para hacerlo. Temí que hubiera vuelto el silencio, pero no fue así. Me senté en mi petate y me cubrí los hombros con la cobija vieja que usaba todas las noches para dormir. Levanté la mirada, el techo liso me veía de vuelta, se reía de mí. ¡Quería saber qué pasaba allá afuera!

Podía imaginar qué sucedería. El señor Tabscoob mandaría a sus más de treinta mil guerreros a combatir a los hombres blancos. Caminarían con sus escudos, sus mazos, sus cerbatanas, sus palos de guerra, sus pintas negras en los brazos y debajo de los ojos; algunos usarían pieles de ocelote para cubrir sus cabezas, de modo que el resto de la piel cayera sobre sus espaldas. Entiéndelo bien, hijo mío, todos estos guerreros eran hombres valientes, que sabían luchar y que habían ganado batallas. No eran, como te han hecho creer, unos niños.

Durante un rato muy largo no se escuchó más que el viento y el dulce canto de los pájaros... luego se oyeron truenos, pequeños a lo lejos, pero ¡no había ni una nube en el cielo! ¡El sol brillaba en lo alto! ¿De dónde venía ese ruido infernal? ¿Qué maldición pudo haberlo traído?

Una de las esclavas más jóvenes, una niña que tendría unos cinco años, soltó un grito y luego empezó a llorar. No tuve corazón para dejarla sola cuando nadie más la consolaba. Me acerqué a ella, la abracé, apreté su cabecita contra mi pecho y le dije que todo estaría bien. La verdad es que yo misma no sabía si aquellas palabras eran ciertas. Lo deseaba, claro, pero no tenía seguridad alguna.

Una hora duraron los ruidos, los truenos y algunos gritos. Luego, el estruendo se apagó, esta vez no se oyó el canto de las aves, ni su aleteo al cruzar el cielo. Si acaso el viento vivo, como siempre, pero algo no estaba bien. No se escuchó el grito de victoria de los guerreros. El señor Tabscoob no regresó con nosotros para celebrar.

No tardaron mucho en volver los guerreros. Cuando los escuchamos, corrimos al primer patio de la casa grande. Tuvimos miedo de que nos fueran a regañar, pero pasamos el cuarto rojo y nos asomamos a las calles de Potonchán, aunque no tuviéramos permiso. Ahí fue cuando los vimos regresar de la batalla. Aquellos guerreros no tenían sonrisa alguna en su rostro. Sus ojos mostraban el peso que llevaba su alma. Los oímos hablar de sucesos terribles, dijeron que los hombres blancos tenían cerbatanas que escupían fuego con potentes rugidos, como de truenos, y que cada vez que las usaban, uno de los guerreros mayas caía muerto. También dijeron que aquellos extraños hombres montaban venados raros y tenían xoloitzcuintles de pelo largo y colmillos gruesos que atacaban cuando se les ordenaba.

De acuerdo con lo que escuchamos, los hombres blancos eran alrededor de cuatrocientos, pero su poder fue suficiente para que los más de treinta mil guerreros de Potonchán huyeran de ahí con miedo.

Entonces vimos que el señor Tabscoob se acercaba por una de las calles. Nunca lo había visto tan enojado como ese día. Tan rápido como pudimos, entramos al cuarto rojo, al primer patio y finalmente a nuestra habitación. Mis pasos eran rápidos, levantaban pequeñas polvaredas que se pegaban a mis pies. Yo no quería ser castigada. Dos esclavas se quedaron atrás, pero el espíritu del señor Tabscoob estaba tan perturbado que ni se percató de ellas. No las regañó, ni siquiera las vio cuando pasó junto a ellas. Siguió caminando y, al atravesar el primer patio, soltó un grito; quería hablar con sus consejeros.

Las paredes retumbaron con ese grito. Hombres, mujeres y niños se asomaron por puertas y ventanas para saber qué haría el señor Tabscoob. Todo esto acontecía mientras los guerreros seguían contando historias horribles sobre aquellos hombres blancos, vestidos de plata, con poderes asombrosos que los habían derrotado. Una vez más comenzaron las preguntas de si los extraños eran o no eran dioses, pero en especial sobre cuál era la razón por la que habían venido a nuestras tierras. ¿Acaso destruir el mundo? ¿Dominarlo? ¿Cambiarlo?

En la habitación de las esclavas, el silencio era grande. Se oía el roce de la piel contra la tela, el crujir del fuego, el aleteo de una mosca que volaba entre nosotras. Los consejeros del señor Tabscoob se apuraron para entrar al cuarto del segundo patio. Ahí discutieron durante horas y horas sobre qué se debía hacer. Tan grave fue la cosa, hijo mío, que ni siquiera pidieron de comer.

Esa noche no se le ofrecieron guisados al señor Tabscoob. Ni siquiera pidieron algo más fuerte de beber. Desde donde estaba yo, se escuchaban los gritos, mas no podía distinguir las palabras. Me hubiera gustado saber en qué sentido se llevaban aquellas discusiones. Tenía miedo de que el señor Tabscoob cometiera un error tonto, que volviera a enfrentarse a los hombres blancos, que decidiera tomar veneno o que, en un acto de desesperación, renunciara a su poder en Potonchán.

No es una locura lo que digo, porque los gritos que yo escuché ese día crecieron conforme fue pasando la tarde. Hombres entraban y salían de la casa, y sospecho que del pueblo también. La tarde cayó roja, luego llegó la noche azul y las estrellas llenaron el cielo como puntos blancos que rodeaban la luna llena. Esa noche nos dieron de cenar algunos tamales, pero la verdad es que no tenía mucha hambre. La masa de maíz apenas me pasaba por la garganta, me cayó pesada, y durante la madrugada sentí como si tuviera piedras en el estómago.

Dormí, no porque quisiera hacerlo, sino porque mi cuerpo estaba muy cansado. Simplemente cedió ante la noche... y soñé que entraba a un edificio alto de piedra mientras caía sangre por los escalones. En su interior me topé con una de las dos serpientes encontradas y el cinturón de cráneos, aún con restos de piel pegados al hueso. Los ojos de la madre me miraban enojados, sabía que no se sentía feliz, que algo estaba por ocurrir y quería decírmelo. Me tomó entre sus garras, sentí cómo sus uñas largas rompían el huipil que llevaba puesto y rasgaban mi piel. Yo recuerdo que sólo pensaba: "Malinalli despierta, Malinalli, despierta", y entonces Coatlicue rugió en náhuatl: "Más te valdría haber subido con el cadáver de tu padre y haber ardido con sus huesos que el largo y difícil camino que te espera".

Cuando abrí los ojos, sentí el frío en mi rostro, la oscuridad, el canto de los chapulines. En el silencio de aquel cuarto había una presencia. Sí, Coatlicue aún estaba conmigo, muy cerca, tal vez demasiado. No sonrías, hijo mío, no son tonterías de tu madre. En realidad, Coatlicue estaba a mi lado, y ella quería que yo lo supiera. Aunque no pude verla, se quedó durante la madrugada, hasta que llegó la luz y lo inundó todo.

Justo cuando apartaba mi cobija de encima, sentí que me tocaban el hombro.

—Quítate toda la ropa, Malintzin. ¡Ahora!

Los guerreros blancos

DE ACUERDO CON LAS ÓRDENES del señor Tabscoob, una de sus concubinas entró al cuarto en el que nos encontrábamos las esclavas. Se trataba de una mujer ya mayor con el cabello blanco, usaba un huipil largo y pulseras de ámbar en cada mano. Se paseó entre nosotras y escogió a veinte.

Nos separaron en una esquina.

—Desnúdate —ordenó con fuerza.

No quise. Yo había visto a otras esclavas seguir esas órdenes y ser entregadas a guerreros para... te puedes imaginar para qué, eres hombre. Por eso no quería. Pero me di cuenta de que había guerreros en la entrada del cuarto. Si no me quitaba yo el huipil, lo harían ellos a la fuerza.

Tragué saliva y comencé por los zapatos. Seguí con el huipil y una pulsera que llevaba en la mano izquierda. Me desnudé lo más rápido que pude, mientras los guerreros disfrutaban el acto. Se mojaban los labios con la lengua y nos miraban de arriba abajo. Cuando me di cuenta de que uno no dejaba de mirarme los senos morenos, apenas de mujer, me cubrí con una mano. Me sentí mal, llena de vergüenza. Como si no fuera sólo mi cuerpo, sino mi espíritu el que estuviera ahí, desnudo, para que cualquiera pudiera conocer sus secretos, sus sombras, sus formas... y sus defectos.

Cuando estuvimos listas, las demás esclavas se acercaron a nosotras con el resto de los regalos que les otorgarían a los extraños guerreros pálidos que habían triunfado. A algunas de las esclavas desnudas les colocaron gruesas mantas de varios colores sobre los hombros, a otras nos llenaron el cuello de collares hechos de conchas marinas y piedras.

Aún recuerdo el contacto de aquellas conchas frías sobre mi piel cuando colocaron los collares en el cuello. Algunos eran tan largos que me llegaban hasta la pelvis, otros apenas caían hasta mis senos. Sentí un escalofrío. Me sacudí un poco para entender que lo que vivía en ese momento no se trataba de un sueño. La vieja concubina nos dijo que nos colocáramos nuestros huaraches y la siguiéramos fuera de la casa. Cuando la obedecimos, nos dejamos envolver por un aire caliente, muy húmedo. Yo misma sentí una gota de sudor que resbalaba desde mi cuello y bajaba por mi espalda.

Cerré los ojos muy fuerte. Desde mi corazón se elevaba una oración: "Coatlicue, madre nocturna, protégeme de los horrores que estoy por vivir". Era una oración silenciosa, como silenciosos fueron mis miedos y mi creencia en los dioses. No me preguntes por qué, hijo mío, pero en ese momento sopló una brisa fresca, sólo por un instante. Yo quise creer que la diosa respondía a mi llamado, pero que ese viento cargaba murmullos que no podía entender.

Eso me dio valor para continuar mi camino, lejos del pueblo que gobernaba el señor Tabscoob. Sentí la rápida palpitación de mi pequeño corazón, una tormenta en el estómago, un temblor en los pies. No me gustaban las miradas de todos en el pueblo, que siempre habían querido ver el cuerpo desnudo de las esclavas de la casa grande. Los hombres que salían a vernos no dejaban de mirarnos los senos, la pelvis, los muslos. ¿Por qué a los hombres les atraen las mismas partes del cuerpo de las mujeres? No lo entiendo. Estoy segura de que más de uno habría ofrecido todos sus tesoros a cualquiera de sus dioses con tal de pasar una noche conmigo. Como esclava tendría que haber obedecido si me lo hubieran ordenado, aunque aquello me rompiera el corazón.

Finalmente llegamos hasta un espacio grande, de hierba larga, en el que pude ver por primera vez a aquellos hombres de piel blanca, que más tarde se llamarían a sí mismos como "castellanos", porque venían de "Castilán". ¡Qué palabra más rara! Durante mucho tiempo me costó aprenderla. Siempre decía "casqueianos". El secreto está en dónde pones la lengua al decir cada una de las letras. ¿Has notado alguna vez cómo hablas? Deberías. El idioma es un regalo que debe apreciarse... y sobre todo, entenderse.

Como te decía, los castellanos eran tal y como los había imaginado. Eran hombres raros. No solamente por su aspecto, sino por su forma de ser. Caminaban diferente a nosotros, como si estuvieran orgullosos de algo. Usaban unos zapatos largos que les abarcaban las pantorrillas; "botas", les llamaban. Cubrían todo su cuerpo. Algunos utilizaban pantalones negros y una camisa blanca, pero solían arremangarles las mangas por el calor (sudaban mucho, más que nosotras). Otros se habían puesto aquellas vestimentas que reflejaban el sol, plateadas y brillantes, que nos habían descrito los guerreros. ¡Qué cosa! Nunca se me hubiera ocurrido que uno podría tomar un metal y cubrirse completamente con él.

Aquellos hombres nos miraban, tenían los ojos muy grandes como si no entendieran lo que estaba por suceder.

El señor Tabscoob se adelantó. Iba vestido con una tela pequeña que le cubría la pelvis. Un gran collar de jade colgaba de su cuello. Llevaba dos muñequeras con conchas marinas. Sobre la cabeza, un tocado con plumas de quetzal. Además, otra tela le caía por los hombros, como si se tratara de una manta muy delgada. Era un traje elegante que sólo utilizaba en pocas ocasiones, como aquella, en la cual recibió a los hombres que lo habían vencido en batalla.

Ante aquellos hombres, el señor Tabscoob hizo una reverencia. En maya, exclamó:

—¡Señores! Sean bienvenidos a nuestras tierras...

¿Hablarían maya aquellos extraños?

Pronto entendería que no.

En medio de aquellos hombres se encontraba el más importante; el único que estaba sentado en una silla alta de madera. Entonces no conocía su nombre, pero supe que era el jefe de aquellos castellanos. ¿Cómo describir mi primera impresión de él, hijo mío? Seguramente ansías escucharla. Pues bien, era un hombre de cabello tan negro como el carbón, lo mismo que los bigotes largos y la barba sin peinar. Tenía los ojos muy grandes, llenos de vida y curiosidad. Miraba de un lado a otro tratando de comprender todo lo que sucedía.

A su lado estaba parado un hombre castellano, pero su aspecto era diferente. Tenía la piel bronceada, marcas negras en los antebrazos, no llevaba barba ni bigote, y traía el cabello corto a la usanza de los mayas. ¿Quién sería? Se inclinó sobre el oído del primero y comenzó a decir palabras que yo no pude comprender entonces. Más tarde entendí que este hombre escuchaba el mensaje en maya y luego lo repetía en castellano para que lo entendiera su señor.

Aquella escena extrañísima también sucedió de forma contraria. Cuando el jefe de aquellos hombres castellanos exclamó unas palabras desconocidas en su idioma, el segundo hombre las escuchó y entonces las repitió en maya:

—Mi señor, don Hernán Cortés, os saluda con afecto, en representación de su majestad, el rey don Carlos, que se encuentra en sus tierras más allá del mar.

Sentí que su voz temblaba al decir aquello, como si tuviera un poco de miedo. Hasta se veía nervioso, movía mucho los pies y jugaba con las manos. El señor Tabscoob también tenía algo de miedo, pero lo ocultaba bien, pues levantaba el pecho, apretaba los labios y parecía que pensaba con mucho cuidado las palabras.

¡Qué rápido subía la temperatura! El calor era sofocante.

El señor Tabscoob levantó el brazo hacia donde estábamos nosotras. Algunos de los extraños posaron su mirada en nuestras pantorrillas redondas, otros en el vello de nuestra pelvis, otros más en nuestros pechos apenas cubiertos por los collares de cuentas y conchas marinas, pero muy pocos lo hicieron sobre nuestros hombros y las mantas que llevábamos.

—Han sido los vencedores de la batalla —exclamó el señor Tabscoob—, así que deseamos otorgarles estos valiosos tesoros. Mantas, collares y... ¡mujeres esclavas!

Ay, cuando dijo esa última palabra, sentí que me flaquearon las piernas. ¡Esclava! ¡Qué palabra tan más dura! Ya había dejado de pertenecer al señor Tabscoob, ahora pasaba a ser propiedad de guerreros extraños...

Hernán sonrió en cuanto su hombre le tradujo esas palabras, posiblemente no esperaba que le hicieran semejante ofrecimiento. Entonces se levantó. Era un hombre fuerte, de manos grandes y ojos vivarachos. Cuando caminaba, se pavoneaba como un águila. Tenía cierto orgullo que me pareció peligroso. Se acercó a nosotras y nos inspeccionó; su actitud era la de un comerciante que revisa la mercancía de un mercado. Algo había en su mirada, porque las otras esclavas no podían voltear a verle el rostro.

Una a una nos estudió con muchísimo cuidado. En ocasiones levantaba los collares para ver un poco mejor los pechos de las esclavas, o dejaba caer las mantas y luego reía a carcajadas.

Conforme fue acercándose a donde yo estaba, empecé a sentir palpitaciones muy fuertes. Tragué saliva, tuve miedo de lo que él fuera a hacer conmigo. ¿También palparía la forma de mis brazos, se reiría de mi edad, o acaso me diría que no valía la pena y me regresaría a la casa del señor Tabscoob?

Hernán dio un paso largo y se colocó frente a mí. Al principio noté el brillo de sus ojos, sus cejas pobladas, una arruga que se le formaba en la frente. Abrió la boca como si fuera a decirme algo, pero nada salió de ella. Me pareció que su barba tenía destellos rojizos, pero que sólo eran visibles con el sol. Su mirada me recorrió desde abajo; apenas sentí uno de sus dedos rozar mi cadera derecha, mi cuerpo entero se estremeció. Sin tocar los collares que yo llevaba al cuello, supe que él sabía lo que había debajo, incluso de la piel. Como si no viera mi desnudez, sino mi espíritu. Al llegar a mis ojos, fue él quien no pudo sostenerme la mirada y la desvió. Lucía incómodo. Entonces quiso saber quién era yo, por qué era tan diferente a las demás.

Al escuchar aquellas preguntas, el señor Tabscoob me miró largamente. Quizá consideró contarles la historia de cómo terminé sirviendo tan lejos del pueblo que me había visto nacer. En cambio, una de mis compañeras esclavas, casi una niña de ocho años, exclamó:

—Es Malinalli... Malintzin, la noble prisionera...

Hernán Cortés volvió a reír en cuanto escuchó aquellas palabras. ¿Noble prisionera? Una es prisionera y ya... una prisionera no tiene rangos, porque no tiene libertad, es una cosa, un cuerpo sin voluntad...

Para cortar aquel momento tan incómodo y que Hernán no hiciera más preguntas sobre mi origen, el señor Tabscoob les dijo que tenía preparado un banquete en su casa y que le harían un gran honor si lo acompañaban a comer. Aquellos hombres extraños se mostraron un poco preocupados, quizá pensaron que habrían de envenenarlos para deshacerse de ellos, pero Hernán estaba confiado, así que aceptó la invitación.

De este modo, regresamos caminando a Potonchán, ante la mirada incrédula de todos los habitantes del pueblo, quienes nunca habían visto hombres con vestimentas de metal, piel tan blanca y barbas tan largas. De igual forma les sorprendían algunos de estos guerreros porque iban montados en unos animales extrañísimos, parecidos a los venados, pero sin astas. Los castellanos les llamaban "caballos". También pude ver a sus xoloitzcuintles, grandes bestias de lomos negros y pelo largo, de cuyos colmillos escurría una baba blanca. Nunca me atacaron, pero siempre les tuve miedo.

No cabía duda, la visita de aquellos extraños avivó el debate sobre si eran dioses o simplemente hombres rarísimos. ¡Castellanos, al fin y al cabo! Iban todos muy juntos, se aferraban a sus armas, murmuraban entre ellos. Seguramente esperaban que en cualquier momento fueran a emboscarlos, y el señor Tabscoob pudo haberlo planeado así...

Cuando llegaron a la casa grande, se mostraron horrorizados al tener que pasar por el cuarto rojo y lucieron incómodos mientras cruzaban los dos patios. No manifestaron curiosidad por conocer qué había en cada una de las otras habitaciones. Poco les importó adentrarse a la cocina para saber cómo preparábamos la comida, o cómo vivían las esclavas o las concubinas. Ni siquiera quisieron asomarse al cuarto del segundo patio, en el cual el señor Tabscoob había dispuesto figuras de piedra de dos de sus dioses e iba a elevar sus rezos todas las mañanas, envuelto en nubes de vapor perfumado que llenaban toda la casa de un aire divino.

Pues bien, el señor Tabscoob recibió a los visitantes en el cuarto del fondo. Por supuesto, se sentó en los petates como siempre y Hernán hizo lo mismo a su lado sin pedirle permiso. Los castellanos lo imitaron, de modo que quedaron mezclados los hombres del señor Tabscoob con los extraños, acomodados en un círculo. Cerca de Hernán estaba aquel hombre que traducía todo. Se presentó, en maya, como Gerónimo de Aguilar. ¡Vaya nombrecito tan diferente a los nuestros! Con razón nos era tan difícil pronunciarlo. Los mayas hablaron entre sí e hicieron lo mismo los invitados.

Si mal no recuerdo, hijo mío, aquella comida fue muy curiosa. Nosotras, las esclavas ofrecidas, nos sentamos con ellos. ¡El señor Tabscoob nunca lo hubiera permitido en un día cualquiera! Al menos, estoy segura de que agradeció que no abriéramos la boca más que para comer.

Pronto trajeron ante nosotros varios guisos de chiles y frijoles, tortillas recién hechas y tamales con carne de venado. También cuencos de agua fresca para los visitantes. Éstos tardaron un rato en llevarse algo a la boca porque desconfiaban, pero cuando lo hicieron... ¡No sabes qué chistoso, hijo mío! Parecía que nunca en su vida hubieran probado un chile picoso, porque varios de ellos se pusieron rojos al dar el primer bocado y buscaron apurarse un poco de agua para apagar la sed.

Pensé que se disgustarían al probar aquello, pero no fue así. Nos imitaron al usar la tortilla para agarrar los guisos, al comer los tamales con las manos, al tomar un montoncito de chapulines y llevárselos a la boca. Tampoco creas que les gustó esto último, pero se acostumbraron al sabor.

Hernán aprovechó el momento para hacer varias preguntas... ¡era muy curioso! Le interesaba saber cómo se llamaba el pueblo, cómo se pronunciaba cada comida que le habían servido y preguntó por nuestros dioses... Mientras Gerónimo de Aguilar traducía la respuesta del señor Tabscoob, Hernán comenzó a agitar la cabeza de un lado al otro, se veía molesto. Se puso igual de rojo que si hubiera comido un chile, pero en realidad era la furia que se iba juntando en su interior.

Creo que fui la primera en darme cuenta, pero poco a poco todos lo hicieron. Los castellanos dejaron de hablar y los hombres del señor Tabscoob también. Cuando Gerónimo dejó de traducir, un silencio de muerte apareció entre nosotros. Algo no estaba bien... me sentí mal, incómoda, comenzó a dolerme un poco el estómago.

Vi a Hernán gruñir, levantarse de repente y gritar algo.

Todos estábamos asombrados.

Gerónimo de Aguilar se aclaró la garganta y exclamó en maya:

—Nuestro dios, el único dios, ha llegado a estas tierras para conquistar al maligno... y vosotros debéis reconocerlo.

Entonces, Hernán posó su mirada en mí. ¡Estaba realmente enojado!

—Nuestro dios, el único dios —repitió Gerónimo, como si no lo entendiéramos.

El dios derrotado

¿Bautismo? La primera vez que escuché esa palabra tuve miedo, porque me dijeron que se trataba de un ritual de su dios. No sé por qué pensé que tendría que pasar alguna prueba, que tal vez usarían el fuego para marcar mi piel, o que me harían alguna herida en el brazo con tal de que su dios se alimentara de mi sangre. Mil ideas revolotearon dentro de mí como abejas que zumban dentro de un panal. ¿Sería más poderoso su dios o cualquiera de los nuestros?

Después de que Hernán se levantara, molesto, ante la mirada atónita de todos, cerró los ojos por un momento y volvió a sentarse. Ése fue el día que descubrí que su espíritu estaba hecho de un fuego indomable, de una pasión que lo mismo serviría para crear que para destruir... y lo haría. ¡Vaya que lo haría!

Nos miró a todos y comenzó a hablar. Al principio yo solamente me fijaba en cómo movía sus labios, en la posición de su lengua para crear sonidos que yo nunca había escuchado. Su idioma, el castellano, me parecía rico, complejo, único; un paraíso de ideas por descubrir, pero en ese momento era inalcanzable.

Gerónimo escuchó atentamente cada palabra para repetirla en maya. No recuerdo mucho de aquella tarde, pero sí que escuché por primera vez sobre aquel dios que se había hecho hombre, que había hablado sobre un reino en las nubes, y que por eso había sido sangrado y clavado a un madero. ¡Clavado! Horas más tarde, cuando cerré los ojos y me imaginé la escena de un hombre mexica torturado, clavado a un árbol, grité. ¡Qué horror! ¿Ése era su dios, un dios traicionado, un dios derrotado, un dios lleno de debilidades? ¿Sólo un dios? ¿Sólo uno? ¿Él solo regía sobre la muerte, la lluvia, el fuego, sobre las mujeres llenas de vida, la guerra, las estrellas, las dolencias? ¿Sólo un dios?

Al terminar la comida con el señor Tabscoob, Hernán dijo que estas tierras no podían seguir viviendo en el pecado; que oscuros espíritus, a los cuales ellos llamaban "demonios", las rondaban y nos obligaban a hacer cosas horribles. Para evitarlo, tendríamos que formar parte de su dios, de su "iglesia"… ¡iban a bautizarnos!

Durante la noche, la cual pasamos en casa del señor Tabscoob, continué escuchando aquella palabra. Lo malo es que nadie nos había explicado qué significaba. No quería que clavaran mis manos a un árbol, ni que me torturaran, ni que le ofrecieran mi sangre a su dios. Ay, no sabes cómo le recé a Cuatlicue para que me protegiera de ese momento, o al menos para que me diera consuelo dentro de mis sueños. Pero no lo hizo, su silencio era tan grande como la noche de la que se viste.

Despertamos antes del amanecer. Gerónimo vino a nuestro cuarto para decirnos que todo estaba listo para el bautismo. Nos pidió que nos vistiéramos con huipiles blancos. No permitió que nos colgáramos collares o pulseras. Nos recogimos el cabello en una trenza larga y, cuando estuvimos listas, salimos al primer patio. ¡Ya quemaba el sol! No corría el viento. Todas juntas seguimos a Gerónimo y a varios de los castellanos hacia el exterior de la casa del señor Tabscoob y por todo el pueblo de Potonchán. Los pobladores salieron a despedirnos; pienso que tuvieron miedo (al igual que nosotras) de que nos fueran a sacrificar para su dios.

Al salir del pueblo, caminamos durante unos diez o quince minutos. Estábamos rodeados de selva viva, del canto de los pájaros, de la luz que se filtraba entre los árboles. Llegamos hasta una cosa extrañísima. Tenía una base larga de piedra, y arriba, un cuenco lleno de agua cristalina. Uno de los castellanos que era sacerdote, llamado Juan Díaz, hizo una seña muy rara con su mano derecha. Primero tocó su frente, luego su pecho, su hombro derecho, después su hombro izquierdo y al final llevó su mano a los labios. Parecía que hacía una cruz en el aire (todos los hombres blancos lo imitaron, hasta el mismo Hernán). Entonces juntó las palmas de sus manos a la altura del pecho y comenzó a decir algunas palabras que no entendí, pero que no reconocí como si fueran español. Días más tarde supe que era ¿latín? Sí, ése era el nombre. ¡Latín!

Con aquel idioma rarísimo hablaba su dios, en fórmulas que repetían y repetían que más parecían hechizos que otra cosa. Cerraban los ojos y levantaban la cabeza; era como si en cualquier momento sus pies fueran a despegarse de la tierra para ascender a los cielos. ¡Cuánto fervor le tenían a un dios tan silencioso!

Yo me acuerdo de que presté mucha atención a todo lo que hacía aquel sacerdote (ojalá Gerónimo nos hubiera dicho de qué trataba el ritual para que pudiéramos participar). Cuando terminó, Gerónimo nos dijo que iríamos pasando para que nos dieran nuevos nombres, así que obedecimos y nos formamos.

Del morral que le colgaba de un hombro, Juan Díaz sacó una concha de plata, la llenó de aquella agua cristalina y dejó caer un poco sobre la frente de la primera esclava. Repitió unas palabras en latín y Gerónimo le informó que su nuevo nombre sería María. A la segunda se le dio el nombre de Ana, a la tercera de Francisca... Lucía... Jacinta... Una a una recibieron aquel bautismo sin entender bien de qué se trataba. Yo fui de las últimas en acercarse al cuenco de piedra. El sacerdote dejó caer un poco de agua fría sobre mi frente y repitió las mismas palabras. Gerónimo me miró a los ojos y me dijo: "A partir de hoy tu nombre será Marina".

¿Marina? Sí, ése fue el nombre que me dio. ¿Por qué no podía seguir llamándome Malinalli, como la diosa de la hierba, como mi padre y mi madre lo habían decidido el día que fui arrojada a este mundo? Por la simple decisión de unos hombres a los que acababa de conocer. ¡Por eso!

En aquel momento sonreí como si me gustara ese nombre. Engañar a los castellanos nunca fue difícil, y después de ver cómo se había enojado Hernán Cortés con el señor Tabscoob, no quise que hiciera lo mismo conmigo o, peor aún, que me levantara la mano... o me clavara a un árbol.

Volví con el resto de las esclavas que habían sido bautizadas. Todas estábamos demasiado confundidas, sin saber que aquel día apenas empezaba. ¡Bah! ¡Marina! Así me han llamado desde entonces, pero yo siempre he sido y seré Malinalli; así me dice nuestra madre Coatlicue cuando se me aparece en sueños.

¡MALINALLI!

Después de pasar por aquel extraño ritual de agua, Hernán pidió que el señor Tabscoob, sus hermanos, sus guerreros, sus concubinas y sus esclavas también fueran bautizados. Aceptar un dios no es cosa fácil, sobre todo un dios invisible y derrotado, pero el señor Tabscoob accedió solamente porque los castellanos habían ganado la batalla y podían destruir el pueblo con sus extrañísimas armas.

A partir de ese momento, y durante mucho tiempo, Gerónimo de Aguilar nos reunía una vez al día. Nos sentábamos frente a él y nos hablaba de su dios, de cómo había creado el mundo en siete días, cómo había dividido un mar en dos para que un pueblo pasara por él, cómo una mujer se había embarazado sin que nadie la tocara y había dado a luz a un dios hecho hombre... ¡y tantas cosas que sonaban rarísimas! Dijo que quería enseñarnos una de sus oraciones, lo que él llamó el "Padre nuestro" y también el "Ave María", pero que tenía problemas para traducirlos al maya. Yo me acuerdo de que lo intentó en dos o tres ocasiones, pero tropezaba las palabras y al final nos pidió que le diéramos tiempo porque era muy importante que las guardáramos en la memoria y el corazón. Después de todo era como platicar con dios. Me dieron ganas de preguntarle por qué no se podía hablar con dios como una habla con un padre o un hermano, pero esas dudas mejor me las fui guardando. A Gerónimo no le gustaban las preguntas, decía que su dios, así como todo lo que éste hacía, era bueno, por tanto así debíamos aceptarlo.

Pues bien, como te iba diciendo, hijo mío, después del bautismo, los castellanos nos llevaron a su campamento, colocado muy cerca del río. Sus casas estaban hechas de tela, tenían algunas sillas altas de madera, más las de aquellos animales que ellos llamaban "caballos", cruces de madera de todos los tamaños y más armas: lo mismo sus cuchillos largos, a los cuales les decían "espadas", que las cerbatanas de fuego.

Ahí Hernán decidió que nosotras, las esclavas, no perteneceríamos a todos los castellanos, sino que serviríamos a uno. ¡Sólo a uno! Nos dijo, a través de Gerónimo, que nuestro trabajo sería ayudarles a preparar la comida, a lavar la ropa, y "en todo lo que se les pida para el día a día"... Curiosa forma de ponerlo. Hernán fue llamándonos una a una para luego presentarnos con alguno de sus hombres. Como te imaginarás, fuimos regaladas a sus amigos más cercanos.

Cada vez que una de nosotras era mencionada, debía irse a la tienda del hombre al cual la habían asignado.

Pronto, a todas las esclavas se les había designado un nuevo señor al cual habrían de servir. Todas, menos a una...

Hernán se levantó de la silla de madera y se acercó a mí; le costaba sostenerme la mirada. Caminando, me rodeó, supongo que quería verme bien. Sintió entre sus dedos el huipil que llevaba. Se paró frente a mí y me tomó de la barbilla. Pude ver bien su rostro, era el de un hombre... sí, ésa es la mejor forma de describirlo. Pude notar el sudor que se le iba formando en la frente y una mancha de tierra que tenía en la mejilla. Su aliento era amargo... ¡muy amargo! El reflejo de sus ojos era ardiente, como mirar un fuego descontrolado en una noche de verano. Sentí el impulso (no me gusta decirlo) de probar sus labios y... oh, sé qué él también lo sintió, porque cambió sus gestos. Nuestros espíritus se reconocían por primera vez, se incomodaban, se sentían fuera de este mundo, pero no podíamos obedecer a los latidos de nuestro corazón. No era correcto. Yo era tan sólo la niña esclava, la noble prisionera, y él un capitán castellano.

Quiero pensar que a él le hubiera gustado hacerme su esclava, llevarme a su tienda de campaña y tenerme cerca... muy cerca... como si yo fuera una concha marina de mucho valor. Sí, seguramente eso es lo que estaba considerando en esos momentos. Quería tenerme lejos y cerca al mismo tiempo. Me deseaba y no quería reconocerlo.

Aquello aconteció en tan sólo unos pocos segundos. Hernán se aclaró la garganta y se volvió hacia sus soldados. Me ofreció, entonces, a su hombre de confianza, un tal Alonso Hernández Portocarrero.

¡La decisión estaba tomada! Bajé la cabeza y caminé hasta Portocarrero. Los demás castellanos sonreían, les parecía muy divertido que las esclavas se entregaran a unos y otros como si fuera un juego. ¡Vaya risa! Como no eran ellos a los que desnudaban, a los que entregaban, a los que trataban como propiedad... entonces el mundo les parecía una broma.

Debes saber que, a diferencia de los demás, Portocarrero no sonreía, estaba muy serio. Siento que quizá le incomodaba tener una esclava, tal vez no estaba acostumbrado a ello. En aquel entonces, él era un hombre pálido, con pequeñas ojeras negras debajo de los ojos. Su barba, nunca lo olvidaré, era amarilla como el oro que se ha ensuciado en la ceniza. Ya tenía canas, pero casi no se le veían. Su rostro era redondo, y sus labios, muy gruesos y rosados. Usaba un sombrero de tela verde que siempre me dio mucha risa.

Él me tomó de la muñeca y me llevó hasta su lugar en el campamento. Era un espacio pequeño cubierto por una tela larga que lo protegía del sol y de la lluvia. Vio que temblaba, y me ofreció una sonrisa tímida. ¿Se había percatado de mis sentimientos por su capitán?

Se sentó en una silla alta de madera y me inspeccionó bien. Él era todo un hombre de ¿veinticinco? ¿treinta años? Nunca supe su edad real. Yo aparentaba ser sólo una niña con una trenza larga que le bajaba por la espalda. Ay, hijo mío, si entonces hubiéramos hablado el mismo idioma, habría aprovechado ese momento para sentarme a sus pies y contarle mi historia. Siento que él la hubiera entendido bien, y quizás hasta podría haberme dado algunas palabras de aliento. Sin embargo, no podía hablarle, y él tampoco podía hacerlo para contarme de él, de su vida más allá del mar... Éramos un misterio el uno para el otro, mismo que queríamos descubrir y descifrar. Nos mirábamos en silenciosa confusión, y de alguna forma nos comprendíamos.

Una de las primeras cosas que hizo Portocarrero fue inclinarse un poco para señalar sus zapatos largos, las botas que les cubrían el tobillo y parte de la pantorrilla. Al principio no entendí, así que comenzó a hacer fuerza para quitárselas. ¡Vaya que era una labor complicada! Una debía hacer mucho esfuerzo para quitar tan sólo una de esas botas. Me costó trabajo la primera, ni siquiera tengo que contarte de la segunda. Sus pies estaban hinchados y rojos de tanto caminar. ¡Y además le apestaban!

Algo que no te he contado de los castellanos, hijo mío, es sobre su particular olor. Todos los pueblos de la región en la que nací, y los colindantes al del señor Tabscoob, tenían por costumbre lavarse al menos una vez al día. En ocasiones podían ir a un río cercano o a otros lugares donde hubiera agua para bañarse bien. En cambio, los castellanos no tenían esa costumbre. No se bañaban todos los días, incluso podían estar una semana entera así. A veces se mojaban la cara, o se pasaban telas húmedas por el pecho, las axilas y los muslos... pero ¡nada de baños! El sudor de los días se iba acumulando hasta volverse rancio, de modo que las esclavas respirábamos lo menos posible cuando teníamos que acercarnos a ellos, al menos hasta que nos acostumbramos al olor. Aquello disminuyó cuando comenzamos a lavar su ropa.

Era... ¿cómo te explico? Un olor amargo que entraba por la nariz y te inundaba por completo. Como el de un venado que ha muerto y empieza a deshacerse sobre la tierra. Según me dijo Hernán mucho tiempo después, alguno de sus tiemperos, quiero decir, sanadores allá en Castilla, les había dicho que tomar baños cada día ayudaba a que se enfermaran de algo que ellos llamaban la "peste". Suena extraño ¿no? ¡La peste! Nunca pregunté de qué se trataba, pero parece que mató a muchísimas personas que vivían más allá del mar. Por eso, después de los primeros días, los amigos de Tabscoob encendían copales cada vez que los visitaban los castellanos, para enmascarar el mal olor.

Yo me acostumbré... tuve que hacerlo.

Mis primeros días con los castellanos fueron para aprender a vivir con ellos, de su dios, de las oraciones que hacían todos los días, de las reuniones que tenían con Hernán, de cómo querían saber más sobre los pueblos y costumbres, no sólo de Potonchán, sino de todos los demás. Ayudábamos a preparar la comida, a reunir las hierbas necesarias, a quitarles las botas después de un día largo, a lavar en el río las mantas que usaban para echarse por las noches, a acudir a algún pueblo cercano para negociar víveres en el mercado. Hacíamos tantas cosas que hasta llegué a preguntarme cómo habían vivido estos hombres antes de que nos tuvieran como esclavas.

Ya en el trato diario, me di cuenta de que, aunque la mayoría de los castellanos veía a Hernán como el jefe, no lo era. Cuando él no estaba, algunos lo señalaban y murmuraban con grotescas muecas de odio. Yo veía todo esto y lo hablaba con las otras esclavas, quienes me decían que habían visto lo mismo. ¿Se preparaba una traición? Callábamos ante Gerónimo, para evitar algún problema. Empecé a sentirme incómoda en aquel campamento, algo estaba por suceder, pero... ¿qué?

Por esos días, al menos cuatro de las otras esclavas conocieron el despertar sexual en un forzado encuentro sobre un petate, y luego las demás esclavas tuvimos que ayudarles a limpiar la sangre que les bajaba por las piernas. Por eso, todas empezamos a tener miedo de que nos fuera a suceder lo mismo. Desnudas nos entregaron al enemigo, desnudas podían hacer con nuestros cuerpos lo que cualquiera de esos cuatrocientos castellanos quisiera.

Temblé una tarde en la que Portocarrero se puso muy serio y me hizo una seña para que lo acompañara. Caminé detrás de él a través de los árboles de troncos largos y otras plantas tropicales. Pronto escuché las aguas de un río cercano. Él me vio, se mordió el labio inferior. Su pecho comenzó a latir cada vez más rápido. Estiró los brazos para quitarse la camisa. Fue la primera vez que pude verlo… ¿Sabes qué me llamó la atención, hijo mío? Aquel hombre tenía los brazos gruesos, y su pecho estaba lleno de vello dorado. Sus pezones eran rosas…. Mi vista fue bajando hasta su ombligo. ¿Le divertía eso? Él estaba tan nervioso como yo.

No sé si fue para que no sintiera espanto o por vergüenza suya, pero se alejó un poco y me dio la espalda para quitarse los pantalones. Tan sólo una tela improvisada cubría sus partes de hombre. También sus muslos eran gruesos y, no sé, algo había en él que me llamaba la atención.

Me quedé ahí parada mientras Portocarrero comenzaba a entrar al agua. No creo que quisiera limpiarse, ni siquiera se tallaba la piel con las manos, más bien pienso que quería refrescarse del sol amarillo que nos quemaba la piel y del calor que hacía en toda la región. Hubiera aprovechado la oportunidad para quitarme la ropa, para bañarme… quizá para atraerlo. ¿Por qué sentía curiosidad en saber si los castellanos besaban igual que los mexicas o los mayas? Era una idea que me había surgido desde aquella ocasión en la que pude oler el aliento de Hernán, y ahora que tenía cerca a Portocarrero… Ay, pero debía contener esos pensamientos. El corazón de una esclava no debe mostrarse al mundo. ¡No! ¡Nunca! Me lo repetía una y otra vez mientras veía aquella imagen masculina chapoteando en el agua.

Entonces me volví hacia atrás, pues escuché que alguien corría hacia mí. Era una de las otras esclavas llamándome en maya. Decía que Hernán Cortés nos estaba buscando porque le habían dicho que otro pueblo planeaba atacarnos. ¡Estábamos en peligro!

Portocarrero no entendió las palabras de aquel mensaje, pero sí su urgencia. Se sumergió por última vez y salió del agua con premura. Fue la primera ocasión que pude contemplar su desnudez.

El poder del trueno

¡Semejante imagen fue la de aquellos palacios de madera que flotaban en el mar! Después de recoger el campamento, todo el grupo de castellanos, esclavas, perros y caballos caminamos por la selva en una procesión tensa. Aquellos hombres estaban seguros de que iban a ser atacados en cualquier momento, por eso Gerónimo nos dijo que debíamos tener los ojos bien abiertos y avisar si veíamos algo extraño.

Ay, hijo mío, a mí me latía el corazón rapidísimo. ¿Qué iba a hacer si de repente guerreros mexicas nos sorprendían por el camino? Yo me escondería detrás de un árbol y rezaría para sobrevivir... aunque eso me convirtiera en una víctima para el sacrificio.

Caminamos durante dos días hasta una playa que estaba cerca del pueblo donde había nacido, en la cual había pasado muchas tardes maravillosas con papá. Desde ahí, como te acabo de decir, vi doce casas flotantes de madera a lo lejos... ¡parecía algo de no creerse! Lo que tenían encima era una tela blanquísima, casi como una nube muy larga.

Gerónimo nos dijo que tendríamos que subir a unos botes para llegar a aquellos palacios de madera; los perros nos acompañaron. Ni modo que le dijera que tenía miedo, así que me callé, y en grupos pequeños fuimos navegando hasta acercarnos cada vez más. Vaya que eran más grandes de lo que yo pensaba. A mí me tocó estar en la casa principal porque Hernán quería tener junto a él a sus hombres de confianza. Se mostraban nerviosos, querían saber qué era lo que debían hacer a continuación.

Según me enteré después, más allá del mar había un asentamiento castellano, en una isla llamada Cuba, y ahí vivía un cacique llamado

Diego Velázquez. Parece ser que el tal Diego le había ordenado a Hernán Cortés que regresara a Cuba, pero éste no tenía intenciones de cumplir aquella orden, así que debía decidir qué habrían de hacer.

Apenas tuve tiempo de platicar con las otras esclavas, pero la opinión estaba dividida, había castellanos que deseaban seguir a Hernán Cortés hasta el final de la aventura, otros estaban de acuerdo con que debían seguirse la órdenes de Diego Velázquez.

Te lo cuento porque yo los vi discutir sobre lo que debía hacerse durante muchos días, muchas noches, rodeados por el viento, iluminados por la luna, mientras comían, o al mirar hacia el horizonte por las tardes. Me hubiera gustado conocer el idioma para saber bien de qué hablaban, pero Gerónimo no quiso hacernos partícipes de aquel secreto, así que me limité a atender a Portocarrero en cada una de sus necesidades. Dormía en una cama improvisada en el cuarto que él tenía en aquel palacio. Tenía que bañarme con un paño húmedo; extrañaba el agua fresca. Sin embargo, me gustaba estar cerca de él. Portocarrero no perdía ninguna oportunidad para ofrecerme alguna sonrisa, aunque aquello parecía molestar un poco a Hernán.

Después de varios días nos enteramos de que hombres extraños habían llegado a la playa. Me asomé por el barandal y los vi: eran cinco hombres de piel morena, apenas una tela les cubría la entrepierna y sus zapatos de piel de venado eran finos, pero estaban gastados. Por todo el pecho y a lo largo de los brazos tenían marcas negras y sobre el hombro llevaban un morral pesado. Sus dientes eran negros. Ninguno de ellos tendría más de veinticinco años. ¡Eran mexicas! Sin duda, enviados de Motecuhzoma.

Hernán envió a Gerónimo y a dos castellanos más a recibirlos, por supuesto, con sus cerbatanas de fuego al hombro. No había que fiarse de los hombres del *tlatoani* mexica, pues podrían ser traidores.

Aquel encuentro resultó ser un desastre.

Imagínate el panorama, hijo mío, Gerónimo podía hablar maya y castellano, pero ¿náhuatl? ¡Nada de eso! No se parecía a ninguna lengua que él hubiera escuchado antes. Por lo tanto, Gerónimo, derrotado en su propio juego, se rascó el cráneo, bajó la cabeza y volvió con Hernán a contarle todo lo que había sucedido. Aquello no le agradó en absoluto, se levantó de la silla y sus ojos se llenaron de aquel fuego que deseaba destruir el mundo. Una mueca horrorosa le deformó los labios. No le gustaba que las cosas no fueran de acuerdo con los planes que había hecho.

Hernán tenía la costumbre de levantar la voz. No, digamos las cosas por su nombre, gritaba. ¡Y gritaba mucho! Tanto que incluso sus amigos, como Portocarrero, sentían un escalofrío y daban algunos pasos para alejarse de él.

¿Qué podían hacer los castellanos para comunicarse con los extraños? Los mexicas no se fueron, se quedaron en la playa toda la noche esperando a que pudieran hablar con ellos.

Gerónimo había aprendido a hablar maya con los cocomes, pues había vivido con ellos durante algunos meses, pero no sólo sabía el idioma o las costumbres, también se había empapado de conocimiento de toda la zona maya, y había escuchado algo sobre el pueblo en el que yo había nacido, por eso a la mañana siguiente me buscó para hablar.

Yo estaba limpiando las botas de Portocarrero en la cubierta, mientras él rompía el ayuno en la mesa de Hernán Cortés, cuando Gerónimo se acercó a mí y se agachó. El aire estaba lleno de la sal del mar.

—Marina, quiero saber de dónde venís —pidió él en maya.

Dejé a un lado el pedazo de madera y levanté la cabeza. Respiré profundo. ¿De verdad quería que le contara? Dudé un poco, los recuerdos iban juntándose en mi cabeza. Cerré los ojos y vi el cuerpo muerto de papá, envuelto en su petate, a punto de ser quemado. Sin quererlo, y con un dolor enorme en el pecho, hablé. Reviví mi sufrimiento a través de aquellas palabras, de cuando fui vendida como esclava, de mi viaje por el río y de...

—Marina —me interrumpió Gerónimo en maya—, ¿qué lengua hablasteis hace un momento?

Abrí los ojos grandes para mirarlo bien. ¡Qué tonta había sido! Le había explicado toda aquella historia en náhuatl y no me había dado cuenta.

Entonces vi que una luz se encendía en su mirada, como si tuviera una idea. ¡Una terrible y maravillosa idea! Compartimos una sonrisa simple en cuanto nos percatamos de que pensábamos lo mismo.

Lo seguí por toda la cubierta, nos encontramos a Hernán y a sus amigos, quienes habían estado comiendo algún guiso de venado que les había preparado alguna de las esclavas. En cuanto Hernán nos vio, Gerónimo le dijo que quería comentarle algo, pero él movió la mano como para decirnos que no estaba de humor para nuestras tonterías. Yo pensé que ése sería el fin de todo el asunto, así que di unos pasos para volver a la esquina en la cual estaba limpiando las botas.

Gerónimo me tomó del brazo y me jaló hacia él con fuerza. Aquel gesto molestó muchísimo a Portocarrero, pude verlo en sus ojos. Esta vez Hernán aceptó, aunque parecía que estaba haciéndonos un favor. Lo más rápido que pudo, Gerónimo le explicó que yo podía escuchar lo que aquellos hombres de la playa hablaban, quiero decir, oírlo en náhuatl. Luego, yo repetiría aquel mensaje en maya. Gerónimo lo escucharía y así podría repetirlo en castellano.

Hernán movió la cabeza de arriba hacia abajo mientras escuchaba aquello, pero me di cuenta de que a los otros castellanos no les había convencido la idea por completo. Al menos a Hernán sí.

¡Teníamos que ponerla a prueba! Para eso, a Hernán se le ocurrió que lo mejor sería invitar a aquellos mensajeros a que fueran hasta uno de los grandes barcos, es decir, los palacios flotantes. Yo sabía que Hernán estaba tramando algo porque no dejaba de reírse como un niño pequeño.

Dos castellanos fueron hasta la playa y les mostraron una barca a los mexicas, como invitación para que subieran. Éstos aceptaron. Iban temblando, porque no sabían las intenciones de los otros.

Al llegar al barco principal, subieron (como lo había hecho yo días antes) por unas cuerdas gruesas en las cuales una podía apoyar el pie y sostenerse para ascender. Una vez que se encontraron en cubierta, los vi moverse un poco. Sí, el movimiento del mar puede marear al principio, pero una se acostumbra después de algún tiempo.

Los mensajeros mexicas encontraron a Hernán Cortés sentado en una silla alta, con una camisa blanca y una chaqueta de terciopelo, pantalones negros y unas calcetas largas.

¡Era momento de poner en marcha nuestro plan! Si no funcionaba, estaba segura de que me clavarían a un árbol. No sé por qué, pero estaba segura. Hernán habló, dijo algunas palabras que no pude comprender. Gerónimo las escuchó con muchísima atención, pensó largamente lo que iba a decirme y entonces abrió la boca:

—Hernán Cortés quisiera saludar a los extraños en su nombre y en nombre del rey Carlos.

Cada una de aquellas palabras entró en mí, decidí hacerlas parte de mi espíritu para transformarlas de una lengua a otra, porque cada idioma tiene su espíritu, su música, su sentido y su historia. Todas las miradas estaban puestas en mí.

—Mi *tecuhtli* Hernán Cortés —dije en náhuatl— los recibe en su nombre y en el de su *tecuhtli* Carlos.

Los mensajeros mexicas escucharon mis palabras y en silencio compartieron miradas. ¡Lo sabía! Aquello había sido un fracaso... un verdadero fracaso. Me volví hacia Gerónimo en busca de ayuda, necesitaba saber qué hacer a continuación, pero él estaba tan confundido como yo.

Uno de los mexicas dio un paso al frente y me habló.

—El señor, mi señor, mi gran señor, el *huey tlatoani* Motecuhzoma Xocoyotzin saluda a los hombres extraños y desea ofrecerles un regalo.

Apareció una sonrisa en el rostro de todos los castellanos.

—El *tlatoani* Motecuhzoma envía saludos y tiene un regalo que ofrecer.

Gerónimo movió la cabeza al escucharme, costumbre suya que nunca perdió, y entonces intentó replicar el mensaje en castellano. ¿Cómo lo dijo? Tengo que confesar, hijo mío, que no lo sé. En ese momento no entendí las palabras que salieron de su boca, pero me hubiera gustado saber qué tanto del mensaje había cambiado. Lo que sí puedo decir es que ni Gerónimo ni los españoles podían pronunciar Motecuhzoma; por más que lo intentaban, decían una y otra vez "Motecuma".

Cuando el mensaje llegó a Hernán Cortés, los enviados mexicas enseñaron lo que llevaban en sus morrales. Piezas con plumas, collares con cuentas, aguacates, tortillas blancas, tunas, zapotes y... ¡todos los españoles abrieron los ojos muy grandes cuando vieron las pequeñas piezas de oro! Tan sólo eran unas figurillas, pero fue lo que más les interesó.

Hernán se levantó de la silla y lo único que tomó entre sus manos fue precisamente el oro. Lo miró con muchísimo cuidado, parecía que le gustaba su color, su dureza, el brillo del sol reflejado en su textura.

Hernán le habló a Gerónimo, y éste a mí.

—Damos las gracias por estos regalos, y queremos saber si tienen más de éstos —dijo, señalando una de las piezas de oro.

No sé por qué, pero sentí como si dos manos me apretaran el estómago con fuerza. Me pareció que algo no estaba bien, pero mi trabajo era dar el mensaje que había recibido. Tuve un... ¿cómo se dice? Un presentimiento funesto. El deseo que tenían los castellanos por el oro no era, ni fue nunca, natural.

—A mi *tecuhtli* Hernán Cortés le gustaría saber si tienen más oro.

Su respuesta fue inmediata.

El señor, mi señor, mi gran señor, el *huey tlatoani* Motecuhzoma tiene más en sus casas, también tesoros de plumas, conchas, y mucha fruta.

Intenté repetirle el mensaje a Gerónimo lo mejor que pude, y aquella noticia fue un verdadero festejo para los castellanos. Decidieron devolverles el favor a los enviados mexicas.

—Tienen preparada una sorpresa, el poder del trueno, pero primero deben someterse —fue lo que traduje de Gerónimo.

Los mexicas aceptaron, aunque parecían tener sus dudas. Comenzaron a temblar en cuanto los castellanos sacaron sus cuerdas gruesas y los ataron de manos y pies. Después los sujetaron a uno de los barandales del barco.

Con una orden de Hernán, varios castellanos trajeron lo que ellos llamaron "cañón". No pongas esa cara, sé que tú los conoces, pero yo nunca había visto algo parecido. Lo llenaron con puñados de un polvo negro que apretaron muy bien al interior de esa cosa.

Aquello no sólo sería una sorpresa para los enviados mexicas, también para nosotras las esclavas.

Uno de los castellanos encendió una cuerda que salía de la parte trasera del cañón...

Mi corazón empezó a latir muy rápido, mientras aquella cuerda se iba consumiendo en cosa de unos segundos. Quise acercarme un poco para verla, pero Gerónimo me lo impidió.

Faltaba poco... tan sólo un poco.

La cuerda terminó de quemarse y desapareció.

Pasaron uno, dos, tres segundos y...

¡BUUUUUM!

Me tapé los oídos y solté un pequeño grito. Un sonido espantoso había salido del cañón, acompañado de algunas pequeñas chispas que aparecieron por un momento y luego se apagaron. Sentía como si el piso siguiera moviéndose y escuché un zumbido por un par de minutos.

Tuve que controlar mi respiración para calmarme un poco, pero mi corazón seguía acelerado, como un venado corriendo por la tierra de los volcanes. Entonces me di cuenta de que Hernán y la mayoría de los españoles estaban riendo a carcajadas, tanto que se apoyaban entre ellos... Aquellas risotadas perversas duraron demasiado. En cambio, los mensajeros mexicas estaban llenos de espanto y gruesas lágrimas caían por sus mejillas mientras luchaban para liberarse de los cordones. Si se habían sentido como yo, seguramente por un momento pensaron que morirían tras haber escuchado el poder del trueno.

Cómo odié a Hernán en ese momento, cómo sentí la maldad que anidaba en su espíritu. Lo recuerdo ahí, riendo como uno de los demonios de los que tanto hablaban los sacerdotes de su dios sacrificado y sentí... asco.

—¡Tienen miedo! —grité en maya, mientras señalaba a los mensajeros mexicas.

Gerónimo me escuchó y entre risas le dijo algo a Hernán. Intercambiaron un par de ideas en castellano y luego me dieron un mensaje que debía traducir. Así lo hice, mientras los castellanos los desataban.

—Mi *tecuhtli* Hernán Cortés agradece los regalos de Motecuhzoma y agradecerá también cualquier regalo de oro que tengan.

Después de expresar esto, los castellanos devolvieron a los mexicas a la playa. Éstos aún temblaban, y se alejaron corriendo, sin duda pensando en aquel espantoso sonido que habían escuchado.

Cuando aquel episodio terminó, me volví hacia Gerónimo y Hernán. Era claro que estaba enojada y asustada, se veía en mi rostro, yo nunca he podido ocultar mis sentimientos detrás de una máscara. Sin embargo ¿qué les importaba a ellos lo que pudiera pensar una niña? Pues supongo que algo, porque se les borró la sonrisa y se pusieron muy serios.

Vaya, al menos se dieron cuenta de que habían hecho mal con aquellos mensajeros mexicas. Y te lo digo, hijo mío, a pesar de lo mucho que detestaba a los mexicas por haberme convertido en esclava.

Todo aquel incidente nos distrajo de los horrores que realmente crecían a nuestro alrededor. Vientos de odio se levantaron alrededor de nosotros, eran los espíritus de aquellos hombres que estaban en contra de Hernán y a favor de Diego Velázquez.

Permanecimos ignorantes de cómo se gestaba la traición, pero lo entendimos pronto... sí, demasiado pronto.

Cuando los mensajeros mexicas abandonaron la playa, Hernán decidió que volveríamos a tierra nosotros también para planear la estrategia de cómo habríamos de adentrarnos, conocer otros pueblos y conseguir aliados para su causa. Después de todo, ya sabía cómo comunicarse con aquellos que hablaban maya o náhuatl.

Así lo hicimos, en una procesión silenciosa. Las barcas fueron deslizándose por las aguas saladas del mar, bajo un ardiente sol amarillo, formando líneas negras que iban desapareciendo conforme avanzábamos. Yo iba cerca de Portocarrero y Gerónimo; Hernán iba en la barca de atrás. La mayoría de los hombres ya caminaba por la arena gris.

Dos pájaros negros volaban allá, muy alto en el cielo sin nubes. El viento marino estaba quieto. Quizá demasiado. ¿Por qué sentía los labios tan secos? ¿Algo no estaba bien? Se lo dije, en mi pensamiento, a nuestra madre Coatlicue y le pedí que me protegiera.

Sentí un pequeño temblor en cuanto la barca llegó a tierra. Puse un pie en la arena y me acomodé el huipil. Era tan fuerte el sol que sentía que los hombros me quemaban. Sin darme cuenta, Hernán se había colocado junto a mí, ¿acaso había comprendido el valor que yo tenía, aunque fuera una esclava? Sí, me preguntaba aquello mientras movía un poco las piernas. Estaba por caminar hacia la sombra de unos árboles cercanos, al menos para protegerme un poco del calor, cuando escuché un grito detrás de mí y vi a dos castellanos que habían sacado sus largos cuchillos plateados y corrían hacia nosotros.

Recuerdo que solté un grito de horror y corrí para alejarme, justo en el momento en que uno de ellos levantaba su arma delante de mí...

Los perros comenzaron a gruñir.

La Vera Cruz

CAÍ DE RODILLAS SOBRE LA PLAYA, sentí las piedrecillas lastimar mi piel. Escuché los gritos, levanté mis manos y las vi salpicadas de sangre. Me temblaron los dedos, sentí una lágrima fría rodar por mi mejilla. Escuché el griterío confuso de aquellos castellanos que se peleaban entre sí, que se gritaban, y que luchaban con sus cuchillos largos. Me tomó algunos momentos recorrer mi cuerpo para darme cuenta de que yo no estaba lastimada, la sangre no era mía.

Quería levantarme, esconderme, ponerme a salvo, pero... ¡Ay, esos cuchillos largos chocaban cerca de mí con un ruido metálico espantoso!

Uno de aquellos hombres disparó su cerbatana de fuego y entonces se hizo un silencio. Incluso los perros enmudecieron. Todos nos quedamos muy quietecitos, y nos percatamos de quiénes habían atentado contra Hernán Cortés. Los tenían sujetos mientras ellos rabiaban con insultos y escupían cada vez que alguien se les acercaba.

Se trataba de Pedro Escudero, Juan Cermeño, Gonzalo de Umbría, Alonso Peñate y el sacerdote que nos había bautizado, Juan Díaz.

Según me explicó Gerónimo, se trataba de hombres que pedían que el grupo de castellanos obedeciera las órdenes de Diego Velázquez de volver a Santiago de Cuba. Como Hernán había desobedecido, se formaron dos bandos: los que estaban con él y los que no. Yo quedaba en medio de esa división, no sólo por estar en plena batalla, sino porque de repente me había vuelto importante. Me necesitaban para hablar con los mexicas.

Hernán tenía que pensar en algo rápido. Comenzó a pasearse por la playa, fruncía el ceño. De cuando en cuando pateaba alguna piedra o se acercaba a alguno de sus hombres para preguntarle algo, pero ellos sacudían la cabeza.

Yo quería saber qué ocurría, pero el misterio no me fue revelado.

Fue Portocarrero quien me ayudó a levantarme después de aquella primera batalla. Me miró en silencio porque no sabía cómo preguntarme si estaba lastimada, pero pronto vio que la sangre no era mía. Yo no tenía herida alguna. Me acompañó a dar unos pasos hacia el mar, donde agarré agua para lavarme un poco. Ya aprovecharía algún río cercano, más tarde, para bañarme bien.

Las otras esclavas hacían lo propio, bien se limpiaban la sangre en el mar, o bien recuperaban el aliento sentadas en una piedra. No se me olvida que una de ellas resultó lastimada, una mujer de poco más de veintiún años que había recibido en el hombro el golpe de una espada, y aunque la herida no era profunda, sí sangraba mucho. Uno de los castellanos trataba de curarla con una plasta amarilla que olía muy mal.

Por un largo rato, lo único que se escuchó fue el grito de los conspiradores y el rumor de las olas.

Apremiaba el tiempo y Hernán no tomaba una decisión. El calor crecía mientras nos acercábamos al mediodía.

Te imaginarás lo que les sucedió a los hombres que habían atentado contra la vida de Hernán. Se suponía que todos los castellanos habrían de decidir el destino de los conspiradores, aunque aquello era un decir, porque el mismo Hernán y sus hombres más cercanos, en secreto, ya habían tomado esa decisión. El resto simplemente la siguió. La justicia era un juego.

A Pedro Escudero y a Juan Cermeño los separaron del grupo. Éstos luchaban por liberarse, sabían la crueldad que Hernán tenía en su espíritu.

De los barcos, los castellanos obtuvieron aquellas cuerdas gruesas y con ellas hicieron un curioso nudo.

La misma tarde en la que aquellos hombres intentaron levantarse contra los demás se organizó una procesión hacia dos árboles secos de ramas torcidas. Aquella silueta se veía negra frente al crepúsculo azulado.

Los castellanos insistieron en que las esclavas estuviéramos presentes, pues nosotras también habíamos sufrido aquella conspiración.

Pues bien, por más que Pedro Escudero y Juan Cermeño intentaron liberarse y levantaron su rostro al cielo en busca de que su dios bajara a ayudarlos, no pudieron evitar que los otros castellanos colocaran parte de aquella cuerda alrededor de su cuello como si se tratara de un espantoso collar y el otro extremo de la soga lo pasaran por encima de una de las ramas más altas. Entonces, tres de los castellanos jalaron cada parte y los cuerpos de Pedro y Juan se elevaron. Las manos de ambos fueron directamente a su cuello, intentaban zafarse de aquel castigo.

¡Estaban ahorcándolos!

Oh, quizás Hernán y los otros castellanos disfrutaron aquella imagen, pero para mí fue una tortura ver los rostros de aquellos hombres hincharse, volverse tan azules como el cielo crepuscular que inundaba el cielo, estar cerca de sus brazos y piernas que se agitaban con violencia, observando cuánto luchaban por liberarse...

Pero aquel castigo no era una llamada de atención, sino una condena. Muy pronto, los brazos de aquellos hombres comenzaron a moverse cada vez más lento. Y yo sentí el deseo de salvarlos, de pedir por ellos, pero ni Gerónimo, ni Hernán, ni Portocarrero habrían de escucharme. ¿Coatlicue podría?

Quería ver lo que sucedía y, al mismo tiempo, bajar la mirada.

No, ya era demasiado tarde, en cuestión de minutos aquellos cuerpos hinchados dejaron de moverse, de tener vida, de luchar... se quedaron como formas negras meciéndose bajo las primeras horas de la noche.

Volvimos a la playa. Hernán ordenó que los cuerpos de aquellos hombres se quedaran ahí, pues no tenían derecho a eso que él llamaba "santa sepultura".

Pronto sabría lo que le sucedería al resto de los conspiradores.

A Gonzalo de Umbría no le concederían la gracia de morir. Aunque creo que le habría gustado que lo hubieran ahorcado junto a sus compañeros. Ahora sabrás la razón...

Esa noche, Hernán le comunicó a Gonzalo la decisión cara a cara. En cuanto Gonzalo escuchó aquello, comenzó a forcejear, a gritar y le escupió a Hernán en la cara, éste se limpió con el dorso de la mano y se alejó unos pasos, pero lo pensó mejor y se volvió como un animal rabioso para darle un buen puñetazo a Gonzalo justo en la mejilla.

Yo lo vi todo a la luz de la fogata que habían encendido. La luna brillaba blanca, una nube larga pasó frente a ella, pero más tarde la desnudó. El rostro del tal Gonzalo estaba aún más pálido que el de la luna, le temblaban los labios.

—¿Qué va a suceder? —le pregunté a Gerónimo.

Se volvió hacia mí, tenía la boca abierta.

—Le cortarán los pies —dijo.

Bajé el rostro, tragué saliva. No podía creer que estos castellanos tuvieran tanta crueldad en su alma. Primero hablan de un dios clavado a un madero, luego disparan un cañón para espantar a los enviados mexicas, ahora colgaban hombres y les cortaban los pies. ¿Estaría yo en peligro de padecer alguno de esos horrores?

Me atreví a hablar.

—Dile a mi *tecuhtli* Hernán Cortés que no quiero ser testigo de aquel horror.

Gerónimo no quería, pero me hizo caso. Volvió a los pocos minutos.

—Ha respondido que Gonzalo fue uno de los hombres que os atacó y que os hace un favor viendo ese castigo.

—¡Pues no quiero verlo! —insistí.

Esta vez no pedí nada, sólo fui a una de las piedras de la playa, me acomodé el huipil y me senté. ¡No quería y no quería y no quería!

Supongo que Hernán lo entendió porque no fue a buscarme cuando iba a aplicarle el castigo a Gonzalo. Supe que pusieron un cuchillo al fuego, y luego me percaté de que habían comenzado con aquella pena profana porque empecé a escuchar los gritos enajenados que llenaban la noche, los gemidos de dolor y las burlas de algunos castellanos. Yo cerré los ojos lo más fuerte que pude y me llevé las manos a los oídos, pero de nada sirvió. Aquellos gritos de horror se filtraban y mi espíritu completo se estremecía.

No quise imaginarme lo que sucedía, pero en mi mente aparecieron aquellos pies y un cuchillo rojo que iba de un lado al otro, cortándolos, rebanándolos, separándolos de las pantorrillas. Aquella imagen quedó sumida por completo en el fuego de la noche.

Cuando me fui a dormir, soñé con aquel *fuego que consumía los pies, pero venía de una ciudad de piedra, de las piedras que antes habían sido dioses, ahora destruidos, de la sangre de los caídos. Pero los pies no eran los de Gonzalo, sino los de un tlatoani nuevo, y en una esquina me miraba la dama de las serpientes encontradas y lloraba por todos sus hijos...*

¿Qué significaba aquel sueño y todos los demás que venían a mí? A veces, al despertar me quedaba pensando en ellos.

A la mañana siguiente me enteré de que sólo le habían cortado parte de un pie, pero los pensamientos que habían provocado en mí me trajeron pesadillas por varios días.

¡Ah!, ¿quieres saber qué sucedió con el castigo de los otros hombres? A la mañana siguiente, Hernán ordenó que ataran a Peñates al grueso tronco de una palmera, y luego lo azotaron con una vara corta, la misma que los castellanos usan a veces cuanto montan sobre sus caballos, creo que la llaman "fusta".

Tampoco fui testigo de aquello, aunque sí vi a Peñates sin camisa días después; tenía toda la piel, desde los hombros hasta la parte baja de la espalda, llena de largas marcas rojas y algunas cicatrices. Imagino que durante aquel azote sangró mucho, pero al menos aprendió a no levantarse contra Hernán Cortés de una forma tan torpe.

Al sacerdote, Juan Díaz, Hernán no quiso castigarlo. Lo llamó un hombre de fe, por lo cual consideraba que era de mal agüero que se le azotara, se le cortaran los pies o se le colgara de un árbol seco. Aunque sí sé que Hernán lo reprendió frente a todos sus hombres.

—Usted dedíquese a dar misa, yo me encargo de lo que se debe hacer.

"Misa" era justamente como los castellanos llamaban a sus ceremonias religiosas.

¿No te lo había dicho? Recordarás que te conté que Gerónimo nos enseñaba a mí y a las otras esclavas sobre los misterios de su fe. Pues también participábamos en aquellas ceremonias que ellos llamaban "misas". El padre Juan (porque Gerónimo insistía en que a los sacerdotes había que decirles "padre" antes de su nombre) hacía levantar una cruz en donde fuera que nos encontráramos, en la selva, en el mar o al pie de un volcán, y volvía a trazar una cruz en el aire con su mano. Entonces repetía palabras en latín, y el resto de los castellanos respondía de tal o cual forma. Gerónimo insistía en que su dios iba a ser muy feliz si nosotras también respondíamos como era debido, aunque nos lo decía más como un regaño que como una invitación. Su fe de amor se imponía con el odio.

Juan leía las palabras de algo que él llamaba "misal", aunque también se acompañaba de la Biblia, es decir, los textos sagrados de su religión. La primera vez que vi aquello, pensé que era una cajita, porque tenía esa forma. Pero en cuanto levantabas la tapa, te dabas cuenta de que no estaba hueco. Más bien era un montón de hojas llenas de símbolos extraños que sólo ellos podían entender. Eran letras, palabras enteras plasmadas ahí... historias, rituales, dibujos, ideas completas convertidas en tinta y guardadas en aquellas cajitas llamadas "libros". Muy pocos castellanos sabían lo que decía ahí, porque "leer" no era común entre ellos. "Escribir" o poner palabras e ideas en papel a través de la tinta tampoco lo era. Ni siquiera era algo que les interesara mucho, sólo a un castellano llamado Bernal, quien prometió escribir, algún día, todo lo que sucedía.

A mí me hubiera gustado aprender a leer y escribir, pero no me dio tiempo... la fortuna no me dio tregua. A veces uno desea aprender a vivir, y es la vida la que desea enseñarte a aprender...

Ay, hijo mío, ¿por qué no me dices que estoy desviándome un poco del tema? La conspiración en contra de Hernán Cortés hizo evidente que él no estaba a cargo, que tarde o temprano tendría que hacerle caso a Diego Velázquez si no quería tener un problema. Los otros castellanos también lo sabían.

Después de mucho pensar, se les ocurrió algo que ellos llamaron una "trampa legal"...

—Fundaremos una ciudad —nos dijo Gerónimo a todas, para que supiéramos lo que iba a suceder en las próximas horas.

¿Fundar una ciudad? ¿Ahí? ¡Vaya locura!

Pero así fue. Se reunieron todos los castellanos cerca de la playa y proclamaron que ahí se fundaría la "Villa Rica de la Verdadera Cruz", aunque siempre le decían "Vera Cruz". Y así se quedó hasta que poco a poco le empezamos a llamar Veracruz. Hernán decidió ponerle ese nombre porque la fundaron el día que celebraban

84

cuando su dios fue clavado a un madero, a una cruz. De acuerdo con cómo los castellanos dividían su calendario, fue un "viernes santo". Sí, así escuché que le llamaban.

A continuación, los castellanos reunidos decidieron que tendrían que elegir a una persona que gobernara aquella villa. Casi todos acordaron que debía ser Hernán. De este modo, se convertía en capitán y quedaba libre de las órdenes de Diego Velázquez. Hernán empezó a dar nombramientos a sus amigos y hombres más cercanos (por ejemplo, nombró a Portocarrero regidor de Veracruz). Digamos que organizaba a su pequeño ejército y a sus soldados más fieles como mejor le convenía al tiempo que aprovechaba para pagar ciertos favores que le habían hecho.

Para celebrar la fundación de la Vera Cruz, por ser viernes y para no perder la costumbre, se hizo una misa. Aunque aquellos españoles no la disfrutaron ni tantito. Fuertes vientos vinieron del mar y nos rodearon, levantaron la arena y las piedrecillas, y tuvimos que taparnos la cara para que no nos entraran a los ojos. Yo pensé que Hernán iba a detener la ceremonia, pero no quiso. ¡Nos ordenó que nos quedáramos ahí! Y pues ni modo de desobedecerlo, yo era esclava, una niña y tenía miedo de que fueran a colgarme de un árbol.

Al día siguiente decidieron brindar con "vino", del cual ya no tenían mucho. Aquel vino era una bebida morada, como los moretones que salen en la piel cuando uno se cae. Su olor era dulce, aunque también llegaba el aroma a alcohol. No se parecía en nada al pulque o al mezcal que yo había visto tomar muchas veces al señor Tabscoob y a sus amigos. Ese vino era una bebida extraña, pues hacía que los castellanos, al haber comido muy poco, se emborracharan rápido.

Bebían de algo que ellos llamaban "botas", que no eran más que unos sacos de tela gruesa. Portocarrero ni siquiera me preguntó si yo quería beber un poco, simplemente me acercó la bota a la boca y la inclinó. Aquel líquido me llenó la boca. Como dije, al principio el sabor me resultó dulce, pero luego llegó el alcohol y ¡no me gustó! Me pareció asqueroso. Escupí casi todo. A Portocarrero y a los otros castellanos les pareció gracioso.

Fueron pocas las esclavas que probaron el vino, y a ninguna le gustó. Todas estábamos algo asustadas por aquellas muestras de fiesta que traían los castellanos. Entrada la noche, prendieron un fuego cerca del campamento y bailaron alrededor. Estaban felices, demasiado.

Cenaron carne de venado y se fueron a dormir a las tantas, cantando quién sabe qué.

Al despertar a la mañana siguiente, con dolor de cabeza y calambres en el vientre, descubrieron una terrible realidad. Se nos estaba acabando la comida. Quedaba poco de lo que nos había dado el señor Tabscoob...

Tendríamos que tomar una decisión pronto sobre lo que habríamos de hacer con el alimento.

Una despedida

Años después me enteré de que, mientras los castellanos fundaban la Vera Cruz, Motecuhzoma había recibido a sus mensajeros a las primeras horas de una noche calurosa en la que las estrellas estaban ocultas tras nubes gruesas que apenas eran delineadas por la luz de luna. Dentro de un cuarto pequeño sin decoración y con petates por todo el suelo, el viejo *tlatoani* escuchó con atención el relato de aquellos hombres que hablaron sobre las casas de madera flotante que los castellanos tenían cerca de la playa, también de aquel cañón que era capaz de producir el sonido del trueno, de los venados sin astas y de las barbas amarillas que tenían en sus rostros.

—Señor, mi señor, mi gran señor —dijo uno de los mensajeros—, aquellos hombres extraños no mostraron interés por las plumas de quetzal ni por las tunas que les ofrecimos. Ellos querían algo más.

—¡Dilo, ahora! —ordenó Motecuhzoma desde las sombras.

—Pidieron más excremento de los dioses, es decir, oro.

Motecuhzoma se llevó las manos a la cabeza mientras pensaba en lo que haría a continuación. No comprendió lo que acababa de escuchar. ¿Por qué aquellos hombres prestarían tan poca atención a las plumas de quetzal? Podría ser que aquellos extraños que habían llegado a la costa no fueran dioses, como habían sugerido algunos sacerdotes del *teocalli* de Tláloc.

Los mensajeros no vieron el rostro del *tlatoani*, pues de acuerdo con la ley, no podían mirarlo a los ojos. Además, éste se encontraba cubierto por la noche. Cavilaba, pensaba, reflexionaba.

—¡Quiero verlos! —gritó.

Uno de los mensajeros salió corriendo de aquel cuarto y volvió con un códice enrollado, hecho de agave. Sólo frente a Motecuhzoma lo abrieron. Entonces su grueso rostro se asomó entre las sombras y se dejó entintar por la luz de una antorcha encendida que apenas alumbraba el cuarto. Así, con la tenue iluminación, se percató de las figuras pintadas que representaban a Hernán Cortés, a varios de los castellanos y sus caballos. Ahí habían dibujado a una esclava, una sola, con un huipil bordado y una mata larga de cabello negro. Sí, hijo mío, era una ilustración mía. Preguntó por mí, por mi nombre, y mandó a uno de sus mensajeros a indagar sobre la historia de mi padre y del pueblo en el que había nacido, Oluta.

Después de estudiar largamente los dibujos que le habían llevado, Motecuhzoma volvió a la sombras y soltó un gruñido.

—Si lo que quieren es oro, entonces oro es lo que debemos darles. Mientras más pronto tengan lo que buscan, más rápido se irán de donde vinieron y el orden natural de nuestra tierra volverá. No quiero ordenarles a mis guerreros que destruyan a los extraños, todavía no; pero éste es mi mundo y no quiero compartirlo con nadie.

Sin embargo, tal vez Motecuhzoma pensaba en aquellos presagios funestos que habían atormentado a los mexicas durante los últimos meses, años. Desde la estrella que había caído hasta el rayo que había destruido el templo.

Dicen que así sucedió esa reunión entre el *tlatoani* y sus mensajeros. Y como me la contaron, así te la cuento…

Mientras tanto, en el campamento de los castellanos, Hernán Cortés no estaba preocupado por los alimentos que habían comenzado a escasear, más bien no quería otra rebelión en contra suya.

Entonces se le ocurrió una locura. Durante mucho tiempo se dijo que lo que hizo Hernán Cortés fue quemar sus propios barcos y, aunque hubiera sido una vista espectacular, más bien decidió hacer algo más. Le ordenó a varios de sus hombres que sacaran todo aquello que pudiera ser de valor, los cañones, las armas, la pólvora y hasta la madera. Luego ordenó que hundieran casi todos los barcos.

Pero no sólo hizo eso, también ordenó que todos nosotros nos mantuviéramos ahí en la playa mientras sucedía aquello.

Recuerdo que la tarde estaba encendida de rojo, como si el cielo mismo se hubiera convertido en fuego. Yo me senté en la arena mientras veía cómo realizaban tal proeza. Apreté las piernas contra mi pecho y en silencio observé cómo cada una de aquellas maravillosas casas flotantes comenzaba a hundirse en la línea negra del horizonte que reflejaba los destellos del sol.

Algunos castellanos sacudían la cabeza al contemplar aquello, pero Hernán y sus hombres más cercanos lo disfrutaban con una larga sonrisa. En cambio, las esclavas estaban embobadas con la boca abierta. Puedo entenderlas, eso no era algo que se viera todos los días. El viento comenzó a soplar, las olas subieron, llegaban a la playa y luego se retiraban de vuelta al mar, dejando espuma blanca en las botas que usaban los castellanos. Me invadió una tristeza horrible al ver la destrucción de los palacios de madera, pero no había nada que pudiera hacer para evitarlo. ¿Significaba eso que los castellanos querían quedarse más tiempo en nuestras tierras? ¿Se irían alguna vez?

Sólo dos barcos quedaron, porque Hernán tenía una misión muy especial que cumplir. Verás, hijo mío, durante las siguientes semanas, él se encargó de escribir una carta larguísima a su rey Carlos, y a Juana, la madre de éste (de quien dicen estaba loca). Como no sé leer, no me enteré bien de qué decía aquella carta, pero Gerónimo, en un momento de confianza ante uno de los tantos fuegos nocturnos que encendíamos en la playa antes de dormir, me confesó que Hernán había escrito sobre cómo era de joven, sobre su llegada a Cuba, sobre la batalla que había sostenido con el señor Tabscoob y hasta de cómo habíamos intercambiado palabras con los mensajeros de Motecuhzoma.

—Ah, y ¿cómo llegará esa carta al rey Carlos? —pregunté.

Gerónimo soltó una risotada y me dio unas palmaditas en la cabeza. Odiaba que me tratara como a una niña, pero es que ¿no podía entender que yo no conocía sus costumbres y me maravillaba de ellas? Los mensajeros del *tlatoani* corrían desde Tenochtitlan hasta la Vera Cruz, pero los castellanos no podían correr en el mar, ¿o sí?

—Algunos de mis compañeros irán en los barcos que quedan, atravesarán todo el mar y llegarán hasta unas tierras que existen del otro lado. Allá vive muchísima gente, castellanos, gallegos, gitanos… y ¡el Santo Padre! El representante de dios en la Tierra.

—De tu dios —lo corregí.

—De dios en la Tierra —insistió Gerónimo.

El fuego chisporroteaba frente a nosotros, rojas lenguas de fuego salían de los maderos secos y bailaban.

—¿Quién irá? —sentía que dentro de mí crecía una curiosidad terrible, y la respuesta me estrujó el estómago.

—El jefe de la misión será Alonso Hernández Portocarrero —exclamó.

Entonces me callé la siguiente pregunta: ¿Qué sería de mí si el hombre al que me habían entregado desaparecía de repente?

Con el paso de los días, Portocarrero se hizo la misma pregunta. Sé que consideró que lo acompañara en el viaje, pero Hernán declaró que aquello era una tontería. No porque le interesara mi bienestar, sino porque, si me iba, ¿quién le ayudaría a traducir los mensajes de los mexicas?

Por si necesitaba que se lo recordaran, poco después de que hundieron los barcos, llegaron todavía más mensajeros de Motecuhzoma. Llevaban consigo más comida, carne de venado, chiles, tortillas, tunas y frutas de todo tipo. Es cierto que aquello nos vino muy bien, porque nos dio comida para varios días, aunque lo que más le interesaba a Hernán, y al resto de los castellanos, ¡era el oro! Hicieron a un lado la cerámica, las plumas de quetzal y todos los demás regalos preciosos. Para ellos, lo único que tenía valor era el oro.

Una y otra vez repitieron lo mismo, el oro, el oro, el oro, hasta que la palabra dejó de tener un significado para mí. Sin embargo, los ojos claros de aquellos hombres se encendían en cuanto lo miraban, como si no fuera una pieza de metal, sino un trozo del mismo sol o la oportunidad de salvar su vida.

Los mexicas creían que lo que les habían dado a los castellanos era suficiente, pero éstos pensaban de otro modo y estaban listos para adentrarse de nuevo a la selva, siguiendo el paisaje de los volcanes, en busca de más aventuras, otros pueblos, nuevas lenguas y más aliados.

Como dijo Gerónimo alguna vez: "¿De qué condición somos nosotros para no ir adelante?". Adelante, siempre adelante, viendo lo que nos deparaba el destino…

Cuando finalmente llegó el día en el que Portocarrero habría de partir, sentí que me invadía una enorme tristeza. Era otra persona a la que había llegado a querer, y que me abandonaba para no volver. Primero papá, luego el señor Tabscoob y ahora él...

Había dormido poco la noche anterior, no por las pesadillas, sino dándole vueltas a la idea de que al último momento me invitara a subir con él al barco para irnos a conocer Castilla, los palacios de piedra de los que tanto hablaban, al famoso rey Carlos y a su madre, la reina Juana. No sé, tenía la idea de que allá no habría tanta guerra, tanta muerte, tanta peste y que podría ser feliz. Sí, no te lo voy a negar, parte de mí esperaba que Portocarrero me hiciera su mujer, pero, como te dije, siempre me respetó y nunca me tocó de forma indebida.

Es posible que lo deseara, que alguna vez haya pensado en seguir las acciones de los castellanos, arrancarme el huipil y entrar en mi cuerpo. Yo era esclava, me correspondía no negarme, aunque aquello no me gustara. Sin embargo, no sucedió... ni entró en mi cuerpo, ni hubo un último momento en el que me dijera: "Ven conmigo, te sacaré de todo esto...". Sencillamente apareció una mañana en la playa, me tomó de la barbilla para levantar mi rostro y contemplé sus ojos. Estaban tristes, tal vez más que los míos. Sin palabras, habíamos encontrado la forma de expresarnos durante aquellas semanas... Nos habíamos hecho amigos y ahora nos dolía separarnos.

Con el pulgar alejó una lágrima que bajaba por mi mejilla y me sonrió. Yo hice lo mismo, entonces se inclinó hacia Hernán en una reverencia y procedió a subirse al bote que lo alejaría de mí. No olvido aquella mañana amarilla en que lo vi partir con otros castellanos y algunos hombres y mujeres cercanos al señor Tabscoob, que iban para que el rey Carlos conociera a los mayas.

Una gran nostalgia se apoderó de mí, como si le faltara algo a mi espíritu. Era un hueco dentro de mí que se hacía cada vez más grande. Después de un par de horas, los barcos que habían quedado comenzaron a moverse, a hacerse más pequeños hasta desaparecer entre las olas, como si el mar se los hubiera tragado.

Nunca volví a verlo, hijo mío. Sé, por lo que después me dijo Hernán, que Portocarrero había terminado con bien su viaje. Nunca volvió a estas tierras, no sé si murió, pero al menos vive en mis recuerdos. A veces, cuando cierro los ojos por un largo tiempo, puedo ver los suyos sonriéndome de regreso antes de despedirse para siempre...

Sin Portocarrero, Hernán aprovechó la situación. Se acercó a mí y me habló a través de las palabras de Gerónimo para decirme que quería tenerme muy cerca, siempre. Su boca sonreía al decir aquellas palabras, y Gerónimo tropezó al repetirlas en maya.

—Entonces, ¿tendré que servirlo a él como antes servía a Portocarrero? —pregunté preocupada.

Hernán sacudió la cabeza. Tuve que esperar a que Gerónimo tradujera las palabras para saber la respuesta. A veces pasaba eso, hijo mío, los mensajes tardaban en llegar porque eso de escuchar unas palabras y cambiarlas a otra lengua es más complicado de lo que parece.

—El capitán Cortés dice que ya no harás las labores de esclava, que de eso se encargarán las demás. Que te necesita cerca para conocer un poco más sobre aquellos mensajeros mexicas y de su *tlatoani*.

—Si eso quiere mi *tecuhtli* Hernán Cortés, eso haré —respondí, bajando la cabeza.

Durante unos largos segundos, sólo escuché el rumor de las olas. Parecía que a Hernán le gustaba que yo adoptara esa postura sumisa, o más bien, que pretendiera hacerlo, porque si por mí hubiera sido, le habría dicho algunas verdades ahí mismo, pero no era el tiempo ni el lugar.

—¿Por qué no le cuentas tu historia? —sugirió Gerónimo.

El viento volaba mi huipil. Levanté la cabeza y lo miré a los ojos; como antes, intenté sostenerle la mirada, pero a los dos nos costaba hacerlo. Un hombre y una mujer, un amo y una esclava, un castellano y una niña de Oluta… dos personas diferentes, dos fuerzas que estaban por encontrarse.

—Será como dices.

Por un largo rato, bastante tenso, y sin romper la mirada, le conté a grandes rasgos la historia de cómo había llegado a servir en casa del señor Tabscoob. Hernán escuchó la historia a través de Gerónimo, sin hacer preguntas. No te voy a mentir, a veces torcía los labios, como en una mueca, o movía la cabeza mientras hacía "ts ts ts", pero seguía atento a cada una de las palabras que yo decía.

Cuando terminé, preguntó si los mexicas que me habían tomado como esclava venían de la misma ciudad de la que el *tlatoani* nos mandaba regalos de oro.

—Sí, de Tenochtitlan —respondí.

Aquello le pareció muy interesante. Rompió la mirada y comenzó a caminar por la playa mientras se acariciaba la barba. Algo empezó a tramar, porque iba repitiendo la palabra "mexicas", "mexicas" una y otra vez. Una semilla había quedado sembrada en su espíritu de fuego. La idea terrible de conseguir el oro a pesar de todo.

Hernán gritó que nos preparáramos porque al día siguiente partiríamos hacia los volcanes, y me dejó ahí, con Gerónimo, preguntándonos en qué estaría pensando aquel capitán castellano.

Me imaginaba que Moteculhzoma también tendría sus planes, así que sólo pensaba en que aquello no iba a terminar nada bien para nadie.

¿Incluso para mí?

Como una escalera al cielo

SEGÚN LAS TRADICIONES DE LOS MAYAS, el hombre fue creado por los dioses utilizando el maíz. De maíz amarillo y de maíz blanco se hizo su carne; de masa de maíz se hicieron los brazos y las piernas. Muchas veces, en casa del señor Tabscoob, escuché esta historia y la recordé cuando estuve con los castellanos. Me pregunté si realmente los dioses habían utilizado maíz amarillo, porque, como bien sabes, hay muchos colores de maíz... rojo, azul, blanco, amarillo, colores fascinantes que al mezclarse pueden producir otros. ¿Sería por eso que hay tantos colores de piel? Todos somos hijos e hijas del maíz, pero al mismo tiempo diferentes.

Así, tal como lo había ordenado Hernán, una mañana comenzamos nuestra marcha lejos del mar, hacia el volcán. En el primer grupo iban veinte o treinta castellanos, con sus cerbatanas de fuego en las manos, no fuera a ser que nos encontráramos con algún pueblo que quisiera atacarnos.

Detrás de ellos cabalgaba Hernán y algunos de sus hombres más cercanos. Gerónimo y yo caminábamos con ellos. Hernán nos quería muy cerca por si acaso había más mensajeros mexicas o algún ejército que quisiera comunicarse con él. Al final iba otro grupo de hombres, el resto se había quedado en la Vera Cruz para construir algunas casas que formaran el pueblo. Esos últimos soldados llevaban sobre la espalda y en los caballos todo lo necesario para armar el campamento de los castellanos, además de la comida y algunas de las piezas de oro que les habían regalado.

Me pregunté si, en aquel tortuoso andar, nos encontraríamos cerca de Oluta. No quería ir a mi pueblo, todavía me dolía un poco la muerte de papá, y tenía un gran resentimiento hacia mamá por haberme vendido como esclava. Lo mejor sería caminar por otro lado.

Para iniciar la caminata, había lavado mi huipil en un río cercano y me había despertado antes del amanecer para bañarme muy bien. Además, una de las otras esclavas me había ayudado a peinarme, me había hecho una trenza muy larga que me llegaba hasta la cintura. Los zapatos de piel de venado, con los cuales había salido de casa del señor Tabscoob, aún estaban bien y esperaba que me sirvieran para todo el viaje, pues no sabía con certeza cuánto duraría.

Salimos temprano para que no nos detuviera el sol, pero de nada nos valió, hijo mío, pues eran días muy calurosos. Desde los primeros pasos comenzamos a sentir cómo el sudor humedecía nuestra frente y espalda, lo cual hacía que nuestros pies se sintieran pesados y que cada dos horas tuviéramos que sentarnos a la sombra de algún árbol a descansar aunque fuera un poco.

No teníamos un mapa que pudiera guiarnos, sólo seguíamos el instinto de aquellos castellanos que descubrían un nuevo mundo y animales que nunca habían visto. A veces Hernán me preguntaba por el nombre de tal pájaro o cuál árbol, y Gerónimo le traducía mi respuesta. Aunque, claro está, a todos los castellanos les resultaba muy difícil pronunciar lo que yo decía en náhuatl. Intentaban imitarme y no podían… Ay, vieras cuánta risa me daba. Tropezaban la lengua y se veían confundidos. Se frustraban muy rápido, y yo creo que por eso perdieron el interés de aprender maya o náhuatl. Yo, en cambio, me fijaba muy bien en cómo hablaban para repetir el sonido, en la forma de la boca, los movimientos de la lengua al pegarse al paladar y en cómo respiraban antes de unir las palabras en ideas complicadas.

No pasó mucho tiempo antes de que se viera un edificio de piedra a lo lejos, luego otro, y otro más. ¡Se trataba de Quiahuiztlán! Un pueblo que pertenecía a la región totonaca.

Conforme nos acercábamos, los castellanos se impresionaban con las casas, el cementerio, la plaza, pues nunca habían visto algo así. Caminaban con pasos cortos, la boca abierta y una mirada que iba de un edificio a otro. Los hombres, mujeres y niños del pueblo estaban escondidos, seguramente habían escuchado las historias de cómo se había dado la batalla contra los guerreros del señor Tabscoob y tenían miedo de que los castellanos utilizaran sus cerbatanas de fuego.

Ciertamente los castellanos, al no encontrar personas en la ciudad, pensaron que se trataba de una emboscada. Alistaron sus cuchillos, largos y cortos, y las cerbatanas. Estaban dispuestos a atacar, pero pasado un largo rato, vieron que un grupo de cinco hombres, ya entrados en años, salían de uno de los templos y comenzaban a bajar las escaleras. No iban armados, no estaban en posición de ataque.

Yo me acuerdo de que estaba junto al caballo de Hernán, quien se encontraba listo para atacar, empuñando su cuchillo largo, preparado para usarlo en contra de cualquiera que lo amenazara.

—Diles que se detengan —Gerónimo me tradujo las palabras de Hernán.

Así lo hice.

El hombre obedeció.

Él nos explicó que gobernaba la ciudad, y que se habían escondido porque tenían miedo, pero que no pensaba hacer daño a los castellanos. Escuché cada una de esas palabras en náhuatl y se las compartí a Gerónimo para que las repitiera en castellano. Impaciente, Hernán fruncía el ceño y movía las manos como para pedirnos que nos apuráramos con el mensaje. Hernán quería que rápidamente fuéramos cambiando sus palabras del castellano al náhuatl, pero yo creo que era más complicado entrar en aquel juego de lenguas y palabras que hacer tamales de venado.

En aquel ir y venir de frases, los señores de Quiahuiztlán le hablaron de su pueblo, de los tributos que pagaban a los mexicas y, por supuesto, dieron gracias a los dioses y los invitaron a comer con ellos.

Hernán aceptó, entonces los demás pobladores salieron con confianza. Estaban llenos de curiosidad y espanto por conocer a los hombres de piel casi blanca, sus perros, los venados sin astas que ellos llamaban "caballos" y las cerbatanas de metal que disparaban fuego. Nadie me lo contó, yo lo vi. Familias enteras mantenían su distancia, pero cuchicheaban entre sí mientras los señalaban.

¿Qué te puedo decir? A Hernán le gustaba muchísimo esa atención. La disfrutó momentos después cuando nos sentamos en varios petates, a la sombra de un árbol, y comimos un guiso de pescado y tortillas recién hechas. Los castellanos habían aprendido a disfrutar el chile, aunque nunca faltaba el que tenía que ir a buscar un poco de agua fría para bajarse el picor.

Siento que, si alguien hubiera querido realmente deshacerse de los castellanos, habría sido muy fácil envenenar un guiso.

Confiado, Hernán fue el primero en tomar una tortilla entre sus manos y usarla para agarrar el guiso de la olla de barro, luego se lo llevó a la boca. Sólo entonces, sus hombres lo imitaron.

Sí, pienso que habría sido deliciosamente sencillo envenenarlos.

El dios de los castellanos era un dios celoso que no permitía que hubiera otros dioses, un dios que era capaz de destruir a todo aquel que no lo adorara, con reglas que debían cumplirse... o sea, un dios sin nombre que deseaba dominar el espíritu de todos los hombres y mujeres que tuvieran a bien invocarlo. Si la memoria no me falla, parte de esas reglas era: "No tengas otros dioses además de mí. No te hagas ningún ídolo, ni nada que guarde semejanza con lo que hay arriba en el cielo, ni con lo que hay abajo en la tierra, ni con lo que hay en las aguas debajo de la tierra. No te inclines delante de ellos ni los adores. Yo, el Señor tu Dios, soy un Dios celoso".

Por eso, durante las primeras horas de la reunión en Quiahuiztlán, el fuego volvió a brillar en los ojos de Hernán, otra vez se llenaba de una furia contenida. Cuando comenzó a hablarle a Gerónimo, no lo miraba a él, sino a mí. Era un modo de advertencia, de decirme que me estuviera quieta y que más me valía que tradujera todo tal como ellos me lo comunicaban.

Según lo que Gerónimo me hizo saber, Hernán quería que lo llevaran hasta sus templos, quería rendir pleitesía a sus dioses. Yo repetí aquellas palabras en náhuatl, pero las tropecé un poco. Sabía que Hernán tramaba algo, pero yo no tenía más opción que obedecer.

Los señores de Quiahuiztlán sonrieron, porque creyeron en las palabras de los castellanos. Estaban felices, y de inmediato pidieron que los acompañáramos. Hernán comenzó a caminar, sus hombres más cercanos también. Yo quería quedarme en donde estaba, pero Gerónimo me tomó del brazo y me obligó a caminar junto a él.

—No lo hagas enojar, no te conviene —me susurró al oído.

Yo bajé la cabeza y no dije nada.

Recuerdo que caminamos por unos corredores de piedra gris hasta llegar a la base, hecha con el mismo material, de un templo. Éste tenía diferentes pisos, cada uno más pequeño que el anterior, y una escalera por la cual uno podía subir hasta el adoratorio del final. Se trataba, pienso yo, de una escalera hacia el cielo, porque a muchas divinidades, hijo mío, les gusta el cielo insondable, vestirse de nubes y volar como los pájaros.

Hernán pidió subir sólo acompañado de otro de sus hombres más cercanos, un castellano de barba roja y mirada negra llamado Pedro de Alvarado. Gerónimo y yo permanecimos abajo, viendo aquella escena con los ojos bien abiertos. Hernán, con su ropa de metal y el cuchillo largo a la cintura, comenzó a subir, escalón tras escalón. Sus perros negros lo seguían con la mirada.

Cuando llegó a lo más alto, contempló por un largo rato las figuras de piedra que representaban a los dioses. Luego, hizo aquella seña de la cruz de la que te hablé antes, acción a la cual los castellanos le decían "persignarse". Parecía que Hernán rezaba, pero estaba engañando a los señores de Quiahuiztlán, porque no lo hacía a sus dioses. No. Más bien le rezaba a su dios sin nombre. Pedro de Alvarado no lo imitó. Se veía algo impaciente. Demasiado. Se balanceaba de un lado al otro. Suspiraba en voz alta. Estaba esperando a Hernán, así que cuando este terminó, se colocó rápidamente detrás de la piedra de aquellos dioses y, con un empujón, los hizo caer.

Los señores de Quiahuiztlán no pudieron reaccionar a tiempo. Se quedaron con la boca abierta y las manos sobre la cabeza mientras veían cómo sus dioses daban tumbos al caer y perdían su forma. Yo vi que cerca de mí había caído una garra, y por allá, el trozo de una cabeza. Los perros negros de los castellanos no dejaban de ladrar.

Terminado aquello, los señores de Quiahuiztlán corrieron hacia los pedazos de piedra y los acariciaron como si consolaran a los mismos dioses. Hombres, mujeres y niños de todo el pueblo también estaban sorprendidos por el comportamiento de los visitantes. ¿Quiénes se habían creído para maltratar a sus dioses? Yo, te lo confieso, estaba enojadísima. No podía creer que Hernán hubiera sido capaz de hacer tal cosa, pero así era cómo él se conducía, su dios iba primero... ¡Siempre su dios!

Según lo que Gerónimo me tradujo, en ese momento Hernán gritó:

—¡Viva Nuestro Señor Jesucristo y su madre santísima María!

Luego ordenó que colocaran una cruz de madera en el mismo lugar en el que antes habían estado los dioses de Quiahuiztlán. También ordenó que se dijera una misa. Sospecho que los pobladores de aquel lugar se arrepintieron, de inmediato, de haberles mostrado cierta hospitalidad a los castellanos.

Pues bien, aquellos hombres se tragaron el odio que comenzaron a sentir por los castellanos, se callaron la destrucción de sus dioses y les mostraron el resto del lugar: la pequeña plaza hecha de piedra, el sitio en donde enterraban a sus muertos y el espacio alargado en el cual se llevaba a cabo el juego de pelota.

¿No conoces del juego de pelota, hijo mío?

Por mucho tiempo, yo tampoco. En Oluta no había espacio alguno para los juegos y en Potonchán nunca se me permitió ir a los que se organizaban en el pueblo. Sabía de lo que se trataba, claro. Dos equipos, de cuatro jugadores cada uno, golpeaban una pesada pelota de caucho con las caderas, las piernas y los brazos, para lograr que ésta pasara por un aro de piedra. En algunos pueblos eran rituales religiosos o de guerra. En cambio, en Quiahuiztlán era más un divertimento. Se apostaba por saber quién sería el equipo ganador y los jugadores más populares recibían regalos de todo tipo.

Te podrás imaginar que aquél era un juego de hombres, para ser jugado por hombres y para ser visto por hombres. En aquella ocasión, y para evitar más molestias, los señores de Quiahuiztlán decidieron darles una demostración a los castellanos. ¡Y así lo hicieron! Pidieron que no hubiera mujeres, pero Hernán repeló. Las demás esclavas podían retirarse, pero yo no. Yo debía estar cerca de él... y recalcó, "siempre muy cerca de él".

Aquellas palabras me turbaron un poco. ¿Querría decir que deseaba tenerme cerca de él sólo para traducir las palabras de otros o para algo más? Nunca había intentado tocarme, ni siquiera arrebatarme el huipil para tomar algo que, por derecho, le correspondía. No sé cómo describir la forma en la que me trataba. Me respetaba y, al mismo tiempo, no lo hacía.

Me quedé muy cerca de él mientras se organizaba el juego de pelota. Fue cosa de unos minutos, en lo que aquellos señores daban órdenes. Pronto pudimos ser testigos de aquel espectáculo, todos los hombres y yo... una niña que empezaba a romper las reglas.

Al principio, como te dije, comenzaron a jugar con una pesada pelota de caucho. Aquellos hombres llevaban apenas una tela que les cubría las caderas y su sexo. El pecho lo tenían lleno de marcas negras, únicas, símbolos que significaban algo especial para ellos. Tenían el rostro lampiño, el cabello negro recogido detrás de la nuca y largas plumas de colores sobre la cabeza. También llevaban una capa verde. La pelota rebotaba en la pared, cerca del aro de piedra, y volvía a cualquiera de ellos. Aunque me habían dicho que golpeaban la pelota con las caderas, jamás imaginé el daño que eso hacía en el cuerpo. Quiero decir, después de unos pocos de aquellos golpes, empezaron a salirles moretones.

Uno de los jugadores se equivocó al dar el golpe y, en lugar de hacerlo con la cadera, lo hizo con el estómago. Aquello fue devastador. Alejé la mirada por un momento mientras aquel hombre se dejaba caer en el polvo y se retorcía del dolor, al tiempo que una mancha negra aparecía en su estómago. Minutos más tarde, otro jugador recibió un golpe en la boca y lo vi hacerse a un lado para tomar aire. Después de algunos segundos, escupió un par de dientes y volvió al juego.

A mí no me gustaba contemplar aquello, pienso que no era para mí, pero Hernán y los demás castellanos abrían los ojos bien grandes para observar el espectáculo. Sonreían y juntaban las palmas cada vez que la pelota de caucho entraba por el aro de piedra. Gerónimo dijo que aquello se llamaba "aplaudir", y que era como felicitar a alguien por su buen trabajo. Una hora después, el evento terminó y el equipo ganador dio brincos de alegría. Entonces pude ver mucho mejor todas las manchas que habían quedado en el cuerpo de aquellos hombres.

Los felicité en nombre de Hernán y les dije que habían hecho un buen trabajo. Aquello pareció alegrar a los señores de Quiahuiztlán, quienes no veían la hora en que los castellanos siguieran su camino o volvieran a la playa. No fuera a ser que tuvieran otro momento de cólera como el que habían experimentado en el templo. Hernán, por su lado, dijo que se quedaría un par de días más.

Aquellos señores estaban muy nerviosos; no les había gustado para nada lo que habían escuchado. Se miraron en silencio, como si alguno de ellos tuviera alguna idea magnífica para librarse de los visitantes. Por desgracia para ellos, no se les ocurrió nada. Así que Hernán, y todo su séquito, nos quedamos ahí los dos días prometidos.

Tengo que reconocer que al menos no hubo más dioses caídos ni gritos en favor del dios del madero. En cambio, sí se realizaron misas y Hernán estuvo preguntando sobre la vida normal en aquel pueblo. Así que, como comprenderás, me mantuve a su lado desde que salía el sol por las mañanas hasta que las estrellas se cansaban de brillar en el cielo. Comíamos juntos, paseábamos juntos, y sólo nos faltó dormir juntos para compartir todas las horas del día.

De tanto cambiar palabras de una lengua a otra, comenzó a dolerme la cabeza, pero aquello no me detuvo en mi nuevo plan. Debía aprender la lengua de los castellanos, entender sus palabras, descubrir sus misterios. ¡Ser yo la que al escuchar algo en castellano, pudiera hablarlo en maya o náhuatl! Comprender qué era lo que Hernán murmuraba con sus hombres, porque no confiaba en todo lo que me decía Gerónimo.

Estaba tan ocupada en cambiar aquellas palabras de una lengua a otra, que apenas noté el interés que Hernán comenzaba a mostrar por los mexicas, el dominio que ejercían sobre los demás pueblos y el pago obligatorio de los tributos para el *tlatoani*.

Mira, Hernán se mordía la lengua, agitaba la cabeza de un lado al otro, de forma que salía polvo de su barba sucia, y murmuraba para sí: "Mexicas, mexicas, mexicas...".

Debí entender que, así como yo comenzaba a tramar el plan de aprender castellano y sobrevivir, Hernán tenía en mente algo mucho más funesto.

Un hombre con fuego en la mirada sólo puede pensar en muerte y destrucción.

El Cacique Gordo

¿PEDRO DE ALVARADO? Sí, lo conocí en la casa del señor Tabscoob y fue uno de los hombres que ayudó a Hernán a decidir quién debía morir o vivir tras la conspiración. Sabía que me miraba de reojo cuando yo estaba cerca de Portocarrero y que siempre me consideró una esclava tonta, aunque los demás castellanos no me trataran como a las otras.

Las demás esclavas hablaban de la barba roja encendida de Pedro, y más de una vez las escuché comentar que se trataba de un hombre guapo. Yo, en cambio, me fijaba en sus pequeños ojos negros de gusano hambriento. Y sí, lo estaba, de poder, de sangre, de dominar a todos los pueblos, porque los consideraba inferiores en todos los sentidos.

No le gustaba tenerme cerca, así que cada vez que me veía venir, hacía una mueca en la que torcía los labios y, algunas veces, cuando traducía las palabras de un lenguaje a otro, le daba por escupir. Si por él hubiera sido, Hernán no habría aceptado ningún regalo del señor Tabscoob, al contrario, habría destruido el pueblo por completo. O Quiahuiztlán. O los que tuviera enfrente. Y aunque su deseo no se cumplió, disfrutó muchísimo la destrucción de los templos. Incluso más tarde, cuando Hernán nos anunció que finalmente partiríamos, dijo que debíamos seguir destruyendo a los demonios de piedra.

Otra vez, en procesión, partimos los castellanos y las esclavas, procurando que no nos fueran a emboscar por el camino. A diferencia de la ocasión anterior en la cual caminábamos en silencio, escuchando sólo el ruido de nuestras pisadas en la hierba y en el lodo, ahora Hernán quería que le contara todo lo que yo sabía de los mexicas. Preguntaba y preguntaba sobre los tributos que cada pueblo debía pagar al señorío del *tlatoani*. Podía ser grano, en hierbas o en esclavas.

—¿Qué sucede con aquellos que no pagan los tributos? —preguntó Hernán a través de Gerónimo.

Mi respuesta fue una mirada larga, en silencio. Aquello bastó para que Hernán comprendiera. El yugo bajo el cual los mexicas tenían a todos los pueblos de la región causaba terror. ¿O tú crees que los señores de todos esos pueblos estaban muy contentos de ver a los guerreros y comerciantes mexicas exigir y castigar?

Miedo fue lo que encontramos en el primer pueblo, y en el segundo, y en el tercero... Miedo en cada rincón de aquellas tierras, miedo porque podrían perder la vida si el *tlatoani* tenía algún capricho.

Si los castellanos creían que su dios podía castigarlos en cualquier momento, nosotros pensábamos lo mismo de Motecuhzoma. Además, ya no nos encontrábamos en territorio maya, donde podríamos haber estado a salvo; ya habíamos entrado en territorio mexica, donde podrían atacarnos en cualquier instante, donde los guerreros conocían mejor el terreno que nosotros y donde ellos nos aventajaban en número.

—Lo que dices es cierto, pero nuestras armas son superiores —respondió Gerónimo en cuanto se lo advertí, y ni siquiera le informó a Hernán o a los demás de su grupo del peligro que corríamos.

Se sentían poderosos, que su dios estaba con ellos y, además, que la fortuna estaba de su lado. Menospreciaban a los pueblos con los que se encontraban, los consideraban tontos e inferiores, y les interesaba poco su cultura.

Lo que sucedió en Quiahuiztlán se repitió en cada pueblo que encontramos: la reunión con los señoríos de aquellos lugares, la destrucción de los dioses, la celebración de misas, la estancia para conocer un poco más sobre la opresión de los mexicas. Los habitantes de cada pueblo veían con miedo a los extraños, a sus perros y a sus caballos y, no sé... tal vez vieron en ellos la oportunidad de librarse para siempre de la sombra del *tlatoani*.

Eran tiempos salvajes, peligrosos.

Te imaginarás, por supuesto, que en aquella travesía no estuvimos libres de batallas, pues algunos pueblos quisieron enfrentarse a los castellanos, lo que provocó que Hernán y el resto de sus hombres se montaran en sus caballos, sacaran sus cuchillos largos y dispararan sus cerbatanas de fuego. Tanto yo como las otras esclavas y los habitantes de los pueblos que iban sumándose al grupo nos manteníamos cerca de cada batalla, lo suficiente para ver cómo nuestros enemigos se batían en plena selva y caían con heridas de las cuales brotaba un humo negro horrible.

Tampoco faltó quien intentara atacarme, o quien se escabullera entre las sombras de la selva, saltara de improviso y me tomara de la cintura. Claro, su propósito era golpear a Hernán Cortés, pues si yo no podía traducir, los castellanos se quedarían incomunicados. Por supuesto, ante tal intento de secuestro, yo llenaba mis pulmones de aire y gritaba lo más que podía, aunque a veces intentaban taparme la boca y entonces eran las demás esclavas quienes gritaban, de modo que uno de los castellanos venía a ayudarme.

Eso sólo sucedió dos o tres veces, no tiene caso que lo cuente con mucho detalle. Lo que sí recuerdo es que en todos los casos, nuestros enemigos (más tarde aliados, tras ser derrotados en batalla) me susurraban al oído que yo era una traidora, una sucia traidora, un gusano que apoyaba a los extraños que habían llegado a imponer su caos en aquellas tierras.

Sí, ésos fueron los primeros momentos en los que comencé a escuchar aquella palabra. No te lo voy a negar, hijo mío, la primera vez que la oí no me gustó para nada. Hasta ese día yo no había pensado en que ayudar a los castellanos tendría consecuencias. Yo me concebía como una esclava que obedecía órdenes, que debía ayudar a su señor a caminar por aquellas tierras y a cambiar palabras de una lengua a otra. Cuando me bañaba, el reflejo que me devolvía el agua era ése, el de una esclava. Mi trabajo era cumplir, sobrevivir, no satisfacer las expectativas que otros hombres tenían de mí, hombres a los que no conocía y que no podían conocerme más allá de los rumores que corrían por aquellos lares.

Sin embargo, me dolió que otras personas pensaran que lo que yo hacía provenía precisamente de cualquier malicia de mi espíritu y me caló tan profundo que durante un tiempo me sentí culpable. Empecé a creer que cada uno de los guerreros caídos bajo las cerbatanas de fuego de los castellanos era, de alguna forma, mi responsabilidad, y hasta llegué a pensar que nuestra madre Coatlicue lo tendría en cuenta. Con el paso de los días supe que aquello era matar o morir. Sí, los castellanos no eran inocentes, pero no iban a sentarse con los brazos cruzados a esperar a que otros los atacaran. No estaba en su naturaleza de fuego, mucho menos en la de Hernán.

Sí, los castellanos eran peligrosos, pero los otros pueblos también lo eran.

¿Te cuento un secreto? Yo también era muy peligrosa... Tenía información de aquellos pueblos y también de los castellanos. Y sabía bien cuál era su valor.

Un día, mientras nos hospedábamos en alguno de los pueblos totonacas, uno de los hombres de Hernán llegó muy apurado. Era un joven como de veinte años, sin barba y una voz muy aguda. Le faltaba el aire, pero intentó jalar un poco. Se sostenía de las rodillas y señalaba hacia un punto específico de la selva.

Hernán, quien de por sí tenía poca paciencia, se quedó ahí, esperando a que el joven pudiera hablar, pero después de algunos segundos golpeó un árbol con el puño y le dijo al muchacho que si no hablaba pronto, se encargaría de cortarle la lengua con su propio cuchillo.

La estrategia funcionó. El joven empezó a hablar de cómo había visto una ciudad maravillosa que tenía los cimientos de plata, y cuyas paredes brillaban ante el ardiente sol. Sabrá nuestra madre Coatlicue por qué, pero Gerónimo comenzó a traducir todo lo que decía aquel joven castellano y yo, acostumbrada a hacer lo propio, lo repetí en náhuatl lo mejor que pude. Parecía que estábamos en una especie de trance. Él hablaba, y yo también, parecía que pensábamos poco en aquellas palabras, sólo fluían entre nosotros. ¿Se encontraría presente alguno de los espíritus que habitan en la selva? No puedo explicarlo.

Cuando terminé de contar aquella anécdota, Hernán levantó las cejas. No parecía muy convencido por aquella ciudad de plata que había encontrado aquel joven, y se volvió hacia mí. Entendí que quería preguntarles su opinión a los señores totonacas, y así lo hice... ¡Pero ellos se rieron! Así como lo oyes, soltaron carcajadas largas como si les hubiéramos contado algún buen chiste.

Una vez más, Hernán tuvo que esperar a que los señores totonacas se calmaran un poco para que lograran explicarnos su comportamiento. Es más, esperó tanto que comenzó a tamborilear los dedos
en el descansabrazos de su silla. Cuando por fin pudieron hablar, nos
contaron que aquella ciudad no era de plata, sino que estaba recu-
bierta con cal.

En cuanto escucharon eso, Gerónimo explotó en risotadas, también Hernán... ¡y todos los castellanos! Claro, menos el joven, quien
comenzó a sudar en frío porque sabía que sufriría burlas durante
todo el día. Hernán se levantó de la silla y le dio unas palmaditas en el
hombro a aquel joven como para que se relajara, pero éste no pudo.

Meses después, cuando lo vi muerto en alguna de las tantas batallas que luchábamos día con día, me acerqué a su cuerpo. Lo encontré con el pecho herido hacia arriba, los ojos abiertos y un hilo de
sangre que salía de su boca, pero ¿sabes qué me llamó la atención?,
que en sus labios aparecía una ligera curvatura. ¡Sólo en la muerte
descubrió que el sentido de la vida era burlarse de ella! Recordé el
día en que todos se reían, menos él.

Pues bien, cuando Hernán escuchó las historias de aquella ciudad
cubierta de cal, pidió que lo llevaran hasta allá, pues quería conocer-
la. Después de tomar una bebida de cacao, comenzamos a caminar
hasta encontrarnos con un río. Lo cruzamos con mucho cuidado y
entonces Hernán ordenó que nos detuviéramos. Mandó por delante
a seis de sus hombres para que inspeccionaran la ciudad, no fuera a
ser que nos tuvieran lista una emboscada. Nos sentamos a la sombra
de un árbol grande y esperamos pacientemente.

No fueron, como podrás comprender, momentos tensos, más bien
los castellanos aprovecharon para descansar un poco, comer unas
tunas que les habían regalado e inspeccionar las mantas que habían
juntado en cada pueblo. Siempre me llamó la atención con qué desdén trataban los collares de conchas marinas. Nunca entendieron su
valor, de modo que se los daban a las esclavas como si fuera un regalo insignificante, y ellas los usaban con orgullo. Los mejores collares
me los llevaba yo porque Gerónimo sabía cuándo me gustaba alguno, y me lo ofrecía en nombre de Hernán Cortés. Entonces yo podía
lucir muy orgullosa cada uno de aquellos colores que colgaban de mi
cuello y caían sobre mi huipil.

¿Y qué había de los huipiles? Pronto se corrió la voz de que yo era muy cercana a los castellanos, por lo que la gente de los pueblos a los que llegábamos comenzó a consentirme también, como si fuera el mismo Cortés. Después de visitar varios pueblos, ya tenía huipil y zapatos nuevos. Además, en el momento de la comida, se me ofrecían los mejores guisados, tamales, las primeras tortillas, los brebajes de cacao y las tunas más frescas. Cuando querían hablar, se dirigían conmigo, pero lo hacían con cierta ternura, para que yo me apiadara de ellos al cambiar sus palabras de una lengua a otra.

Eso provocó que no sólo los totonacas me respetaran, sino también el resto de los castellanos, quienes comenzaron a llamarme "doña Marina". Sí, lo digo así con orgullo porque eso de "doña" no era algo que le dijeran a muchas mujeres, era como un título de honor y respeto que usaban ellos. "Don" para los hombres y "doña" para las mujeres. ¿Te puedes imaginar a una esclava con semejante honor? ¡Doña Marina! Por supuesto, Pedro de Alvarado apretaba los labios cada vez que oía aquello y caminaba hacia otro lado, porque no me consideraba a la altura de un gran señor.

Volvieron los seis castellanos que Hernán había mandado, y le dijeron que no había peligro alguno, que podíamos entrar a la ciudad que llevaba el nombre de Cempoala. Era un pueblo grande, con muchas casas y personas llenas de vida. De lejos se alcanzaban a distinguir los *teocallis*. Tal como había dicho el joven, casi todos los edificios de la ciudad eran blancos, y aquel paisaje era maravilloso. ¿Puedes imaginarte las casas y los templos blancos, y el contraste que hacían con la hierba que crecía con vida propia por todos lados?

A diferencia de nuestras otras visitas, ahí la gente no se había escondido. Es más, de entre los hombres y mujeres que habían salido a vernos, apareció un hombre gordo, ¡gordísimo!, que caminó hacia nosotros con los brazos extendidos, envuelto en una tela blanca que se ponía alrededor del cuerpo para cubrirse del sol ardiente. No te miento, hijo mío, se le veían los cachetes tan grandes como si estuvieran llenos de aire, tenía una papada muy larga y los ojos le saltaban. ¡Espera! Ahora que lo pienso, ¿sabes a qué se parecía? A un sapo con los ojos enormes.

A aquel hombre le decían el "Cacique Gordo" por su apariencia; sin embargo, tenía una personalidad de lo más agradable, parecía que llevaba una alegría inmensa por dentro. Sin preguntar, abrazó a Hernán Cortés con efusividad y me dijo que seguramente llevábamos caminando tanto tiempo que no habíamos tenido oportunidad de bañarnos. Yo no lo corregí, así que durante los siguientes días los sacerdotes de Cempoala encendieron incienso de copal a la menor provocación para que todo oliera mucho mejor.

Yo hice las debidas introducciones, que ya me sabía de memoria. Presenté al capitán Hernán Cortés como representante del rey Carlos, vasallo del dios del madero y esto y lo otro y lo de más allá... Ya conocía muy bien aquellas palabras. Hernán añadió algo que me pidió que tradujera:

—Esta ciudad —dijo con orgullo— es una de las más impresionantes de la Tierra, pues me recuerda a una de las glorias que existen más allá del mar. Una gran ciudad llamada Sevilla. Sí, Cempoala es tan maravillosa como Sevilla.

El Cacique Gordo rio al escuchar aquellas palabras, parecía que todo lo que salía de mi boca era un chiste, pero no porque se burlara de nosotros, sino porque ésa era su naturaleza, la de disfrutar la vida y exprimirla como si se tratara de un fruto lleno de jugo.

¿Sabes qué sucede con esas personas, hijo mío? Que tienen la capacidad de contagiar su alegría. Si ellos sonríen, tú también puedes hacerlo, y ése es un don que pocos espíritus poseen. Cuando conoces a alguien que sonríe con los ojos, sabes que puedes confiar en él, y yo creo que Hernán Cortés pensó lo mismo, porque de inmediato le cambió el rostro. Sí, aunque no lo creas, se fue relajando y hasta reía un poco. Eso logró que el resto de los castellanos hiciera lo mismo.

¡Gracias a nuestra madre Coatlicue por el Cacique Gordo! Así los castellanos no hicieron sus usuales prácticas de entrar a los *teocallis* para derrocar a los dioses, como si destruir la piedra pudiera borrarlos de nuestros corazones o hiciera que dejáramos de soñar con ellos.

Así, el Cacique Gordo se hizo acompañar de Hernán para enseñarle la ciudad, los templos de piedra gris bajo el cielo azul apenas rasgado por nubes blancas, largas antorchas con fuego rojo a los pies de las escaleras, también el juego de pelota, más grande y magnífico que cualquiera que hubiéramos visto. El viento era la música que nos acompañaba, y traía el murmullo de los dioses. Muy cerca de nosotros unos niños se tomaban de las manos y giraban mientras le cantaban a la tierra que se abre, que guarda la vida, que esconde la muerte, que permite que podamos alimentarnos del maíz, de los chapulines, de las hormigas, de las hierbas que curan, de las que dan sabor, de las que guían...

El Cacique Gordo sonrió cuando dos mariposas amarillas aparecieron de la nada y revolotearon a su alrededor, para luego alejarse volando. Luego siguió enseñándoles la ciudad a los castellanos mientras yo traducía todo. Por primera vez en esa aventura, me alegré de poder ser parte de aquello. La diferencia entre las lenguas no permitió que Gerónimo entendiera las bromas que hacía el Cacique Gordo, pero Hernán comprendía bien que ése no era un momento solemne, ni tenía el poder de cambiarlo para hacerlo serio, sin importar cuánta pólvora usara.

Sólo el miedo podía alterar esos segundos...

¡Y el miedo llegó!

Cuando el Cacique Gordo estaba por mostrarles a los castellanos la gran casa en la cual vivía, se dio cuenta de que unas sombras entraban a sus tierras. Todos nos volvimos para observarlas. Eran cinco hombres que tenían los ojos rasgados, del color de la noche, que llevaban pulseras de jade y morrales sobre los hombros. Sus labios gruesos se apretaron al vernos.

Dijeron venir en nombre del *tlatoani* a cobrar los impuestos, y remataron con una frase terrible:

—Si el *tlatoani* no recibe lo que ha ordenado, sus guerreros estarán aquí antes de tres días para que todo Cempoala aprenda cuál es su lugar, de acuerdo con el orden que se ha establecido.

El Cacique Gordo tragó saliva y miró a Hernán en busca de ayuda.

La primera alianza

En un primer momento, los mexicas actuaron ante el Cacique Gordo como si los castellanos no hubieran estado ahí. Ellos tenían una misión, sólo una, cobrar los tributos que pedía el *huey tlatoani*. A Hernán Cortés no le gustó aquello, ya se había dado cuenta de la presión que los mexicas ejercían sobre los otros pueblos, y pensó que su plan había madurado. La mejor forma de obtener el oro que se guardaba en Tenochtitlan era juntar tantos aliados como pudiera y, en su modo de ver el mundo, cualquier enemigo de Motecuhzoma podría ser aliado de los castellanos.

No pierdas de vista que los mexicas eran miles, y los castellanos, menos de cuatrocientos. Intentar una acción militar o cualquier cosa que hubiera podido ser una amenaza para los castellanos habría sido una locura. Hernán era avaro, violento, pero nada tonto. No habría avanzado desde la Vera Cruz sin un plan... y estaba empezando a prepararlo.

Vi a Hernán chasquear los dedos y señalar a los mexicas. Los castellanos más jóvenes sacaron sus cuchillos largos y apretaron los dientes, mostrándolos como si fueran lobos enojados. Los perros cubiertos de pelo negro sintieron que algo estaba por suceder, así que gruñeron. Baba blanca les escurría por los colmillos. Casi de inmediato, los castellanos corrieron hacia los mexicas, soltando un grito largo, y éstos supieron que estaban en peligro. Tenían cuchillos de obsidiana en sus morrales, y apenas les dio tiempo de sacarlos para defenderse, pero de poco les valió. Los castellanos fueron más hábiles. Además, algunos guerreros totonacos, sintiendo valentía, se sumaron a lo que estaba por suceder.

El estruendo sordo que se escuchó por el choque entre los cuchillos de obsidiana y los cuchillos largos de los castellanos fue corto. Apenas pudo llamarse batalla aquel despliegue de torpeza por parte de los mexicas, quienes terminaron soltando las armas y rindiéndose ante los castellanos. Ni tiempo me dio de sufrir o de emocionarme como cuando los hombres de Hernán se encontraban con algún pueblo hostil.

Trajeron a los hombres ante mí, y tuve que decirles que quedaban arrestados en nombre del rey Carlos, entonces se los llevaron a quién sabe dónde. Eso no pude escucharlo ni verlo porque yo estaba con el Cacique Gordo, quien no pudo evitar festejar lo que había ocurrido. Comenzó a reír con aquella voz que retumbaba hasta los cielos, y abrazó a Hernán, luego a Gerónimo y, después de dudarlo unos segundos, también a mí. Sentí cómo sus brazos carnosos me rodeaban y apretaban mis costillas con fuerza. Su enorme panza me lastimó un poco.

Era tal la felicidad del Cacique que los mismos castellanos la compartieron, al igual que los hombres que se nos habían unido de otros pueblos y las esclavas. Todos estaban felices por ver aquella desgracia mexica, y todos aceptaron participar en el banquete que se organizaría en Cempoala.

Cuando el día comenzó a volverse azul y negro, acudimos a la casa señorial del pueblo. Habían arreglado un salón sólo para nosotros. Al entrar, descubrí el perfume del copal. Habían encendido un fuego pequeño en el centro para iluminarnos y, al mismo tiempo, calentarnos un poco, porque había hecho frío durante las últimas noches.

Al fondo se sentaron Hernán y el Cacique Gordo. El resto de los castellanos importantes se acomodó cerca de Hernán, pues no quisieron mezclarse con los totonacas.

Cuando estuvimos sentados en círculo sobre los petates, Gerónimo me dijo algo sobre que aquello parecía "la última cena", y yo recordé vagamente una historia de aquel dios muerto en el madero. Después de un momento de silencio, el Cacique Gordo comenzó a hablar, aduló a sus invitados por arrestar a sus enemigos y por no dejarse amedrentar por los enviados del *tlatoani* mexica.

Ahí fue cuando Hernán Cortés fingió demencia, tomó una de las tortillas calientes que recién nos habían traído y se la llevó a la boca mientras preguntaba por qué todos los pueblos de aquella región le tenían tanto miedo a los mexicas. ¡Como si no supiera! Lo que quería era que el Cacique Gordo hablara y le contara todo.

—Hemos padecido las amenazas de los mexicas, quienes nos piden jóvenes, y nosotros sabemos muy bien lo que hacen con ellas. Las llevan hasta su templo más alto, las recuestan en la piedra del sacrificio y, frente a todo el pueblo, les quitan el corazón. Cada vez que sus dioses quieren alimentarse de sangre somos nosotros, todos los pueblos de la región, quienes ofrecemos a las víctimas.

Hernán me miró por un momento, pues sabía que yo podría haber sido una de esas jóvenes sacrificadas.

El Cacique Gordo continuó:

—Tenochtitlan también pide alimento, maíz, frijol, o lo que se le ocurra en ese momento, y nosotros tenemos que entregarlo, aunque debamos quitarnos la comida de la boca. Nuestros hijos sufren hambre mientras los suyos sí pueden comer. Tenemos que obedecerlos, porque si no, nos podría suceder lo que les pasa a los otros pueblos. Llegan los guerreros mexicas a la mitad de la noche y lo destruyen todo. Los *teocallis* son derribados, las casas arden en el fuego y los prisioneros son sacrificados o tomados como esclavos.

—¿Habéis intentado negociar con ellos o hacerles la guerra? —preguntó Hernán.

En aquel momento entraron esclavos con platos de barro. En ellos habían colocado tamales de venado, frijoles, algún ave en una salsa roja picosa (que los castellanos no quisieron probar, pero que en verdad estaba deliciosa), pescado asado con hierbas olorosas y más tortillas.

El Cacique Gordo comenzó a tomar un poco del pescado con las tortillas, y pude ver sus dientes mientras masticaba al tiempo que le respondía a Hernán:

—Ellos son más numerosos, no podemos combatir con ellos. Es resistir o servir a nuestros enemigos. Tampoco se puede hablar con ellos. La única voluntad que existe es la del *tlatoani*, y sabemos que algún día...

La sonrisa del rostro del Cacique Gordo se borró y bajó la cabeza en aquel claroscuro de fuego y sombras. Luego continuó con la voz cortada, entonces a mí me fue más difícil traducir lo que él decía, porque aquellas palabras cambiaban de una lengua a otra, pero no atenuaban su dolor, el cual sentí como si fuera mío.

—Que… sólo sobrevivimos, que llegará un día en que ya no tendremos víctimas que ofrecer, o que el frío será tan cruel que no podremos ofrecer alimentos. Tenemos los días contados, vivimos por capricho de Motecuhzoma, morimos por capricho de Motecuhzoma… Los caminos que existen entre Cempoala y Tenochtitlan están regados con sangre, hay huesos al pie de los volcanes. Aquí, en nuestro pueblo, hay mujeres que ya no quieren amar, no sea que uno de sus hijos muera en el campo de batalla, o una de sus hijas pierda el corazón a causa de un dios hambriento. Por eso hoy queremos celebrar que arrestaste a los enviados del *tlatoani*, honrándolos con este banquete. Deseamos establecer una alianza con ustedes.

Cuando por fin terminó aquel discurso, Hernán se levantó y, con un gesto, le pidió al Cacique Gordo que hiciera lo mismo. Esta vez fue el propio Hernán quien abrazó a su anfitrión.

—Sea, pues, esta noche un momento de celebración para todos —exclamó—, y que Dios Nuestro Señor sea testigo de la alianza que habremos de formar vuestra merced y yo, como representante del rey Carlos.

—Que la alianza se establezca entre nuestra gente, y que nuestro enemigo en común sean los mexicas…

Vitorearon los totonacas, los castellanos, las esclavas y los visitantes de los demás pueblos.

El fuego nos iluminaba y en lo alto brillaba una luna cómplice en la cual se apreciaba el conejo que, según dicen, brinca en el cielo todas las noches.

Ah, pero recuerda bien que Hernán Cortés no era ningún tonto. Había aceptado los halagos de los totonacas, pero no quería enemistad con los mexicas, por lo menos no tan pronto. Así que a la mañana siguiente me levantó antes de que amaneciera y me llevó hasta una de las entradas de la ciudad. Yo, tengo que aceptarlo, iba todavía medio dormida, tratando de acordarme de lo que había soñado. Me había puesto una manta sobre los hombros, porque todavía se sentía un poco de frío. Me sorprendió encontrarme a Gerónimo y a tres castellanos jóvenes junto a los enviados mexicas que habían arrestado un día antes.

Escuché las palabras de Gerónimo y me sorprendió lo que planeaba Hernán Cortés. Me hizo decirles a los mexicas que los castellanos serían sus aliados, que no se preocuparan por el resto y que no les harían daño. Titubeé al repetir aquello, pero los mensajeros estuvieron felices cuando tuvieron sus morrales de regreso y huyeron lo más rápido que pudieron bajo las primeras luces del amanecer. Todo Cempoala se enteró de que los mexicas se habían escapado, pero nunca conocieron las circunstancias. Eso era parte del plan, por supuesto.

Luego se organizó una charada, es decir, Hernán hizo traer a sus hombres, los regañó en público y les advirtió que serían castigados después. Por supuesto, aquello no sucedió, pero sirvió para que los totonacas estuvieran calmados un rato y creyeran en las palabras de Hernán Cortés.

Mantener a tantas personas engañadas como parte de un plan no es cosa fácil, pero él lo logró. ¡Él lo logró!

Tan contento había quedado el Cacique Gordo con aquella alianza que permitió que los castellanos le hablaran de su dios del madero, de su madre virgen, y de todas las historias a las cuales les tenían tanto fervor. Gerónimo y yo traducíamos todo lo que nos decía el sacerdote Juan Díaz.

—Y Jesús, el hijo de Dios, se elevó hacia los cielos con la promesa de que habría de volver algún día a nosotros y que, aunque no lo viéramos entre nuestras gentes, siempre estaría acompañándonos —traduje lo que me habían dicho.

Los señores de Cempoala se emocionaron porque dijeron que aquella parte de la historia del dios del madero se parecía a la de Quetzalcóatl.

¡Quetzalcóatl! Aquel nombre había sido escuchado por los castellanos en algunos de los pueblos que habíamos visitado, pero no le habían dado mucha importancia. Pensaban que simplemente era un dios al que guardábamos respeto.

—Quiero saber más sobre ese Quetzalcóatl —ordenó Hernán de repente.

El Cacique Gordo se emocionó porque, así como había escuchado la historia del dios de los castellanos, ahora tendría la oportunidad de relatar la suya, y así lo hizo.

Por largo rato traduje al maya las aventuras y desventuras del dios, al que también llamaban Serpiente Emplumada, quien, antes de partir hacia el mar eterno, había prometido que volvería algún día. Como recordarás, los hombres del señor Tabscoob habían discutido si los castellanos eran dioses, y lo mismo hacían los mexicas, pues bien, todos querían saber si Hernán Cortés era precisamente Quetzalcóatl. En ese momento los castellanos se dieron cuenta de por qué los mayas, los totonacas y los mexicas se preguntaban si eran dioses.

Si quieres saber la verdad, creo que el gusto les duró poco. En los pueblos llegaron a la conclusión de que los visitantes con cerbatanas de fuego no eran más que hombres extraños con armas poderosas, pero Hernán presumió durante muchos años que a él lo veían como a un dios. Supongo que le gustaba pensar eso, lo hacía sentirse más importante (de lo que ya era). A los hombres con poder les gusta sentirse importantes, porque el orgullo herido duele más que un corazón atravesado por un cuchillo de obsidiana.

Después de intercambiar historias de dioses, Hernán decidió que era importante que se realizara una misa en Cempoala, a la cual todos debíamos asistir. No creo que el Cacique haya entendido mucho, pero al menos disfrutó cómo Juan Díaz juntaba las palmas de las manos a la altura del pecho, echaba la cabeza para atrás y cantaba palabras en latín que sólo comprendían los castellanos.

Los dioses de Cempoala cayeron el último día, fueron destruidos al igual que los demás, y su lugar fue ocupado por una cruz de madera. Más totonacas de los que te imaginas fueron bautizados, muchos porque no entendían qué significado tenía aquel ritual.

—¿Y los que no se bautizan? —preguntó Gerónimo.

—Ya tendrán tiempo de entender que el único camino a la salvación es el de Nuestro Señor Jesucristo —respondió Hernán.

Pedro de Alvarado se llevó las manos a la cintura:

—No les preguntaremos, el único camino a la salvación es a través de nuestra fe. Si no quieren bautizarse con agua, será con fuego —exclamó con rapidez, y luego empezó a reírse mientras acariciaba su barba roja.

Hernán bajó el rostro y sacudió la cabeza.

En cuanto a mí, ese tiempo fue en el que comencé a tener dudas. Sabía que había sobrevivido, que me había enfrentado al destino y que gracias a que yo podía hablar aquellas dos lenguas, había resultado triunfadora. Estaba cerca de Hernán, podía comer con él, me daban permiso de bañarme en los baños de cada pueblo o en los ríos que nos encontrábamos en el camino, podía recibir regalos y no tenía que realizar labores de esclava, como preparar la comida o yacer con alguno de los señores castellanos... pero, cuando estaba en Cempoala, empecé a tener miedo. ¿Y si aparecía otra mujer que hablara las dos lenguas mejor que yo?, ¿y si conseguía el favor de Gerónimo o de Hernán? ¿Y si mi supervivencia no había sido gracias a mi inteligencia, sino a la suerte o a los dioses? Mientras más cerca me sentía de Hernán, más miedo me invadía por las noches.

¿Por qué me sentía como una impostora entre tantos hombres? Cuando dormía por las noches, me quedaba bocarriba y pedía algún consuelo; pero en cuanto cerraba los ojos, veía caminar a la dama de las serpientes encontradas por un largo jardín de flores exóticas. Algunas abejas zumbaban a mi alrededor y mariposas negras revoloteaban cerca del sol. A través de ese jardín descubría pequeños mares con pececillos de colores que se movían entre los pliegues cristalinos del agua, como mantas que se arrugaran de luz y sombra, como si tuvieran vida, como si la luz blanca que caía sobre ellas se convirtiera en piedras brillantes y luego desapareciera. En lo alto estaba Tláloc, hecho de piedra con la boca ensangrentada, mirándome con odio, mientras un hombre con plumas de quetzal sobre la cabeza caía desde el cielo. Entonces aparecían ocelotes, hombres tan pequeños que me llegaban a la cintura, hombres con los rostros deformes, jaguares, panteras. Al principio nos separaban largas barras de madera, pero luego éstas desaparecían y yo corría por mi vida, gritaba, pedía auxilio y... despertaba a la mitad de la noche respirando muy rápido, con miedo.

Aquel sueño se repitió todas las noches que estuve en Cempoala. No podía más que preguntarme por qué Coatlicue me enviaba sueños tan extraños, cuando yo sólo pedía un momento para ser consolada.

Las palabras

¿POR QUÉ PONES ESA CARA cuando hablo del miedo? Gracias a él pude sobrevivir y ahora estar aquí, contándote esta historia. Estoy segura de que todas las mujeres que han aparecido en esta historia tuvieron miedo desde que eran niñas. ¿Acaso no lo tuve yo cuando me vendieron a los mercaderes mexicas y cuando me robaron en las rápidas aguas de un río violento? Sí, también cuando era esclava en casa del señor Tabscoob y un día sentí un dolor en el vientre, un dolor profundo, un dolor que parecía echar raíces dentro de mí. Llevé los dedos hacia mis muslos porque un líquido viscoso me escurría por las piernas... ¡era sangre!

El huipil que llevaba quedó manchado. Pensé que estaba herida, sentí que moriría y por un momento un dejo de desesperanza llenó mi corazón. Ahí mismo comencé a gritar que iba a morir. Entonces me llevaron con una de las concubinas del señor Tabscoob que me sentó junto a ella, pidió una infusión de flores púrpuras para calmarme y un cuenco con agua tibia para que pudiera limpiarme. Mientras mojaba un pedazo de tela y lo pasaba por mis muslos, ella me explicó que todas las niñas son como la tierra, que llega el momento en que vienen los tiempos de calor, en que el cuerpo se vuelve fértil, en que no solamente comienzan los sangrados y dolores cada cierto tiempo, sino que el espíritu se transforma en el de una mujer.

Por eso te dije que cuando llegué a territorio maya era una niña, pero cuando me entregaron como esclava a Hernán Cortés era ya una mujer, aunque mi cuerpo pareciera aún el de una pequeña. Yo ya conocía el sabor del miedo...

Las mujeres de mi tierra y de mi tiempo tenían miedo, muchísimo. Yo perdí la libertad en un segundo, cualquiera de los castellanos podría haberme robado la inocencia también. En mi época, era cosa común que los hombres abusaran de las esclavas. Nuestro trabajo era el del hogar, preparar la comida, cuidar a los hijos... pocos eran los que confiaban en nuestra sabiduría, como no fuera preguntarle a una vieja por cuestiones sentimentales o del corazón. Para los castellanos, una mujer era atractiva por el tamaño de sus pechos o de sus muslos, y con frecuencia eran las esclavas que poseían esos atributos quienes terminaban siendo violadas sobre un petate. Yo lo vi, porque era curiosa y me gustaba espiar a esos hombres... nadie me lo contó.

Las mujeres que eran regaladas a los castellanos terminaban sirviéndolos, sobre todo ayudándoles a hacer la comida, pero cuando alguno tenía necesidades de hombres, las recostaban sobre un petate, las desnudaban a la fuerza y entraban en ellas. Algunas luchaban para no ser violadas, otras sólo se relajaban, se quedaban ahí como muertas y dejaban que los hombres las manosearan y entraran en ellas. Sin embargo, no todos los castellanos eran así, no todas las esclavas eran violadas, ni todas las mujeres regaladas servían como esclavas.

Puedo decirte que mis caderas no eran anchas, ni mis pechos grandes, así que no desperté deseo en aquellos hombres por mi cuerpo. Más bien decían que era muy bonita, que les gustaba mi cabello negro y mis ojos llenos de vida que miraban con curiosidad a todos lados, como si quisieran desnudar el mundo entero para saber de qué estaba hecho. Más de uno de los hombres de Hernán Cortés le pidió permiso para besarme, pues querían saber cómo se sentían mis labios gruesos, pero él no lo permitió.

Hernán me quería para él, para que le tradujera del náhuatl, para mirarme a los ojos, para preguntarme sobre cómo era mi vida en Oluta, los tamales, el maíz, los volcanes que se levantaban camino a Tenochtitlan... y a veces creo que sólo me hacía preguntas con tal de escucharme hablar o que me fijara en él. En ocasiones tuve miedo de que se abalanzara sobre mí y que su cuerpo caliente estuviera sobre el mío, como había hecho con otras mujeres, pero ¿era algo que yo temía o que yo deseaba? El corazón puede palpitar de muchas formas.

Mas yo me limitaba a responder sus preguntas, sólo lo que él quería saber, y me guardaba todo lo que yo sentía. Me invadía la pena de que supiera todo lo que yo pensaba, que las mujeres somos las palabras, no podemos ser traducidas a otra lengua, porque perdemos fuerza; estamos llenas de significado, podemos ser muchas cosas al mismo tiempo, tenemos fuerza, tenemos debilidades, tenemos miedo, tenemos sueños, ¡queremos sentir el amor! Sí, hijo mío, como las palabras, así somos, y porque aprendí de ellas sin querer me volví una.

Y mientras más crecía y aprendía del mundo... más odio sentía Pedro de Alvarado por mí. ¿Es que hay hombres que de verdad no soportan que las mujeres crezcan en cuerpo y espíritu?

Hay cosas que nunca podré entender, aunque viva mil años y recorra todos los pueblos que existen en el mundo...

Y como comprenderás, hijo mío, con aquellas dudas, miedos, fortalezas, historias, latidos y todo lo que llevaba en mi espíritu de mujer, llegó el tiempo en el que tuvimos que partir de Cempoala para seguir nuestro camino. La misión ya no era solamente conocer los pueblos que se encontraban cerca de la Vera Cruz, ahora íbamos camino a Tenochtitlan, a conocer a Motecuhzoma, a buscar su oro, a ver si todas las historias de horror que habíamos escuchado sobre la ciudad eran reales.

Con oro, mantas preciosas, y hombres que nos ayudarían a cargar todos aquellos regalos, volvimos a emprender la marcha.

Y fue entonces que nos encontramos a los tlaxcaltecas...

Los tlaxcaltecas

¿Qué rumores has escuchado del encuentro entre los tlaxcaltecas y los castellanos? Porque déjame decirte que las cosas no fueron como tú crees... fueron peores.

Después de salir de Cempoala, la marcha ya no fue tan sencilla, pues nos habíamos vuelto un grupo numeroso entre los hombres de los pueblos que cargaban los regalos, las mujeres que preparaban de comer, los mismos castellanos y sus picas, las cerbatanas de fuego y un par de cañones que se movían gracias a que en la base tenían unas ruedas de madera.

A mí me preocupaba el silencio. Es verdad que nosotros caminábamos sin hablar para no atraer a algún enemigo cercano, pero me llamó la atención que ni siquiera se escuchara el canto de los pájaros, o que no nos hubiéramos encontrado con algún animal salvaje que pudiéramos aprovechar para comer.

Algo no estaba bien, podía sentirlo en mis huesos. Habíamos salido muy temprano de Cempoala, con un sol amarillo que quemaba el cielo, pero al cabo de dos horas, se había cubierto de gris, sin que eso bajara el calor. El ambiente comenzaba a sentirse húmedo, así que todos levantábamos la mirada para ver si iba a empezar a llovernos en cualquier momento, no fuera que tuviéramos que detenernos a montar el campamento.

Conforme íbamos acercándonos a Tlaxcala, llegamos a un campo abierto en el cual ya nos esperaban los tlaxcaltecas. En un primer momento, Hernán consideró que tal vez estaban ahí para recibirnos y llevarnos a su ciudad más importante, pero pronto se dio cuenta de que aquellos señores no eran como el Cacique Gordo, no sonreían ni se acercaban a nosotros. Habían escuchado historias sobre las batallas en las que los castellanos habían usado sus armas, de modo que los consideraban una amenaza terrible para su pueblo.

Un rayo azul cruzó el cielo y un viento frío sopló entre nosotros.

Detrás de aquellos señores, había guerreros tlaxcaltecas, ¡cientos de ellos! Todos tenían el cuerpo cubierto con la piel de algún animal, plumas sobre la cabeza y escudos ornamentales. En las manos llevaban cuchillos de obsidiana, mazos y cerbatanas. La lluvia ligera que empezó a caer resbaló por sus rostros morenos, enojados, listos para la batalla.

—Son tantos que podrían cubrir pueblos enteros. ¿Calculáis más de cien mil? —preguntó Hernán.

—Cincuenta mil, a lo mucho —respondió Bernal, como si aquello fuera un consuelo.

Con nosotros iban cuatrocientos hombres de Cempoala, trescientos de Ixtacamaxtitlán y menos de cuatrocientos castellanos. Recuerda que algunos se habían quedado en la Vera Cruz. Aquello no era una buena noticia.

—Gerónimo, proteged a doña Marina y a las demás mujeres —le ordenó Hernán, y estaba claro por qué. Tampoco quería arriesgar a Gerónimo porque, si lo mataban, ¿cómo iban a poder seguir con las traducciones de los siguientes pueblos?

Gerónimo no respondió, sólo me tomó de la muñeca y empezó a caminar por donde veníamos, ante la mirada de espanto de aquellos hombres y mujeres.

Siguiendo la orden de Hernán Cortés, levanté la voz para pedirles a todas las mujeres y niñas que nos acompañaran. Teníamos que ponernos a salvo, pero estar cerca por si llegaban a necesitarnos. Yo quería ver la batalla, al menos para saber en qué iba a terminar, y porque no conseguía quitarme de la cabeza cómo funcionaban aquellos cañones que reventaban con el sonido del trueno. En realidad yo presentía una derrota, porque los tlaxcaltecas eran demasiados.

Cuando estuvimos alejados de aquel campo, nos reunimos bajo un alto árbol de tronco grueso, pues sus ramas y hojas nos ayudaban a protegernos de la lluvia que caía cada vez con más fuerza Algunas de las mujeres abrazaban a los niños que habían empezado a llorar o que estaban inquietos.

Pasaron los minutos. Lo único que se escuchaba era el sonido del agua al caer sobre las hojas, el llanto de los niños y la respiración agitada de Gerónimo, quien tenía ganas de ir a luchar con sus amigos, pero al mismo tiempo entendía la importancia de quedarse con nosotros.

La batalla no empezaba. ¿Acaso no habían encontrado la forma de dialogar sin intérpretes? ¿Qué ocurría en el campo de batalla?

Gerónimo y yo nos miramos, dudando si debíamos volver junto a Hernán, pero no lo dijimos con palabras.

¡Bum! Se escuchó el primer trueno de aquellos cañones, y uno de los niños más pequeños corrió junto a mí y se abrazó a mis piernas. Yo me puse en cuclillas para limpiarle las gotas de lluvia del rostro y rodearlo con mis brazos. Sentí su respiración en mi nuca, su miedo, dijo que quería estar con su mamá, pero ésta abrazaba un árbol, presa del miedo.

Un rayo azul cruzó el cielo, y el trueno se mezcló con otra explosión de cañón, con el grito de los hombres que luchaban entre sí, que defendían su vida, que morían en la batalla; gritos por la vida y por la muerte. La lluvia era cada vez más fuerte. Cuando tronó otro rayo, cerré los ojos y me imaginé el cuerpo de Hernán Cortés tirado sobre el campo verde, y la sangre roja diluida en hilos que desaparecían con la lluvia. Se escucharon las trompetillas y los tambores de guerra de los tlaxcaltecas.

La verdad, hijo mío, es que no sé cuánto duró aquel miedo, aquella batalla encarnizada entre los dos grupos, pero poco a poco dejaron de oírse los truenos de los cañones, los gritos apagaron su voz y, de nuevo, sólo se escuchó el golpeteo del agua al caer sobre las hojas.

Era evidente que la lucha había terminado, pero ¿quién era el ganador?

Una vez más, Gerónimo y yo nos miramos, lo tomé de la mano. En silencio, nos preguntamos si debíamos volver al campo o quedarnos ahí, esperando que alguien fuera a buscarnos, pero pasaban los minutos y nadie venía. Aquello no sucedió. Nos quedamos ahí, sin decir nada, hasta que el cielo gris fue apagándose, hasta que la lluvia dejó de caer y un viento frío empezó a soplar entre nosotros. Las niñas, y algunos niños, comenzaron a tiritar. Sabíamos que no podíamos estar ahí por siempre y, de pronto, escuchamos pisadas.

Sí, pisadas sobre los charcos y las hojas, pisadas que se acercaban a nosotros y no sabíamos si eran de los castellanos o los tlaxcaltecas.

Me hice de una rama que encontré tirada en el lodo, Gerónimo de su cuchillo largo de metal, y las otras mujeres tomaron palos y rocas con tal de defenderse, mas no fue necesario. De las sombras del día que agonizaba, vimos surgir a varios de los castellanos, incluido Hernán Cortés, quien ayudaba a Pedro de Alvarado a caminar, pues lo habían lastimado de una pierna.

—¿Perdimos? —pregunté en maya, pero Gerónimo no supo responderme; tal parecía que le había asombrado mucho aquella escena y tardó en recuperar el habla.

Curiosa es la naturaleza de las palabras que, mientras más las necesitamos, más parecen fallarnos.

Sacudido por el frío que empezaba, Gerónimo por fin interpretó mi mensaje y consiguió una respuesta del apesadumbrado Hernán, quien no estaba nada contento.

—No, ganamos —respondió, pero tenía una actitud muy rara, porque no parecía que hubieran ganado.

Todo lo contrario.

En medio de aquel lodazal (porque francamente no había otro lugar), comenzamos a instalar el campamento. Todo estaba mojado, así que no pudimos encender el fuego para calentar la cena, además de que las mujeres parecían más ocupadas en atender a los heridos que en cocinar. Sin embargo, ni los que habían participado en la batalla, ni los que la habíamos sufrido desde lejos teníamos hambre. El miedo que aún nos quedaba nos había arrebatado las ganas de comer.

Nos reunimos en torno a un fuego muy pobre que apenas crujía y nos contaron cómo se había dado aquella batalla, la violencia con la que habían combatido los enemigos, y cómo habían tomado a uno de los caballos de los castellanos para, en plena batalla, enterrarle un cuchillo de obsidiana en el pescuezo con el fin de cortárselo, y cómo se había quedado ahí el animal, en el campo, con los ojos opacos y las patas que apenas se movían mientras se le iba la vida.

Los tlaxcaltecas dieron una gran batalla, sin embargo, los castellanos lograron el triunfo gracias a sus armas de fuego, aunque sí murieron algunos. Yo sabía que al día siguiente se haría una misa para que su dios sin nombre recibiera sus espíritus en el paraíso que les tenía preparado, y que serían enterrados con una cruz de madera sobre la tumba. A los castellanos no les gustaba quemar los cuerpos de sus muertos como a nosotros, pues decían que cuando el mundo llegara a su fin, los muertos que habían sido buenos en vida saldrían de sus tumbas y volverían a vivir en una tierra y un cielo nuevos.

No tiene caso, hijo mío, que recuerde ahora esas historias de la batalla que tanto me dolieron en aquel momento. Cocimos tortillas de maíz amarillo para matar el hambre y las acompañamos de agua hervida con varias hierbas para que todos nos calmáramos.

Conforme fue pasando la noche entendí que hay veces en las que las palabras se esconden entre nosotros porque no quieren salir, porque duelen o porque ocultan una verdad incómoda. Hernán quería decirme algo, me miraba y luego se cuchicheaba con Gerónimo, éste me veía y asentía. Cuando les preguntaba de qué se trataba aquello, ellos solamente subían los hombros y se iban a otro lado.

Me dije: "Éstos me ocultan algo...", y como no podía dormir, estuve ayudándoles a recoger lo que había quedado de la batalla. Junto con algunas mujeres fui hasta el campo y me di cuenta de cómo había quedado. Partes del pasto estaban quemadas, aún humeando. En el suelo yacían los cuerpos de los castellanos y los tlaxcaltecas muertos. Del caballo muerto no vi nada, pero imaginé que estaría en alguna parte del campo que no alcanzaban a tocar las antorchas que llevaban los hombres.

No sé por qué, pero sentí que en aquel viento frío estaban las voces de aquellos que habían perdido la vida en la batalla y que habrían de descubrir, al fin, el verdadero significado de la vida y de la guerra.

Tal vez yo lo haga un día.

Una extraña enfermedad comenzó a contagiarse entre los castellanos. Seguramente por la lluvia, o al menos eso fue lo que supuse en aquel entonces. Uno de los primeros hombres en sentirse mal, aquella noche negra, fue el mismo Hernán, quien empezó a pasarse la mano por la frente como si tuviera mucho calor, pero ¡qué frío hacía!

—Tenemos que preguntarle si se siente bien —le dije a Gerónimo.

—Si se sintiera mal, nos lo diría —respondió él, pero yo sabía que debía seguir preguntando.

Durante la noche insistí e insistí, yo sabía que algo no estaba bien, pues él no fue el único que comenzó a sentirse mal. Otros castellanos también empezaron a hacer lo mismo, a pasarse la mano por la frente, a sentirse de repente muy cansados. Más tarde les entraron ataques de tos, y estornudaron tanto que les comenzó a salir sangre de la nariz.

Después de algunas horas, uno a uno fueron regresando al campamento para recostarse y descansar. Luego las mujeres de los pueblos les dieron hierbas para que se calmaran un poco y se relajaran.

Uno de los últimos hombres en aceptar que se sentía mal fue Hernán, pero para entonces ya había perdido todo el color de su cara y de sus labios. Pidió que lo ayudaran a llegar al campamento, y se apoyó en el hombro de Gerónimo para caminar. Yo fui atrás de ellos.

La mañana comenzó a iluminarse, las nubes ocultaban el sol, y por eso no hizo calor aquel día. Hernán se recostó sobre un petate y lo cubrieron con una manta. No durmió ni quiso descansar, entonces me senté junto a él y empecé a contarle la historia de cómo los dioses mayas habían formado a los hombres a través del maíz, de cómo se había hecho el mundo y del conejo que salta en la luna todas las noches. Gerónimo fue cómplice de todo aquello. Al principio dudó, porque no le dije lo que quería hacer, sólo me incliné ante Hernán y di principio a aquellas narraciones en maya, las cuales él tradujo.

¿Sabes? No tendré la sabiduría de los hombres viejos, pero siempre he creído que las historias pueden curar el espíritu, así como las hierbas pueden curar el cuerpo. Al menos Hernán pareció relajarse al escucharlas. Como sus manos estaban sobre su pecho, me di cuenta de que comenzó a respirar con más tranquilidad y hasta me sonrió cuando terminé de contarle aquello. Juan Díaz, el sacerdote, le puso unos trapos con agua fresca en la frente, y eso sirvió para bajarle las fiebres. Otros castellanos sufrieron un poco más, pues las fiebres los hacían delirar de las formas más extrañas. Imagínatelos nada más, recostados, con las palmas juntas a la altura del pecho, diciendo que los demonios se los querían llevar, que les querían quitar el corazón y hasta la piel.

Cuando Gerónimo me contó todo lo que deliraban aquellos hombres, me dio un poco de pena por ellos. Esperaba que se sintieran mejor en las próximas horas, pero empeoraron y hasta uno de ellos gritó antes de morir. Lástima, sobrevivió a la batalla, pero no a la enfermedad.

El resto del día, los hombres que estaban sanos se encargaron de limpiar lo que quedaba en el campo de batalla y de cazar en el monte para que pudiéramos tener alimento. No llovió, pero hizo un frío tremendo que no ayudó a los enfermos. Encendimos varios fuegos para calentar el campamento y a la mañana siguiente descubrí el secreto que tanto guardaban los castellanos.

¿Cómo? Te cuento... Dos días después de la batalla me levanté con la primera luz de la mañana. Me sorprendió que algunos rayos dorados de sol pasaran entre las nubes de plata, y pensé que tal vez sentiríamos calor ese día. Además, algunos de los enfermos comenzaron a mejorar, entre ellos Hernán quien, aunque todavía pálido, comenzó a caminar por el campamento dando órdenes. De pronto uno de sus hombres llegó corriendo hacia él con la noticia de que un grupo de tlaxcaltecas se acercaba hacia nosotros.

Yo estaba ayudando a limpiar lo que había quedado del desayuno cuando vi que todos en el campamento corrían por doquier; sin duda se preparaban para otra batalla. ¿Tlaxcaltecas? ¿Querían hacernos más guerra? No me di cuenta de cuándo mi pequeño corazón comenzó a latir cada vez más rápido, deseaba esconderme. Tuve la sensación de que nunca iba a encontrar la paz, pero al mismo tiempo entendí que aquel encuentro no iba a ser como el anterior, pues Gerónimo fue a buscarme y dijo que Hernán quería que yo estuviera presente.

Como siempre, Hernán pidió su silla alta de madera, se acomodó ahí, y se puso su sombrero de tela. Yo me coloqué a su derecha y Gerónimo a su izquierda. Detrás de mí estaban los demás castellanos montados en sus caballos, sosteniendo sus cerbatanas de fuego.

Me sorprendió que el grupo de los tlaxcaltecas fuera pequeño y que no llevaran armas. Uno de ellos bajó la cabeza y dijo que habían ido a negociar la libertad de sus prisioneros. ¡Eso era lo que me escondían, a los tlaxcaltecas prisioneros!

El tlaxcalteca nos mostró algunas mujeres y fruta en cuencos de barro:

—Esto lo envía el capitán Xicohtencatl para que coman si son teules o dioses bravos, como dicen los de Cempoala, y si quieren sacrificios, tomen a esas cuatro mujeres para que puedan comer de sus carnes y corazones; y si son hombres, coman de esas gallinas, pan y fruta; y si son teules mansos, aquí les traemos copal.

¿Actuaría Hernán como dios (teul) o como hombre (manso)? Todas las miradas estaban puestas en él.

Otro castigo más

¿QUIERES SABER QUÉ PENSÉ en ese momento? Una idea llegó a mi cabeza: que Hernán Cortés se proclamaría dios, que utilizaría sus armas, como entonces hizo con los enviados mexicas, para decir que podía dominar el poder del trueno o algo parecido. Los tlaxcaltecas querían saber si los castellanos eran dioses, así que seguir el juego sería cosa fácil... Pero no contaba con algo. Hernán era un hombre que tenía una gran fe en su dios sin nombre, y ese dios era celoso... hasta con los hombres. Además, había una razón más importante para que ni Hernán ni sus soldados se asumieran como dioses: nunca podrían comer el corazón y la carne de una mujer, no estaba en su naturaleza, sentían una profunda repugnancia por la sangre.

Después de aquellas reflexiones, que seguramente también pasaron por la mente de otros que estaban ahí presentes, Hernán echó la cabeza para atrás por un momento y respondió:

—Soy sólo un hombre, un hombre de carne y hueso, un hombre que cree y que tiene por ordenanza de dios no matar a menos que sea necesario. Hablo en nombre de todos estos hombres y mujeres que me acompañan, agradezco los regalos y sepan que quiero negociar la liberación de vuestros guerreros, a quienes hemos arrestado.

No era la respuesta que deseaban los tlaxcaltecas, pues de alguna forma pensaban que liberarían a sus prisioneros. Entonces, en un arranque de furia que no esperaba, uno de los tlaxcaltecas rompió filas y gritó que nos anduviéramos con cuidado porque:

—¡Atacaremos cuando menos lo esperen, sangraremos su cuerpo, romperemos su carne y beberemos la sangre de sus corazones! Si en dos días no liberan a los nuestros, será grande el castigo.

No tuve oportunidad de flaquear, orgullosa y fuerte traduje el mensaje para hacérselo saber a Hernán y que él pudiera actuar de acuerdo con lo que estaba pasando, pero ni siquiera tuvo ocasión de responder, porque mientras Gerónimo traducía, el grupo de los tlaxcaltecas se dio la vuelta y caminó por donde había venido.

Los castellanos quedaron pasmados, esperando la orden de perseguirlos y hacerlos prisioneros, de vengar el insulto que habían sentido, pero ay... esa orden nunca llegó. Los tlaxcaltecas se habían ido, y ése fue el fin de aquella negociación que no funcionó porque la verdad era que ninguno de los dos grupos quería negociar. Cada uno tenía su plan.

Pasaron dos horas. Al fin las nubes grises se habían ido y el cielo azul brillaba con mucho color. Los zopilotes lo cruzaban de un lado al otro, y las mariposas amarillas habían vuelto a revolotear entre nosotros.

Me encontraba descansando cuando Hernán me mandó llamar. Seguí a un castellano hasta el campamento y algunos metros más allá, donde habían levantado unas telas para custodiar a los prisioneros tlaxcaltecas de la batalla, con quienes querían comunicarse.

Gerónimo ya estaba ahí cuando llegué.

—Queremos mandar a algunos de éstos a Tlaxcala para que les digan a sus señores que es importante negociar la paz y establecer una alianza.

Y así comenzamos la traducción de los mensajes. Sólo dos de aquellos hombres irían de regreso a Tlaxcala. Nosotros sabíamos que una vez liberados, no volverían, así que insistí en que debía establecerse la paz.

—Por el bien de todos establezcamos una unión de hermanos, y descubrirán que si son fuertes, no tendrán que pagar más tributos al señor de los mexicas.

¡Palabras tremendas! Dejar de pagar los tributos, alterar el orden impuesto por Motecuhzoma, por los mexicas, por los dioses. Desde mi nacimiento, yo sólo había conocido una forma de vivir en este mundo, y era ésa, la del miedo, la de las armas, la de los espíritus violentos que vivían en Tenochtitlan.

Entonces, comprendí que la locura de Hernán... los castellanos y sus aliados apenas eran un puñado, jamás podrían enfrentarse a todos los guerreros con los que contaba Motecuhzoma. Atacar al Tlatoani sería condenarnos a todos a muerte.

¡Qué locura! ¡No! ¡No! Los planes de Hernán Cortés no tenían pies ni cabeza, pero no estaba yo para decírselo si él no quería entenderlo.

Con aquellos pensamientos, vi a los dos prisioneros partir hacia Tlaxcala con los mensajes que se les habían encomendado. Se hicieron cada vez más chiquitos hasta que desaparecieron.

Hernán me sonrió con tal altanería que intuí que en su silencio orgulloso estaba seguro de que todo saldría bien para él.

Yo, hijo mío, lo dudaba

Lo dudaba mucho...

De cierto fue que la sonrisa de Hernán se borró en los siguientes días. No movimos el campamento de lugar, y enviamos, al menos, tres prisioneros más a Tlaxcala que, por separado, llevaban el mismo mensaje, pero la respuesta de aquel pueblo fue atacarnos. No como la primera vez, sino con grupos más pequeños. Me pareció raro, como si no quisieran acabar con nosotros. Pienso que si hubieran cumplido su amenaza después de dos días, les habría sido fácil emboscarnos y matarnos a todos... o a casi todos. Como comprenderás, de no haberme asesinado, seguramente me hubiera convertido en una esclava para los tlaxcaltecas.

Pues bien, luego descubrí que la razón de aquellos días de incertidumbre era muy sencilla: no sabían qué hacer con nosotros, los extraños con cabellos como el sol y sus aliados de otros pueblos.

Xicohtencatl era uno de los cuatro señores de Tlaxcala, y el guerrero que había dirigido aquella primera batalla contra nosotros. Él había escuchado rumores del poder de los cañones y de las cerbatanas de fuego, y estaba seguro de que los castellanos tomaban su poder del sol, aunque no sabía bien cómo. No quería tratar con Hernán Cortés, ni con ninguno de sus hombres, pues pensaba que sería un mal mayor que las huestes de Motecuhzoma.

Así, mientras los otros tres señores estuvieron de acuerdo en que había que establecer una alianza con nosotros, Xicohtencatl se negaba. Quería que nos fuéramos, que entendiéramos que Tlaxcala nos era hostil, y para lograrlo mandaba pequeños grupos a hacernos la guerra.

Después de algunos días, Xicohtencatl entendió que los castellanos no se irían a ningún lado, así que mandó a veinte de sus hombres con el fin de espiarnos, a ver cuál sería nuestro próximo movimiento.

Xicohtencatl era calculador, un hombre valiente que entendía lo que iba a suceder, un guerrero que quería evitar la sangre que iba a correr, pero al mismo tiempo quería proteger su vida y la de su pueblo. Pocos hombres en esta historia fueron tan bravos como él, eso tenlo por seguro.

Yo venía de un río cercano en el que había conseguido bañarme. Aquel día era muy importante porque iba a usar por primera vez un huipil blanco que me habían regalado en Cempoala. Percibí cómo la tela rozaba mis caderas; estaba fría. También me puse zapatos nuevos de piel de venado. Como pensaba que mi trenza era ya muy larga, Gerónimo me había prestado su cuchillo para cortarme el cabello y que así cayera suelto hasta mis hombros. Me sentí bien y libre, pero sobre todo, feliz. Por eso llené mi cuello de collares de piedras de todos colores y comencé a pasearme entre los árboles.

En la tierra húmeda, mis pisadas se confundían con las de los caballos, pero aquello no me importaba, yo bailaba para una música imposible que nadie oía más que yo. Cerré los ojos e imaginé que nuestra madre Coatlicue estaba ahí, sonriendo con sus dos cabezas de serpiente... Ay, pero de pronto escuché pisadas en las hojas y ramas que se rompían. Cuando abrí los ojos, me encontré con otros ojos, unos que no conocía, de color gris en un rostro oscuro.

Abrí la boca, pero no salió sonido alguno.

Entonces corrí de regreso al campamento, solamente me caí una vez, pero el huipil no se manchó de tierra. Ya que estuve cerca comencé a gritar. Gerónimo se acercó a mí para preguntarme qué me pasaba. En mi confusión, comencé a hablarle en náhuatl, en lugar de maya, mientras señalaba hacia los árboles en los que había estado bailando.

Todos los curiosos se acercaron a mí para saber qué me había pasado, Hernán entre ellos. No necesitó traducciones para darse cuenta de que los tlaxcaltecas estaban detrás de mis gritos, y rápidamente organizó un grupo de hombres que avanzaron por donde había venido.

Me quedé un buen rato junto a Gerónimo, tratando de tranquilizarme. Le tomó algunos minutos encontrar el valor para abrazarme, pero al sentir sus cálidos brazos alrededor de mí, pude encontrar la calma y, por fin, le conté lo que me había pasado. Él chasqueó con la lengua y sacudió la cabeza.

—Hernán se encargará de vuestros enemigos —dijo, como si los tlaxcaltecas fueran solamente mis enemigos.

Todos los curiosos que se habían acercado se quedaron viendo hacia donde Hernán Cortés se había marchado con algunos de sus hombres, entre ellos Pedro de Alvarado. Ahí estuvimos, como pequeños pajarillos, observando las ramas silenciosas, sin movernos siquiera durante un largo tiempo, hasta que vimos aparecer los caballos de Hernán y de Pedro, y detrás de ellos un grupo de tlaxcaltecas a los que habían capturado. Supe de inmediato que no eran guerreros, porque no tenían armas, pero tampoco querían pactar, pues me reconocieron y sus bocas no se abrieron.

—Son espías —declaró Hernán—, quieren saber todo sobre nosotros, y luego usarán esa información para destruirnos.

Los demás castellanos movieron las cabezas de arriba abajo, en señal de que estaban de acuerdo con él. Murmuraban mientras veían a aquellos hombres que les parecían tan raros por el color moreno de su piel, por las pocas telas que usaban para cubrirse, por las marcas negras que se habían pintado en el pecho y los brazos, por los peinados cortos que recogían con cuerdas en la nuca. ¡Eran tan diferentes que los castellanos los veían con lástima!

Yo di un paso al frente, pensé que habría algo que traducir, no sé, que tal vez Hernán o alguno de sus hombres cercanos querrían sacarles información, mas aquello no sucedió.

—A los espías se les castiga como traidores —dijo Hernán en voz alta para que todos los presentes lo oyeran, sobre todo sus aliados de Cempoala.

Como me correspondía, hice la traducción al náhuatl, lo que provocó que todos se miraran entre sí, preguntándose por lo que iba a suceder a continuación. Sin embargo, yo lo sabía muy bien, había conocido la crueldad de Hernán antes de que fundara la Vera Cruz. Vino a mi mente la imagen de aquellos dos cuerpos colgados, muertos con las caras hinchadas y los labios azules.

Pronto me enteré de que el castigo que se había decidido para aquellos tlaxcaltecas no sería la muerte, tampoco sería gratuito, pero sí muy cruel.

Al atardecer de aquel día, se les dijo, por medio de mis palabras, que a la mañana siguiente les cortarían las manos como castigo, para que supieran cómo se trataba a los espías. Los tlaxcaltecas, quienes estaban en cuclillas, con las manos y los pies amarrados con una cuerda gruesa, levantaron la mirada para ver a Hernán y comenzaron a gritar para pedir clemencia, para solicitar su liberación.

Hernán se limitó a mostrarles una mirada severa, se llevó las manos a la cintura y sacudió la cabeza. En su gran crueldad, dejó que los tlaxcaltecas no pudieran dormir durante la noche, pensando en el castigo que les aguardaba.

Y se cumplió tal como les habían dicho...

Antes de que saliera el sol, los alejaron del campamento castellano, bien custodiados para que no intentaran escapar. Yo no quería acompañarlos, pero Hernán ordenó que lo siguiera.

Cuando llegamos a campo abierto, los hicieron arrodillarse en una misma fila. El viento pasaba entre ellos, temblaban, vi a uno orinarse del miedo, otro intentaba hacerse el valiente, pero las lágrimas caían por sus mejillas. Hernán se paseó, mirándolos a los ojos para que supieran que él era quien estaba a cargo. Luego se paró frente a ellos, orgulloso de su porte, de su origen, de su poder. Desenvainó su cuchillo largo, el cual brilló con el primer rayo del sol. Me miró de reojo para contemplar mi rostro de horror, ¿acaso pensó que aquella demostración de poder me asombraría de alguna manera? ¿Creería que mi corazón iba a sentir algo más por él tras dañar a unos tlaxcaltecas?

Hernán se acercó al primero de ellos y le ordenó que levantara las manos. Yo hice la traducción, pero el prisionero no obedeció. Cuando repitió la orden, uno de los castellanos más jóvenes se acercó al tlaxcalteca para levantárselas y sostenerlas ahí.

Hernán sonrió y levantó la mano.

Yo cerré los ojos, ¡no quería ver! ¡No!

Bajé la cabeza, escuché un grito de la boca de Hernán y...

¿Qué sucedió? Hernán empezó a reírse y dejó caer su espada, había logrado enseñarles a sus prisioneros que él era quien estaba al mando. Claro, no iba a dejar de castigar a los traidores, pero tampoco iba a cortarles las manos por completo. Sólo ordenó a sus hombres que sacaran sus cuchillos para hacerles cortes profundos a los prisioneros, no para matarlos, pero sí para que quedaran marcados por siempre. A dos de ellos, que se resistieron y e intentaron escupirles a los castellanos, les cortaron los pulgares, los cuales fueron enterrados después.

Aquello fue terrible, los tlaxcaltecas gritaban al observar la sangre. Vi algunas de las heridas y sentí repugnancia por los actos de Hernán y los castellanos, quienes al menos habían cubierto los cortes con telas viejas antes de mandar a los prisioneros de regreso a su pueblo.

Xicohtencatl los recibió con profundo pesar y maldijo a los castellanos, escupió en el piso y se encomendó a los dioses, pues entendió que sólo había un camino que habría de seguir... Entonces mandó a un mensajero a nuestro campamento para avisarnos de su decisión.

Para recibirlo, Hernán pidió que sacaran su silla alta de madera. Se sentó ahí, con sus hombres detrás, y Gerónimo y yo a su lado. Aquello era para intimidar al mensajero de los tlaxcaltecas. Estaba por informarnos si podría pactarse la paz o... la guerra

Apreté los labios y escuché aquellas palabras.

Debo ser honesta, no eran las que yo esperaba...

Un matrimonio inesperado

Partió el mensaje de vuelta a Tlaxcala y nosotros regresamos al campamento para levantarlo lo más rápido que pudiéramos. Teníamos que movernos de ahí.

Hernán parecía desesperado, apurado para que recogiéramos todo, apagáramos los fuegos, guardáramos la comida. De acuerdo con esas instrucciones, yo iba detrás de los mayas y totonacas aliados diciéndoles que debían apurarse; Gerónimo hacía lo mismo.

—Deberíamos volver a la Vera Cruz y trazar un nuevo plan —Pedro de Alvarado insistió hasta cansarse, y lo mismo hizo Bernal Díaz del Castillo.

Hernán los ignoraba, y movía la mano como si alejara dos moscas. Cuando estuvimos listos, éste montó en su caballo y gritó con voz profunda:

—¡Marchad hacia Tlaxcala!

Y eso hicimos. Caminamos por la tierra húmeda en una formación que nos permitiría protegernos si acaso deseaban emboscarnos. Yo iba apretando con las dos manos los collares que colgaban de mi cuello, y ante cualquier ruido, por más pequeño que fuera, saltaba y miraba a Hernán, quien no se daba cuenta de ello. Él también iba nervioso, pero confiábamos en el mensajero que nos había dicho:

—Tlaxcala ofrece la paz a los hombres extraños, pero no puede participar en una alianza que afecte a Motecuhzoma. Bienvenidos sean en nuestra ciudad, pero sólo como visitantes, nada más.

Y Hernán había aceptado la invitación. Estaba dispuesto a entrar a Tlaxcala para asegurar su alianza contra los mexicas, pero los demás no estábamos tan convencidos de su plan.

Quemaba el sol sobre nuestros hombros cuando divisamos la ciudad de piedra. Los edificios eran pequeños al principio, pero crecieron en cuanto nos acercamos a ellos, al menos así me pareció y ¡vaya que nos impresionó a todos! Si Cempoala había sido de admirarse, Tlaxcala lo era mucho más por su tamaño y por la cantidad de personas que salieron a recibirnos, pero era diferente a los otros pueblos. Cuando pisamos sus calles, nos dimos cuenta de que todos callaban conforme íbamos pasando frente a ellos. Las mujeres dejaban de murmurar, las niñas levantaban sus muñecas de barro y se escondían detrás de sus madres, los niños se quedaban quietecitos y en el rostro de los hombres no había curiosidad, sino miedo... un miedo profundo. ¿Por qué un pueblo que nos había hecho la guerra de frente y nos había invitado a su ciudad mostraba tanto temor? Ellos eran más y estaban en su territorio, quienes debían tener miedo eran los castellanos.

Encontramos al enviado que nos había dado el mensaje anteriormente y pidió que lo siguiéramos hasta el *teocalli* más importante. En la base de unas escaleras de piedra que parecían subir al cielo, se encontraba Xicohtencatl frente a los otros tres señores. Nos miraban con seriedad y en silencio.

Aquélla fue la primera impresión que tuve de Xicohtencatl. Tenía el rostro redondo y los labios muy gruesos. Me pareció joven, pero con una gran fuerza; era alto y erguía la espalda, sobre la cual caía la piel de un ocelote. Me sorprendió cómo se le marcaban los músculos de los pectorales, sus brazos gruesos; en su mano derecha sostenía una pica larga. Entre su cabello negro que caía lacio detrás del cráneo, tenía una cinta verde amarrada y en ella un tocado de plumas azules. Llevaba una tela fina de algodón amarrada a la cintura, la cual le llegaba hasta las rodillas. Las sandalias que usaba eran dignas de un gran señor.

Bajó la mirada y me observó con sus ojos negros; sé que me juzgaba. Poco se dignó a ver a Hernán o a cualquiera de los otros castellanos.

—Tlaxcala los recibe como hermanos. Que termine toda guerra entre ustedes y nuestra ciudad, y llegue la paz a nuestras tierras.

Hernán se bajó del caballo y se acercó a Xicohtencatl, se paró frente a él y lo abrazó con fuerza, lo cual pareció no gustarle a Xicohtencatl.

De haber hablado el mismo idioma, seguramente le habría susurrado algo.

—Vengo en representación de mi señor, Carlos, que se encuentra en España, en un reino más allá del mar, para establecer una alianza con vos y con vuestro pueblo —traduje las palabras de Hernán.

Los otros señores de Tlaxcala murmuraron entre sí, pero Xicohtencatl permaneció callado, orgulloso. Quería saborear cada palabra que saliera de su boca para así demostrar que él estaba al mando de aquella situación:

—Han venido a buscar la paz y a hacer alianzas cuando lo que yo quería era romper sus carnes y saciar a nuestros dioses con sus corazones. Vengar cada una de las afrentas que ha sufrido nuestro pueblo...

No fue fácil dar a conocer ese mensaje porque iba cargado de tal odio que yo misma sentí la boca amarga mientras repetía aquellas palabras en maya. Luego me fijé muy bien en el rostro de Hernán cuando las escuchó de boca de Gerónimo. Hernán también entendió el odio que llevaban, pero trató de mantenerse calmado, aunque sus emociones lo traicionaban. Lo malo de su rostro tan blanco era que cada vez que se enojaba, se ponía rojo... ¡rojísimo! Como el sol en una tarde de verano.

Pedro de Alvarado, en cambio, desenvainó su cuchillo largo, pero al ver que ninguno de sus compañeros lo hacía, intentó calmarse y volvió a guardarlo.

—Es natural el odio que sentís, pero podemos ser más fuertes si establecemos una alianza —insistió Hernán.

Al igual que la vez anterior, Xicohtencatl apretó los labios en lo que esperaba una respuesta para darnos. Su pecho musculoso se inflaba y desinflaba con cada respiración. Cerró los ojos por un momento y, al abrirlos, sacudió la cabeza.

—No estableceremos ninguna alianza con ustedes ni con su pueblo. Han humillado a los tlaxcaltecas y eso no podemos olvidarlo. Pueden quedarse todo el tiempo que deseen, y no serán agredidos por los guerreros de esta ciudad, pero espero que su estancia sea corta. Si quieren ir a Tenochtitlan, no los detendremos, pero no podemos aceptar sus condiciones.

Xicohtencatl no permitió que Hernán o que otro de los castellanos respondiera, pues en cuanto terminó de hablar, nos dio la espalda y comenzó a alejarse. Lo mismo hicieron los otros tres señores, los miembros de la corte y los sacerdotes. Quedamos a merced de aquellos curiosos que deseaban saber un poco más sobre nosotros, pues nos miraban como seres extraños (claro, nunca habían visto venados sin cuernos, perros negros de pelo largo, ni armas tan diferentes a las suyas), pero no se nos acercaron porque tenían miedo.

Nos llevaron a unas casas pequeñas donde habríamos de quedarnos. Al menos por el resto de la tarde pude descansar mientras Hernán, Gerónimo, Pedro y Bernal, entre otros, se iban a caminar por el mercado para descubrir hierbas, tortillas, chapulines secos y brebajes que la ponían a una a soñar con dioses de piedra. Claro, ellos querían saber más sobre los tlaxcaltecas, pero yo necesitaba descansar un poco los pies, así que me senté en el petate de mi cuarto. Disfruté el silencio, la falta de palabras, la brisa se metía por las ventanas. Me recosté y cerré los ojos...

Debí estar muy cansada por aquella caminata bajo el sol, porque me quedé dormida.

Cuando abrí los ojos, descubrí que había una sombra en la puerta; se trataba de Xicohtencatl, el poderoso Xicohtencatl, el de los músculos bronceados y el rostro serio. En esa ocasión se había deshecho de sus tocados, de sus plumas y de su capa. Aquélla, pues, no era una visita tan importante. No sé por qué, pero mis ojos se fijaron en el tamaño de sus manos.

—Lo que me dijeron sobre ti era cierto, eres más hermosa que todas mis mujeres. Sepan los dioses que hilan los destinos por qué fuiste entregada a los bárbaros extraños, cuando podrías haber sido feliz a mi lado, como concubina o como esclava.

Su forma de hablar ya no era tan fuerte, como la de un macho que debe demostrar su fuerza. En cambio, saboreaba cada frase al hablar conmigo, como si aquellas palabras fueran mías, o de mi cuerpo, o de mi boca... Quería algo de mí.

Me levanté del petate y vino a mí con sólo dar dos pasos. Sentí una de sus manos fuertes en mi barbilla, su boca estaba cerca, pero lo pensó mejor y me dejó libre para volver a la puerta.

—Lástima que eres ajena, no quiero problemas con tus señores. ¿Por qué los sirves a ellos? ¿Es porque has adoptado por completo tu naturaleza de esclava? ¿Acaso hay alguna otra razón oculta en tu corazón? Conozco el espíritu de Hernán Cortés, a quien todos aquí llaman "Señor Malinche", es decir, el "señor de Malintzin", está hecho de un fuego violento y si no nos cuidamos, destruirá Tlaxcala, Tenochtitlan y el mundo entero. Su mensaje no es de paz, su alianza no es de hermanos. A tu señor le convienen más armas, a nosotros nos conviene el poder de las suyas. El costo será grande para...

Escuché que alguien tosía, y cuando me volví hacia la puerta, vi a Hernán. Había regresado del mercado y no le gustaba que yo estuviera hablando con el señor tlaxcalteca. Xicohtencatl, que no era ningún tonto, improvisó rápidamente. Me pidió que dijera que apenas había llegado a la casa y que estaba buscando hablar con los castellanos.

Estaba tan nerviosa que medio tropecé algunas palabras, pero las dije. Gerónimo, quien estaba también presente, las tradujo con el mismo nerviosismo. Hernán levantó las cejas y comenzó a pasearse por el cuarto, con las manos detrás de la espalda. Noté una marca blanca debajo de sus labios, seguramente vestigio de alguna batalla. Quería descubrir algo, que le confesara lo que habíamos estado hablando, pero el poder de las palabras, hijo mío, es tal, que a veces su fortaleza aumenta cuando éstas se callan.

Finalmente, Hernán decidió hablar.

—Mi señor pregunta si ha venido a pedirnos que dejemos Tlaxcala y vayamos a otra ciudad.

Xicohtencatl soltó una risa.

—¿Acaso tu señor no sabe que he venido a establecer esa alianza que tanto busca y pide? Pues no deberíamos enemistarnos si tenemos un rival tan poderoso en común. Si Motecuhzoma deseara acabar con nosotros, le bastaría con sólo dar una orden y convertirnos en olvido. Sólo habremos de sobrevivir si estamos unidos.

Ah, pero a Hernán no le gustaron aquellas palabras. Sacudió la cabeza y se masajeó la barba. No le agradaba lo que acababa de oír. ¿Acaso consideraba que le estaban tendiendo una trampa? ¿Pensaba que todo era un engaño para llevarlo a su muerte?

—¿Por qué me negasteis la alianza ante vuestro pueblo? —fue la pregunta de Hernán. Pocas veces lo vi tan serio como en aquella ocasión, tanto, que miró fijamente al tlaxcalteca mientras éste respondía, como si por un milagroso momento pudiera entender lo que decía.

—Los mexicas saben que ustedes traman algo, que van camino a Tenochtitlan, que buscan riqueza... Sí, los mexicas tienen miedo, no desean tenerlos cerca y tampoco que otros pueblos los ayuden. Cuando hablé frente a ti, ante todo el pueblo, había enviados de Motecuhzoma que habían llegado a cobrar un tributo excesivo. Ellos saben lo que sucedió en Cempoala, que estuvimos en guerra con ustedes, que somos oprimidos por el *tlatoani* mexica. De haber establecido una alianza pública, los mexicas nos habrían atacado en cualquier momento, pero si establecemos nuestra alianza aquí, en privado, ganaremos tiempo. ¿Acaso no lo ves?

Hernán se quedó pensativo ante aquellas palabras, pues a pesar de que parecían coherentes, él no estaba convencido. Pidió a Xicohtencatl una prueba de la alianza que habrían de establecer, y también que lo dejara consultarlo con sus hombres. Éste aceptó, aunque se notaba que no estaba complacido con la respuesta que le había dado Cortés. Hizo una reverencia rápida y salió de la casa. Gerónimo me pidió que me quedara en el cuarto en lo que ellos se reunían para discutir cuál sería el siguiente paso de su plan.

Por la noche, fuimos invitados a cenar. Encontrábanse ahí los cuatro señores de Tlaxcala ocupando el mejor lugar de aquel cuarto enorme, apenas iluminado por pequeños fuegos que se habían dispuesto en el centro. Primero entraron Hernán Cortés y Pedro de Alvarado, seguimos Gerónimo y yo, y luego sólo algunos castellanos escogidos, el resto recibió la cena en la casa que nos habían dado.

Xicohtencatl hizo una seña para que nos sentáramos en los petates. Los otros señores lo imitaron. Los cuatro estaban enojados. Querían aparentar otra cosa, pero el temblor en sus cuellos los delataba.

—Antes de que traigan los guisos, deseamos conocer el resultado de su decisión. ¿Habrá o no una alianza?

Hernán escuchó esas palabras y se volvió hacia sus hombres. Ah, era cruel, porque sí había tomado una decisión, pero deseaba alargar el momento para molestar a los tlaxcaltecas, como castigo por todo lo que había acontecido.

Para hacerlo todavía más cruel, Hernán se inclinó hacia el oído de Gerónimo para susurrarle la respuesta, y éste hizo lo mismo conmigo. La mirada de todos los presentes se volcó en mí y yo me sentí incómoda, como si de repente me hubieran arrancado los collares y el huipil en un cuarto lleno de hombres.

Respiré profundo y contesté:

—Aceptamos la alianza.

Dicho aquello, se sintió un ambiente de tranquilidad y el aire pareció correr entre nosotros. Xicohtencatl reveló, entonces, lo que ellos deseaban ofrecer para que se acordara la alianza. Ofrecerían mujeres, pero serían mujeres importantes. Por ejemplo, Tecuelhuetzin, hermana de Xicohtencatl, hija de Xicohtencatl el Viejo, uno de los señores de Tlaxcala. Hernán, como te imaginarás, aceptó el trato, y entonces llegaron a nosotros guisos deliciosos para cerrar la noche.

Primero, en unos cuencos pequeños, sirvieron una sopa de nopales, acompañada de un aguamiel hecho de maguey. Luego trajeron diferentes guisos de conejo con epazote, tlacoyos con ayocote, tuna verde, xoconostle o tuna agria, y las siempre bienvenidas tortillas calientes.

El aguamiel hizo que todos los presentes se embriagaran y que la cena terminara bien entrada la noche, cuando ya los señores de Tlaxcala se habían retirado a dormir y los hombres de Hernán entonaban canciones de su tierra. Uno de ellos se puso de pie, se llevó la mano al pecho y comenzó a cantar por un largo rato; sin embargo, fue uno de los primeros en retirarse. Los pocos castellanos que quedaron aquella noche se volvieron impertinentes. En cuanto noté lo que se proponían, decidí volver a la casa, no fuera a ser que cualquiera de ellos se aprovechara de mí. No sabes cómo se ponían cuando la fiesta les entraba por el espíritu y los incendiaba por dentro... aunque al mismo tiempo llenaban de fuego la noche.

Cuando observé a Tecuelhuetzin me sorprendió lo triste que se veía. Tenía más o menos mi edad, así que para el mundo su cuerpo era casi el de una niña, pero su espíritu era el de una mujer completa. Para entregarla a los castellanos, la vistieron con un huipil largo de algodón, en el cual no se había bordado naturaleza alguna. Además, le habían llenado el cuello y las muñecas con collares de piedras azules. Su cabello negro caía detrás de la espalda, como una cascada de noche. Sus labios eran gruesos; su rostro, redondo y sus manos, pequeñas. Iba con la cabeza agachada. Estaba claro que no la entregaban como lo habían hecho conmigo, desnuda, sino ataviada de acuerdo a su rango señorial dentro del mundo tlaxcalteca.

Xicohtencatl iba a su lado, nuevamente vestido de forma elegante, con una capa, un tocado de plumas verdes y huaraches tejidos.

—Señor de Malinche, te ofrezco a una de las hijas de mi padre para que se convierta en tu esposa y sellemos la alianza.

Aquél era un gran honor, pero a Hernán no le gustó escucharlo. La reunión fue por la mañana, y yo sabía que él había tenido pocas horas de sueño y que sufría de la borrachera de la noche anterior, pero al menos se había despertado con una sonrisa...

—Debo, mi señor, rechazar tal honor y pedir que se encuentre otra forma de sellar esta alianza de hermanos.

Cuando escuché las palabras de Hernán, no quise repetirlas a los tlaxcaltecas. Yo sabía que considerarían ese rechazo como un insulto, de modo que agité la cabeza y le dije a Gerónimo que Hernán tenía que cambiar su postura. Debía aceptar la propuesta de Xicohtencatl.

El señor tlaxcalteca levantó la ceja, esperando mi traducción. Comenzó a desesperarse.

—El señor Cortés dice que no puede tomar esposa, porque ya tiene una que lo espera en Cuba.

¡Esposa! No lo sabía. Te podrás imaginar cómo me sentí cuando escuché aquellas palabras. Traicionada por un hombre al que había admirado y que esperaba que me quisiera. Él lo sabía y había permitido que lo deseara. Claro, el deseo y el matrimonio no siempre van de la mano...

—¡No lo aceptarán! —insistí en cuanto Hernán volvió a pedir que se encontrara otra forma de hacer la alianza.

Xicohtencatl gritó:

—¿Por qué tardan tanto tiempo en responder? Nosotros queremos darles a nuestras hijas para que sean sus mujeres, porque deseamos tenerlos de hermanos.

Yo no podía decirle y Hernán no se decidía.

No sé si era por el calor, pero comencé a sentir que la espalda se me empapaba de sudor. Todos los ojos estaban puestos en mí, y yo sólo quería ayudarle a Hernán para que su plan funcionara.

Traduje aquellas palabras y, finalmente, Hernán las escuchó y aceptó.

—Yo lo deseo también, mi señor. Por eso pido que Tecuelhuetzin sea esposa de mi amigo, casi hermano, Pedro de Alvarado. Mis capitanes podrán tomar al resto de vuestras mujeres nobles como esposas.

Al fin Xicohtencatl pudo escuchar la respuesta y aceptó la proposición de los castellanos.

Ese día, al atardecer, nos reunimos todos en el *teocalli* principal de Tlaxcala, en el cual se colocó una gran cruz de madera junto a los dioses de piedra. A pesar de que Pedro de Alvarado sugirió destruirlos, como habían hecho en otros pueblos, Gerónimo y yo le dijimos que la única forma de mantener una alianza con los tlaxcaltecas era respetarlos. No le quedó de otra más que aceptar.

Frente a la cruz de madera, Juan Díaz ofició una misa, que sólo entendieron los castellanos. Luego procedieron a bautizar a las mujeres que les habían entregado y les dieron nuevos nombres. A Tecuelhuetzin le pusieron el nombre de María Luisa, y comenzaron a llamarla así. Muchas veces escuché a Pedro de Alvarado decirle María Luisa con cierto desprecio, porque él nunca la quiso, nunca la respetó y siempre dijo que la única razón por la cual la tenía a su lado era porque lo habían obligado.

Te imaginarás que, para alguien que odiaba tanto a las personas nacidas en esta tierra, tener como esposa a Tecuelhuetzin fue un castigo. Aunque, aquí entre nos, creo que no fue tan penoso como siempre decía él, porque varias veces yacieron como hombre y mujer... y Tecuelhuetzin le dio un hijo llamado Pedro y una hija llamada Leonor.

Además, la ceremonia por la cual los capitanes de Hernán se casaron con las hijas de los tlaxcaltecas no fue de acuerdo con las leyes del dios sin nombre, sino con las tradiciones de Tlaxcala, y eso aumentó la división entre Pedro de Alvarado y su nueva esposa.

Aun así, la vida tendría que seguir.

Los mexicas no tardaron en descubrir la alianza que se había formado entre los tlaxcaltecas y los castellanos pero, contrario a lo que todos creíamos, no mandaron a sus guerreros a darnos batalla.

Hernán y sus hombres aprovecharon los siguientes días para conocer los mercadillos de la ciudad, las comidas extrañas que ahí encontraban, los vestidos, que les parecieron diferentes; la joyería de plata, plumas y oro; las viejas que llenaban el aire de copal para limpiarlo. Disfrutaban el aguamiel que los emborrachaba y vivían como grandes señores. Mientras tanto, yo aproveché aquel tiempo para hacerme amiga de Tecuelhuetzin, contarle mi historia y hacerle saber que estaría a salvo si obedecía a los castellanos. Nos comprendimos a través del dolor, pues ninguna quería la vida que nos había tocado, pero no teníamos oportunidad de escapar de ella, sólo podíamos hacer lo necesario para sobrevivir.

Ya habíamos encontrado la tranquilidad en Tlaxcala, y hasta le pedí a nuestra madre Coatlicue que nos quedáramos ahí para siempre, pero Hernán quería avanzar y los planes debían continuar. Encontró la razón para hacerlo en una visita que hicieron los mexicas. En aquella ocasión no llevaron oro ni otros regalos. Le sugirieron que podría reunirse con Motecuhzoma en alguna ciudad cercana.

Xicohtencatl, quien se encontraba presente, dijo:

—La ciudad más importante entre Tlaxcala y Tenochtitlan es Cholollan.

Y Hernán respondió:

—Entonces allá iremos, y cuando nos encontremos en esa ciudad, enviaremos a un mensajero para reunirnos con Motecuhzoma.

Y fue como emprendimos el camino hacia Cholollan, la infame Cholollan.

¿Quién diría que habría de correr tanta sangre en los siguientes días?

Cholollan

DICEN QUE MIENTRAS NOSOTROS CAMINÁBAMOS hacia Cholollan, uno de los castellanos que nosotros creíamos muerto en la batalla contra los tlaxcaltecas en realidad había sobrevivido. Mal herido en el campo, había sido raptado por uno de los espías mexicas que nos vigilaban desde hacía mucho tiempo para informarle al *tlatoani* cada uno de nuestros movimientos, nuestras acciones y, cuando era posible, nuestras palabras.

Este castellano, cuyo nombre ahora no viene al caso, fue levantado y curado de camino a Tenochtitlan, y luego presentado ante Motecuhzoma, con la idea de que éste viera a los hombres extraños por primera vez, pues ya estaba cansado de los códices y las palabras de otros.

Por lo tanto, siguieron las órdenes del señor mexica y llevaron al castellano ante él. Desde las sombras, lo contempló, maravillándose del singular color de piel que tenía, de la barba dorada, de los labios rosados, de la piel metálica que llevaba para la batalla, del extrañísimo idioma que usaba para insultarlos y, seguramente, pedir su liberación.

—Señor, mi señor, gran señor —dijo el espía—, hemos cumplido tu palabra y hemos traído a uno de los extraños hombres que vinieron del mar. Vimos la batalla que tuvieron con los señores tlaxcaltecas y hemos comprobado que el color de su sangre es el rojo. Debajo de estas pieles de metal tiene una piel rosa, tan suave como la de cualquier hombre. Un cuchillo de obsidiana puede perforarlo fácilmente.

El espía levantó la mano del castellano, quien luchaba por bajarla, y en ella demostró lo que había dicho. Hizo un pequeño corte con una piedra negra y algunas gotas de brillante sangre roja cayeron sobre los petates. Más insultos salieron de boca de aquel castellano.

Motecuhzoma, desde las sombras, se acarició la barbilla.

—No estoy convencido de que se trate de un hombre común. He escuchado historias asombrosas sobre sus armas, no son como las nuestras. Podrían ser las de los dioses. ¿Se les ha ofrecido carne ya?

—Sí, se le ofreció carne de uno de los hombres sacrificados, también un corazón fresco, recién arrancado, pero sintió tal repugnancia que se hincó en la tierra y vomitó. No quiso probar bocado. Además, los tlaxcaltecas les ofrecieron a los hombres extraños algunas mujeres para que fueran sacrificadas con el fin de que comieran su carne, pero las rechazaron.

Motecuhzoma reflexionó largamente.

—Se comportan como hombres, pero su poder es el de los dioses. Piden oro, pero rechazan el resto de los regalos que les enviamos. He consultado a los sacerdotes y tienen una solución para saber si realmente son dioses o si han querido engañarnos. Llévenlo al lago de Texcoco. Amárrenle las manos y los pies, y sumérjanlo en el agua. Si es verdad que se trata de un dios, entonces podrá respirar allá abajo.

—Señor, mi señor, gran señor… ¿Qué sucederá si éste no es un dios?

Motecuhzoma se levantó, su gran figura era imponente, aun cubierta de sombras.

—¡Mis órdenes no se cuestionan! Se cumplen…

Entonces, el espía hizo lo que Motecuhzoma le había ordenado. Se llevó al castellano y dos horas después volvió sin él. Se arrodilló ante su *tlatoani*, temblando. Dicen que estaba goteando de los pies a la cabeza.

—Señor, mi señor, gran señor, he cumplido la ordenanza.

—¿Se trataba de un dios o de un hombre?

—De un hombre… He hecho lo que usted ha ordenado. El castellano intentó luchar por su vida, intentó gritar, se movió como un gusano, y quedó ahogado en el agua. He traído su cuerpo para que lo vea, pero se ha hinchado por completo. Ha muerto.

El *tlatoani* comenzó a reír.

—Entonces, tratamos con unos cuantos hombres, nosotros somos más, podremos acabar con ellos muy rápido. En cuanto al cuerpo, quémenlo. No me interesa guardarlo.

Y el espía mexica, una vez más, hizo lo que su señor le había ordenado.

El grupo que había salido de la Vera Cruz era ya numeroso, entre las esclavas que les habían obsequiado a los castellanos, los guerreros que se nos iban uniendo a través de las diferentes alianzas y los curiosos que habían dejado su pueblo en busca de aventura (o venganza por los tributos mexicas). Jamás imaginé que el odio y el resentimiento hacia el gobierno de Motecuhzoma unieran a tantos pueblos.

Xicohtencatl tenía razón, para llegar a Tenochtitlan había que pasar por Cholollan, una ciudad leal al *tlatoani* mexica, conocida en toda la región por la cantidad de templos que había en ella. ¡Eran muchísimos! Hombres y mujeres de toda el área caminaban por días para ir al *teocalli* de Quetzalcóatl, donde dos sacerdotes realizaban ceremonias secretas entre nubes de copal y elevaban cantos en lenguas que sólo ellos entendían. Mamá alguna vez me contó que estos sacerdotes sabían cuándo iba a llover, que en los presagios del cielo podían adivinar el futuro o hasta provocar malestares en sus enemigos. No sabía si era verdad que podían hacer algo así o si sólo habían sido cuentos de mi mamá.

Los sacerdotes fueron parte de la corte que nos recibió. Eran dos hombres ya viejos, pasaban de los cincuenta años, y su piel morena estaba arrugada y cuarteada por permanecer tanto tiempo bajo el sol. Sobre su cráneo no había cabello alguno, y su calva también tenía marcas profundas de alguna enfermedad que seguramente los había aquejado durante su niñez. Aunque su rostro era diferente, se movían igual, como si uno fuera espejo del otro. Hablaba uno y el otro terminaba la frase. Las narices de ambos eran puntiagudas, y tenían en cada oreja una piedra de obsidiana.

Los templos le daban un aire tranquilo a la ciudad, tal vez por eso todos los del grupo de acompañantes e incluso los castellanos mismos nos callamos en cuanto entramos. Parecía que los dioses estaban entre nosotros, que aquella era tierra sagrada.

Era un lugar mágico entre los templos grises, los volcanes nevados que nos rodeaban, el cielo sin color, lleno de nubes blancas rasgadas, el silencio. ¿Sabes qué sentí en aquel momento? ¡Paz! Sí, como lo escuchas, sentí una paz tremenda porque al fin llegábamos a un lugar en el cual nadie quería hacernos la guerra, en el cual se preocupaban más por el espíritu que por las armas, y donde mis palabras encontrarían una profundidad nueva.

Sólo entramos a Cholollan los castellanos y algunas de las esclavas, pues el resto de los pueblos, los hombres de Tlaxcala y Cempoala no eran amigos de los cholultecas y no querían problemas con ellos, así que montaron un campamento cerca.

Era bien sabido que aquella ciudad tenía más de cien mil personas viviendo ahí, por lo que resultó extraño que no salieran a recibirnos, o a conocer las armas de los castellanos. No, los cholultecas vivían de otra forma, siempre en paz, levantando el rostro al cielo, orando a Quetzalcóatl, cocinando con hierbas de todos los olores.

Para los días de nuestra estancia se nos ofreció una amplia casa cerca de la plaza principal, con un patio muy grande en el centro y varias habitaciones en las cuales nos acomodamos de la mejor manera. Las esclavas que no prestábamos servicios sexuales a los castellanos dormíamos en un primer cuarto, las demás estaban con sus respectivos hombres. Pedro de Alvarado, por ejemplo, dormía con su nueva concubina... esposa, era el nombre que él usaba. Hernán se acurrucaba en los pechos morenos de una mujer de Cempoala, Juan Díaz y Gerónimo de Aguilar preferían no caer en las tentaciones de las mujeres y rezaban a su dios sin nombre. Juan de Jaramillo, que se había vuelto cercano a Hernán en los últimos días, caminaba por el lugar para ver cada uno de los templos desde fuera y Bernal Díaz del Castillo exploraba toda la ciudad, tratando de adivinar los secretos de sus calles, mercados y casas, e insistía en que algún día habría de escribir todo lo que vivíamos. Eso, la verdad, se me hacía muy interesante y si algún día él llega a escribirlo, espero ya haber aprendido a leer para conocer todo lo que él piensa de mí, de Hernán y de los pueblos que hemos visitado. ¿Verdad que sería interesante? Bueno, si no aprendo, tal vez tú, hijo mío, podrías leérmelo, así descubriríamos juntos otras palabras de esta historia.

Por otra parte, los castellanos, fieles a su dios padre que no sabían cómo explicar porque vivía en los cielos, comenzaron a merodear por los templos. Yo tenía miedo de lo que fueran a hacer, sobre todo porque recordaba lo que había pasado en otros pueblos. Sin embargo, los cholultecas, que eran un pueblo que creía con mucho fervor en sus diferentes dioses, no iban a permitir que uno extraños destruyeran sus piedras sagradas y quemaran sus altares para colocar cruces de madera. Yo sabía que Hernán lo entendía, porque los señores de Tlaxcala se lo habían dicho.

—Tengan cuidado con los hombres de Cholollan, porque su fervor es su fortaleza, su odio y su orgullo, y si de alguna forma es herido, harán lo necesario para proteger a sus dioses. ¡Mucho cuidado!

—Haremos honor a su advertencia —había respondido Hernán.

Pero él decía una cosa y podía hacer otra, porque sus palabras no siempre revelaban lo que llevaba dentro de su espíritu y, además, estaba rodeado de hombres que buscaban la guerra; el primero de ellos, Pedro de Alvarado.

Sin embargo, terminó el primer día en Cholollan y no habían derrocado a los dioses de piedra. Tampoco se habían reunido los señores de la ciudad con los castellanos, no se había organizado una cena, ni habían hablado mucho. Puntualmente llegaron esclavos a la casa a ofrecernos guisos para comer.

A los castellanos les llamó la atención aquello, pero al menos sabían que no se preparaba un ejército contra ellos. Tal vez por eso Hernán no les ofreció una alianza, como había hecho con los otros pueblos.

Es más, Xicohtencatl nos había puesto sobre aviso:

—Los hombres de Cholollan son leales a Motecuhzoma, verán como un insulto si les proponen una alianza. Nunca querrán atentar contra los mexicas. Son un pueblo hermano. Corren peligro en esa ciudad, más del que pueden sospechar.

Pero Hernán insistió en ir, quería que fuera ahí donde conociera finalmente al *tlatoani* de los mexicas. Aunque claro, primero tenía que sentirse cómodo en aquella ciudad, antes de enviar mensajeros a Tenochtitlan.

Después de unos días entendí que aquella paz no era tal, sino algo más, puesto que los cholultecas caminaban por otras calles cuando nos encontraban en el camino. Parecía que nosotros estábamos, de alguna forma, malditos, ¿de qué otra manera se podría explicar que huyeran de nosotros? Además, sorprendí a más de uno elevando oraciones a varios dioses para pedir que cayera fuego del cielo y nos devorara, que se abriera la tierra profunda y nos tragara, que viniera un viento huracanado desde el mar y nos elevara por los cielos para que las águilas nos arrancaran los ojos.

Así como lo oyes, hijo mío, Tecuelhuetzin y yo caminamos entre los templos de Cholollan y escuchamos muy claro todos los extraños rezos que hacían contra los castellanos, contra el rey Carlos de España, contra todas las mujeres y aliados de los hombres blancos... Éramos una sombra que amenazaba Tenochtitlan y todavía no habían visto el poder de las cerbatanas de fuego, de los cañones o de los cuchillos largos que llamaban espadas. No les había tocado ver batallas, pero sin duda habían escuchado las historias de todos nuestros encuentros con otros guerreros. ¿El miedo hacia nosotros era por eso o sería a causa de Motecuhzoma? Ah, son las interrogantes de toda historia porque, por más maravillosas que sean las palabras y las lenguas, por más poder que tengan y por más secreto que desnuden ante el mundo, tienen su límite...

Al menos, aquellos breves días en Cholollan tuvieron algo bueno, gané la confianza de Tecuelhuetzin, quien se mantuvo a mi lado porque conmigo se sentía segura, y sólo acudía junto a Pedro de Alvarado cuando éste la mandaba llamar, el resto del tiempo no tuvo necesidad de estar con él; ella prefería estar conmigo y ¿sabes? Me dio gusto que lo hiciera, porque gracias a ello, al fin pudo combatir el miedo que tanto le afectaba, levantar el rostro y sonreírle al sol. En aquel sentimiento de alegría entendí que las palabras tienen el poder de liberar, porque en cuanto me contó la historia de su vida, sus pesadillas, sus miedos y todas las sombras que encerraba su espíritu, se sintió mejor, dejó atrás una carga y eso fue lo que provocó que volviera a sonreír.

Cuando ella escuchó mi pasado, no callé nada. Cuando una cuenta una historia debe hablar sobre lo que duele, debe contar lo que tiene miedo que otros escuchen... Mientras platicaba todo aquello, sentí que las lágrimas iban acumulándose dentro de mí, pero cuando terminé, se habían ido. No sólo no lloré, sino que entendí que había otras como yo, que no estaba sola en el mundo.

Ese día gané una hermana... pero también sucedió algo más, que es justamente lo que quieres escuchar. Aquello por lo que se ha vuelto famoso (o infame) Cholollan.

Sucedió al tercer día de haber entrado a Cholollan. Al caminar por la ciudad noté que había menos personas, pocas mujeres y niños jugando. Las calles que antes estaban llenas de gente ahora sólo veían el viento correr. Me pareció extraño, pero supuse que se trataba de alguna fiesta religiosa.

Ese día, Hernán decidió que quería ir a dar una vuelta al mercado, y pidió que Gerónimo y yo lo acompañáramos; nosotros aceptamos. La comitiva de castellanos era pequeña. Tecuelhuetzin caminaba detrás de mí y a mi lado iba Gerónimo. Junto a Hernán iba Bernal Díaz; Pedro, Juan Díaz y Juan Jaramillo se habían quedado en la casa a descansar. Era un día muy caluroso. No había ni una nube en el cielo y el sol brillaba en lo alto.

A diferencia del resto de la ciudad, el mercado estaba lleno de personas de todo tipo que gritaban para vender joyería, carne, hierbas, ollas de barro y juguetes de madera. Se escuchaba el aleteo de los guajolotes y llegaba el aroma del epazote. Cerca de nosotros, una niña jugaba con un molcajete de piedra (como yo cuando tenía su edad). También vendían aguas milagrosas para curar dolencias, pequeños dioses de piedra para guardar en la casa como amuletos, bebidas de cacao con agua, delicioso aguamiel para embriagarse, copal amargo para encenderle a los dioses, collares de conchas de mar, cuchillos de obsidiana, huipiles de algodón y huaraches tanto pobres como ricos. Sobre nosotros volaban los zopilotes, y un niño cantaba una alabanza a Quetzalcóatl, Serpiente Emplumada, que cruza el cielo en destello de mil colores…

De pronto sentí que una mano, vieja pero dura, me tomaba de la muñeca.

Me volví, era una viejecita la que me detenía. El resto de la comitiva de castellanos siguió caminando por el mercado, descubriendo colores, sabores y sentimientos. Ni siquiera se dieron cuenta de que yo me había quedado atrás.

—Malinalli, ¡ya está decidido! Todos ustedes morirán mañana, y su sangre correrá roja y brillante por las piedras de nuestros templos.

Entonces, la viejecita me enseñó sus dientes negros y repitió aquellas palabras que me detuvieron el corazón y me helaron la sangre.

La sangre sobre las piedras
del templo

Nunca había sentido latir mi corazón tan rápido como ese día. La mano de aquella vieja me apretaba la muñeca, y sentía cómo las uñas se encajaban en mi piel hasta dejarla marcada.

—La sangre de tus señores es el único precio de tu libertad. La matanza se hará mañana por la mañana.

Me soltó y volvió a perderse entre los que compraban en el mercado. Aquel encuentro fue rápido y el ruido que nos rodeaba era mucho, había animales, vendedores, niños que corrían entre nosotros en algún curioso juego, así que ni Gerónimo ni Hernán se dieron cuenta de lo que había sucedido. Sentí como si todo el mundo se hubiera detenido por un momento y luego hubiera vuelto a la normalidad, pero no era cierto... Mi corazón era un tambor de guerra, la garganta se me había secado y me habían comenzado a temblar las manos. El cielo era tan azul como antes, pero a mí me parecía que se había vuelto gris, que el sol ya no tenía color, y que el viento que se movía entre nosotros ya no era parte de mi piel.

Seguí caminando con los castellanos como si nada hubiera sucedido, pero un dolor comenzó a apretarme el estómago, como cuando uno tiene hambre. Es lo que único que se me ocurre para que entiendas el vacío tremendo que sentía. Esa tierra iba a mancharse de sangre, en unas horas el Mictlán se abriría para recibir a los espíritus del sacrificio, pero la pregunta era si serían de los castellanos o de los cholultecas.

Podría haber callado, podría haber significado mi libertad... pues con los castellanos muertos, sería abrazada por un pueblo ajeno. ¿Abrazada? Tal vez seguiría mi vida de esclava, pero ahora a manos de los vasallos mexicas y eso no podía permitirlo, no volvería a esa condición, no sería sacrificada en los altos *teocallis* de Tenochtitlan. Además, si no decía nada y los cholultecas me consideraban aliada de los castellanos, no dudarían en matarme como lo harían con ellos. Me capturarían, me llevarían ante un Hernán derrotado y frente a él clavarían un cuchillo en mi pecho para que mi sangre cayera a sus pies. Moriría como traidora, ante el hombre que había sido la causa y razón de mi supuesta traición.

Ya no disfruté la visita al mercado. Cuando vi cómo tomaban a un guajolote para retorcerle el cuello, me imaginé que harían eso mismo con los castellanos, que los tratarían como a un venado a punto de convertirse en la cena de algún alto señor. Si recordaba bien las tradiciones de aquellas tierras, quizá matarían a los castellanos para preparar un *pozolli*, que no era más que un caldo, en el cual se hervían algunos chiles y verduras con granos de maíz, mezclado con la carne de las víctimas de los sacrificios. No tenía duda de que los cholultecas usarían a los castellanos muertos para preparar aquel manjar.

¿Pensar que Hernán Cortés terminaría como parte del *pozolli* era una exageración? ¿Me preocupaba de más? No. Si yo callaba estas palabras, iban a envenenarme por dentro, sin mencionar lo que podría suceder a la mañana siguiente... Yo sabía que aquello que había oído era verdad. Por eso el resto de la ciudad lucía tan vacía.

Me callé mientras estuvimos paseando en el mercado. Bajaba la cabeza cuando Hernán preguntaba algo y medio respondía esto o aquello. Cualquiera podría haberse percatado de que yo no estaba tranquila, que algo me perturbaba, pero seguro fue de poco interés para los castellanos, porque no se acercaron para preguntarme por qué tenía yo esa cara.

Tecuelhuetzin sí lo hizo en cuanto volvimos a la casa, la llevé hasta nuestro cuarto, le pedí que se sentara en cuclillas frente a mí en un petate y la miré a los ojos. Volví a contarle todo lo que me había dicho la vieja... y con horror se quedó callada hasta que llegué al final de la historia.

—¡Tu señor debe saberlo todo, Malinalli! —fue su único consejo, pero lo dijo con tal gravedad, que entendí que teníamos el tiempo encima. No podía perder ni un segundo más si quería salvar mi vida.

Ya no me esperé y acudí con Gerónimo, quien se encontraba riendo con Bernal de algún chiste que, sin duda, sólo ellos comprendían.

Lo llamé por su nombre, pero no me hizo caso, andaba con sus risas, así que jalé la manga de su camisa, pero fue hasta que lo hice con fuerza cuando finalmente me vio a los ojos, sólo por un momento.

—Ahora no, Marina, ¿no ves que nos estamos divirtiendo?

Volvió a su conversación con Bernal hasta que le grité en maya lo más fuerte que pude:

—¡Hay un plan para matarlos!

Silencio... ¡uno terrible! El sol se detuvo en el cielo, el viento dejó de correr, mi corazón era el aleteo de un colibrí.

Gerónimo giró lentamente la cabeza hacia mí.

—¿Qué habéis dicho? —preguntó, separando cada palabra.

—En el mercado... hace unos momentos. Me enteré de la existencia de un plan. Mañana al amanecer serán asesinados, seguramente emboscados. ¡Huyan mientras sea posible!

Tomado por sorpresa, Gerónimo comenzó a respirar cada vez más rápido, no sabía qué hacer, mientras Bernal trataba de averiguar qué le había dicho a su amigo. Gerónimo, en cambio, tardó algunos momentos en decidir lo que haría, aunque los dos sabíamos muy bien lo que se necesitaba.

Me tomó de la muñeca y me llevó ante Hernán. Éste se encontraba en su cuarto, escribiendo una de sus largas cartas al rey Carlos, en las que según le narraba todo lo que iba descubriendo cada día. Cuando entramos corriendo, nos vio con hartazgo, pues claramente lo estábamos molestando y su mirada silenciosa era de un "déjenme en paz, no quiero tratar con vosotros", pero Gerónimo dio un paso al frente y le dijo algunas palabras en castellano. Hernán se levantó de su silla alta y se acercó a mí. Tenía la boca abierta.

—Volved a contarme la historia —suplicó Gerónimo.

Así lo hice. Lo mejor que pude recordé lo que había sucedido en el mercado. Hice las pausas necesarias para que Gerónimo tradujera todo. Cuando terminé, Hernán no me dijo nada más; como un animal lleno de vida, salió al patio y llamó a sus hombres.

"Nos harán huir de noche", me dije... era la mejor manera de salir ilesos de todo eso, pero no era una decisión sencilla, de modo que los castellanos pasaron la tarde discutiendo sobre lo que debía hacerse. Me acerqué a ellos para tratar de escuchar un poco lo que decían, ya conocía algunas palabras de su idioma, así que pensé que tal vez podría hilar algunas frases aquí y allá para confeccionar una historia de la misma forma en como los diferentes hilos pueden crear un maravilloso huipil. Sin embargo, no pude, todos gritaban, hablaban muy rápido, levantaban los puños y hasta señalaban al cielo. Juan Díaz no dejaba de persignarse.

Sabía que planear una huida era complicado, no era como calentar tortillas, sino que requería mucha planeación.

Tornóse el blanco del cielo en un azul profundo como el mar nocturno y las estrellas aparecieron desde muy temprano. No quise cenar los guisos que nos habían llevado porque tenía un extraño dolor en el estómago, un presentimiento. Durante la noche sentí que nuestra madre Coatlicue estaba conmigo, y aunque eso hizo que me sintiera segura, no podía dejar de pensar en que algo espantoso estaba por suceder.

Supuse que a los castellanos les ocurría lo mismo, pues comieron poco de lo que les habían llevado. Las discusiones entre ellos continuaban. Yo no pude dormir. En algún momento, bien entrada la noche, cuando no había más luz que el fuego que habían encendido en el patio, me llamaron para que volviera a contar la historia de lo que había ocurrido en el mercado. Quizás algunos de los castellanos no creían en mis palabras, pero ¿qué motivo tendría yo para mentir sobre algo tan importante? Yo, en cambio, tenía ganas de apurarlos y decirles: "¡Huid! ¡Corred! ¡Salvad vuestras vidas!".

Me alejé de ahí unos pasos. No podía creer lo que suponía, su plan era diferente al que yo tenía en mente. Sí, sé lo que estás pensando. En Cholollan sucedió justamente aquello…

Se prepararon los castellanos, cargaron sus cerbatanas de fuego y sus cuchillos largos. Se colocaron sus armaduras de metal, se montaron en sus caballos. La orden que Hernán me mandó decirle a uno de los tlaxcaltecas para que la llevara al campamento era que prepara a sus guerreros más valientes y los condujera lo más rápido posible a la plaza principal de Cholollan.

Las órdenes de Hernán fueron claras, quería que yo me quedara en la casa, junto con Gerónimo y Juan Díaz, que no saliera por ninguna razón y que hiciera lo posible por salvar mi vida, si llegaba a ser necesario.

Hernán estaba realmente furioso... Sabía que el fuego de su espíritu ardería con más fuerza que nunca.

El día inició tan rojo que parecía que los rayos del sol habían sangrado por completo el cielo sin nubes. Brillos rojos se reflejaron en las vestiduras de metal que llevaba Hernán cuando se montó en su caballo, mientras esperaba a que entraran a la casa los señores de Cholollan y los sacerdotes. Todos iban vestidos con túnicas elegantes y piedras que les atravesaban la nariz y las orejas. En un primer momento, se mostraron muy tranquilos. Tal vez demasiado... Seguramente estaban confiados en que su traición a los castellanos iba a dar resultado.

Llegaron hasta Hernán, quien se encontraba montado en su caballo. Gerónimo y yo estábamos a un lado para cambiar las palabras de una lengua a otra.

Habló Hernán con voz potente:

—Hermanos de Cholollan, con mucho pesar he escuchado que vuestras hijas, vuestras hermanas y vuestras madres han salido de la ciudad con vuestros niños. También se me ha hecho saber que hoy los mercados no ofrecerán mercancías, y que en los templos se ha ordenado que no se realice ceremonia alguna hasta el anochecer.

Uno de los sacerdotes se apuró a responder, antes de que yo terminara de hablar...

—Mi señor, hay días sagrados que hacemos esto de acuerdo con nuestras tradiciones. No podrías comprender.

Al traducir aquellas palabras, le rematé a Gerónimo con un: "Este hombre os está mintiendo", pero aquello era algo que los castellanos sabían muy bien. No necesitaban que yo se los hiciera saber.

Hernán continuó:

—Sabemos que los hombres que han venido a traer la cena, y los que traerán el desayuno, no son tales, sino guerreros con órdenes de matarnos a la primera orden de vosotros...

La verdad, hijo mío, me sorprendieron aquellas palabras. En la confusión de la tarde y de la noche, Gerónimo había logrado comunicarse con algunos hombres de la ciudad en maya y ellos le habían revelado el plan. Hernán había confirmado mi historia y procedería de acuerdo con ello.

—…porque vosotros, hermanos míos, han jurado lealtad a los mexicas. Sé bien que os hice traer con la idea de que habríamos de dejar hoy la ciudad para ir a Tenochtitlan y quería mostrar mis respetos a vuestra hospitalidad. Fue un engaño mío, como vosotros nos habéis engañado. Vuestra conspiración es conocida, y será sofocada.

Entonces Hernán le hizo una señal a uno de sus hombres, éste levantó una de sus cerbatanas de fuego al cielo y disparó.

Se escuchó el ruido como un ligero trueno, y se llenó de una pequeña nube de humo que desapareció rápido. Para cuando bajé la mirada, los castellanos ya se habían abalanzado sobre los señores y sacerdotes de Cholollan. Para inmovilizarlos, los llevaron a uno de los cuartos y les amarraron las manos y los pies para que no pudieran huir.

Todo fue muy rápido.

¡Así inició la matanza!

Sabía lo que me había dicho Hernán, pero no pude guardarme. Todo fue una confusión terrible. El resto de los castellanos salió de la casa para encontrarse con los guerreros tlaxcaltecas que habían llegado a la plaza principal de la ciudad, donde también había soldados mexicas y de Cholollan. No podía creer lo que estaba sucediendo. ¡Una batalla en plena ciudad!

Más que una batalla, como dije, una matanza… porque nuestros guerreros no peleaban para ganar, sino para matar. ¡Matar a todos! ¡Matar a todos los hombres que luchaban en la plaza! ¡Matar a los sacerdotes! ¡Matar a los hombres que no eran guerreros! ¡Matar a las mujeres que no habían salido de la ciudad! Vi a un guerrero tlaxcalteca saltar sobre una niña de cuatro años que corría asustada, con lágrimas en los ojos, porque habían matado a su madre. Sí, sí, yo lo vi, el guerrero tlaxcalteca se abalanzó sobre ella y, con un alarido, le clavó un cuchillo de obsidiana en el cuello mientras yo gritaba que no, que se detuviera.

Hernán se volvió hacía mí, y entendí sus palabras en castellano.

—Marina, ¡a la casa!

Pedro de Alvarado se burló desde el otro lado de la plaza, mientras enterraba su cuchillo largo en el pecho de un guerrero mexica…

—Que se quede, que muera.

El cuchillo largo no solamente entrañó filoso en el pecho de aquel hombre, sino que lo atravesó por completo. Vi la punta ensangrentada salir por la espalda. Al sacarlo, Pedro de Alvarado empujó el cuerpo con una patada. El guerrero quedó bocarriba con los ojos cerrados, pero sus manos aún se movían, como si quisiera tomar su mazo para seguir luchando, mientras Pedro se limpiaba la sangre de la cara con la mano, aunque en realidad sólo se la embarraba.

La violencia creció muy rápido. La sangre roja manchó los templos grises. Yo no quise huir, no quise esconderme, no quise volver a la casa para seguir las órdenes que había recibido de Hernán, arriesgué la vida, en medio de la batalla, para contemplar los horrores, los asesinatos, la destrucción de los dioses de piedra. El cielo y la tierra eran del mismo rojo. Los tlaxcaltecas quemaron las casas de los habitantes de Chololan, algunas con personas dentro; los castellanos hicieron lo mismo con los templos…

Junto a mí volaron las flechas, las balas.

Junto a mí murieron niños.

Junto a mí los dioses de piedra se convirtieron en añicos que no vinieron en ayuda de los soldados mexicas, quienes imploraron los nombres de éstos antes de entregar su espíritu al Mictlán.

Gerónimo quiso que volviera a la casa, Juan Díaz me lo imploró, pero mi espíritu de piedra se mantuvo ahí, arriesgándolo todo, con lágrimas, con ruegos a nuestra madre Coatlicue para que detuviera aquello….

Y conforme pasaron las horas, la matanza no cesaba. Vi el cielo batirse y las nubes ocultar el sol. Quise que el mundo terminara para siempre, para que las niñas no sufrieran más, para que se detuviera el vacío que tenía dentro, y del cual me sentía culpable.

Eché la cabeza hacia atrás, solté un grito que me desgarró la garganta y me dejé caer de rodillas en la tierra.

Ese día entraron al Mictlán cinco mil personas…

Tardé en volver a sentirme viva, en recordar las formas del viento, mi nombre, el movimiento de mis manos. Sentí la lluvia fría sobre mi cabeza, gotear por mi barbilla, empaparme los muslos y las pantorrillas. Estaba en el patio de la casa, la batalla había terminado…

los gritos de horror no se escuchaban más, sólo el golpeteo del agua contra las piedras.

—Don Hernán Cortés pregunta por ti... —la voz de Gerónimo me regresó al mundo.

No sabía si ya era de noche o si las nubes de la tormenta habían oscurecido la tarde. Por la puerta de la casa se veían ríos de sangre. Los castellanos cargaban cuerpos de tlaxcaltecas y cholultecas muertos. El aire húmedo olía a quemado.

Gerónimo me tomó de la mano y me llevó hasta el cuarto en el cual se encontraban los señores de Cholollan. Hernán habló, y yo cambié las palabras de un idioma a otro como si nada hubiera pasado, como si no me sintiera responsable de todos aquellos hombres, mujeres y niños que habían muerto.

—Habéis organizado una emboscada contra nosotros, y hemos terminado con vuestros planes. Entramos a vuestra ciudad como amigos, pero habéis escogido utilizar vuestras armas contra nosotros.

—¡Fueron los mexicas! —respondió uno de los señores.

—Los guerreros de la plaza eran de Cholollan —dijo Hernán, muy calmado, aunque no lo estaba. Su cara se encontraba llena de lodo y sangre, llevaba el cabello despeinado y tenía un corte debajo del labio que no se había curado.

—Los mexicas nos propusieron la emboscada, ofrecieron cientos de guerreros, pero se quedaron fuera de la ciudad, no nos brindaron ayuda. Ellos no quieren que entren a Tenochtitlan.

Hernán se llevó las manos a la cintura y comenzó a pasearse, pensaba... pensaba mucho. Un trueno derrumbó el silencio.

—Ya no haréis alianza con ellos, vosotros habéis sido vencidos en nombre de nuestro dios y del rey Carlos. La alianza será con nosotros, y habrá paz en estas tierras. Vosotros destruiréis a los dioses que habitan en vuestros templos y se inclinarán ante la cruz que traemos. Si no queréis, la guerra puede continuar, y los ríos de sangre correrán por las calles. De un modo u otro triunfará nuestro dios.

—Que se haga la alianza —repitieron varios de ellos, con miedo.

Ninguno de esos señores cholultecas había salido de la casa, sólo habían escuchado los gritos y los horrores que se habían vivido en su ciudad, pero no habían visto la destrucción. Cuando fueron liberados y por fin contemplaron aquello, apretaron los dientes y derramaron lágrimas; en la plaza cayeron de rodillas y lloraron amargamente. Yo estaba ahí, yo compartí su sentimiento. La plaza de Cholollan estaba llena de cuerpos, de manos cortadas, de brazos cercenados, de carne quemada, de sangre que se diluía con la lluvia en pequeños ríos, en charcos.

Uno de los castellanos más jóvenes me miró, con un hondo pesar en su alma, y levantó el cuerpo sin vida de un cholulteca que tendría su misma edad. ¿Era necesaria tanta sangre? ¿Quiénes luchaban y quiénes se defendían? ¿Cuándo había sido tarde para parar? Cuatro o cinco horas de batalla habían sembrado las calles de muerte. Escuché un alarido y levanté la mirada, Pedro de Alvarado estaba en lo alto del templo principal y empujaba una piedra tallada. Con un grito lastimero, la dejó caer por las escaleras... ahí fue rebotando el dios, rompiéndose en mil pedazos, y cuando cayó a mis pies, noté que había un trozo de piedra de una serpiente. ¡Había sido una estatua de Quetzalcóatl! El dios había sido derrotado.

Ni siquiera nuestra madre Coatlicue se salvó. Su estatua de serpientes encontradas, de cinturón de cráneos, de garras que solían llamar mi atención en pesadillas, quedó deshecha... y el mismo Hernán, al ver las serpientes de piedra, las pisó con fuerza.

¿Dormir? No, no pude. ¿Quién puede cerrar los ojos cuando la mente está llena de recuerdos de sangre, de huesos, de fuego y de metal; cuando yo sabía que en sueños iba a encontrarme a nuestra madre Coatlicue y que no iba a poder verla a los ojos y aceptar mi culpa... o al menos la culpa que me tocaba por aquellas muertes? Porque pude haber muerto. En la confusión pudo haberme asesinado Alvarado o uno de los guerreros de Cholollan buscando vengarse de Hernán, un mal tiro de las cerbatanas de fuego pudo atravesarme el corazón, pero a pesar del peligro, seguía viva. Sospecho que había sido ella, nuestra madre Coatlicue, la que me había salvado de aquello. Así lo creía, porque en tiempos de guerra, la fe vuelve de repente... y cuanto más me esforzaba en no creer en ella, más se esforzaba ella en llamarme.

Así que pasé toda la noche dando vueltas en el petate, ya con un huipil seco y una manta sobre mi cuerpo para ahuyentar el frío de los huesos. A la mañana siguiente nos trajeron algo de desayunar, y entonces Gerónimo me pidió que lo acompañara.

Ver la destrucción ese día me llenó de un silencio profundo. Los castellanos y los tlaxcaltecas seguían recogiendo cuerpos. Además, los cholultecas que se habían quedado fuera de la ciudad para la emboscada, regresaron. Había hombres, sí, pero principalmente había mujeres de todas las edades buscando a sus esposos, viejas buscando a sus hijos, niñas buscando a sus padres... Y reconociéndolos entre los muertos, si es que aún quedaba algo que pudieran reconocer, si los rostros de los cadáveres no estaban destruidos por una cerbatana de fuego, por un cañón o por el mazo de algún tlaxcalteca.

Así como Cholollan se había cubierto de gritos de guerra un día antes, ahora se llenaba de lamentaciones, de gemidos de dolor, de maldiciones a los extraños que habían invitado a la ciudad y que habían traído la muerte con ellos. Los castellanos, mientras tanto, aprovecharon el día para terminar de destruir a los dioses de piedra de los templos, pero también para hacerse del oro, de la plata, y de las plumas de los cholultecas, quitándolas de los templos, de las casas de los señores y de los sacerdotes, llevándoselas como si fueran suyas.

Para imponer a su dios, y como parte de lo que se había ganado en la guerra, se colocó una cruz de madera en el templo de Quetzalcóatl y se hizo una misa. Luego, se bautizó a los señores de Cholollan, aunque creo que poco les importó. Participaron en la ceremonia sólo porque habían sido derrotados.

Nos tomó días limpiar todo, días en los que casi no dormí porque vivía con el miedo de una nueva matanza...

Y entonces llegaron unos mensajeros de Motecuhzoma, tres hombres que arribaron al mediodía sin regalos, pero con una invitación del *tlatoani* para visitar Tenochtitlan.

Una sonrisa de fuego apareció en el rostro de Hernán.

Yo tuve miedo... sabía lo que aquello significaba.

Kawak

Tormenta

Tenochtitlan

CUANDO LA MUERTE ENTRA A TU ESPÍRITU, se anida en el silencio de tu corazón. Ahí es donde aprieta hasta que te duele el pecho, te falta el aire, los sueños se convierten en pesadillas y comienzas a tener presentimientos de que la siguiente en abandonar el cuerpo serás tú. Con qué desdén trataron los castellanos aquellos cuerpos sin vida que habían quedado después de la matanza. Hombres, mujeres, niños, con los ojos abiertos, con lanzas y cerbatanas en la mano, como si en cualquier momento fueran a levantarse para seguir luchando.

Ay, hijo mío, nunca esperé que los mensajeros mexicas dijeran que el señor Motecuhzoma estaría feliz de recibirnos como sus invitados. La fecha quedó pactada para el día 8 de noviembre, según el calendario castellano.

Ese funesto día habrían de encontrarse por primera vez Hernán Cortés y Motecuhzoma Xocoyotzin.

No dormí la noche anterior, pensando en todo lo que podía salir mal.

Me levanté antes de que saliera el sol, estaba segura de que tenía marcas negras alrededor de los ojos por la falta de sueño. Estuve unos minutos acomodándome el huipil, no tuve tiempo de darme un baño. Escuché que los castellanos ya se preparaban para partir.

Gerónimo fue a buscarme, quería asegurarse de que ya me hubiera despertado en aquel día tan importante. Comimos un tanto de la carne salada que siempre llevaban y nos la apuramos con un poco de agua. Estaba tan nerviosa que mi estómago comenzó a retorcerse.

Empezamos la travesía. El viento iba de nuestro lado. Los volcanes serían testigos de lo que habría de acontecer. Caminamos un buen rato, sin esperar que algo especial sucediera, pero ¡ay, hijo mío! No sé cómo describirte lo que se reveló ante nosotros... ¡Tenochtitlan!

La gran ciudad mexica que a lo lejos parecía una pieza labrada en plata y oro. Los mismos castellanos se detuvieron, estupefactos por aquella imagen. Oí que Hernán decía algo y Gerónimo, por mera cortesía, lo tradujo. Dijo que se parecía a una ciudad, más allá del mar, que llevaba el nombre de Venecia.

La ciudad estaba cubierta por un lago muy grande, y pequeños botes se movían en el espejo de agua. Pájaros negros volaban por encima de las casas, se escuchaba el bullicio de las calles, comenzaba a oler las hierbas y los chiles de los anafres encendidos. Aquello no tenía nada que ver con Oluta.

Según lo dispuesto, nos acercamos a una de las calzadas y empezamos a caminar por un puente. Comenzaba a subir el calor, yo intenté distraerme con la nieve de los volcanes, pero no pude. Se abrieron las puertas de la ciudad... y dio inicio el encuentro.

Yo creo que eran como mil hombres los que salieron a recibirnos, muchos de ellos iban descalzos, pero en sí, la comitiva que nos esperaba era más o menos de doscientos. Hasta delante iba el señor Motecuhzoma, ricamente vestido y con unos zapatos que estaban a la altura de su cargo. Era de buena estatura, bien proporcionado, de pocas carnes y piel morena. El rostro era largo y serio. Luego descubrí que se bañaba una vez al día y que cuidaba mucho su aspecto.

A su lado derecho reconocí a su sobrino, Cacama, gobernante del pueblo de Texcoco, quien iba descalzo. A su izquierda, Motecuhzoma le dio la mano a su hermano Cuitlahuatzin, gobernante del pueblo de Iztapalapa; también descalzo.

De parte de los castellanos, Hernán caminaba por delante, Gerónimo y yo íbamos atrás, después nos acompañaba el resto de los casi cuatrocientos castellanos, con sus perros. Iban temerosos por lo que había sucedido en Cholollan, pero de todas maneras avanzaban con paso firme.

Hernán no era un tonto, aunque ese día actuó como tal. Sabía perfectamente que estaba por saludar a un hombre muy importante, que estaba a la altura de aquél del que tanto hablaba: el rey Carlos. Por lo tanto, era consciente de que había que dirigirse a Motecuhzoma con respeto, pero decidió no hacerlo. En cambio, rompió filas e intentó acercarse al *tlatoani* como para abrazarlo, pero Cacama y Cuitlahuatzin se adelantaron para detenerlo.

Hernán quedó muy extrañado, no sabía bien qué estaba pasando. Fue entonces cuando vi cómo Motecuhzoma y los otros dos señores se arrodillaban y besaban la tierra. Era parte del ritual que tenían preparado. Enseguida cada uno de los doscientos señores de la comitiva mexica se acercó para saludar a Hernán. Durante todo aquel proceso, la cara de Hernán cambió de sorpresa a hartazgo. ¿Y cómo no? Cortés tuvo que soportar que todos aquellos hombres, entre sacerdotes, políticos, mayordomos y guerreros, de todos aspectos y ropas, se aproximaran para abrazarlo o hacerle una caravana.

Al terminar, fueron Cacama, Cuitlahuatzin y Motecuhzoma quienes saludaron a Hernán. Fue hasta entonces que los castellanos entendieron que los mexicas debían dar el primer paso, tener el control de aquel encuentro.

Motecuhzoma habló por primera vez, en náhuatl:

—Te saludo en nombre mío y de todo el pueblo de Tenochtitlan, que ha escuchado hablar de sus aventuras y proezas durante meses.

Después de un breve silencio, Motecuhzoma comprendió que Hernán Cortés no hablaba su idioma. De acuerdo con lo planeado, tuve que encontrar una fuerza inusitada dentro de mí para levantar la cabeza, cruzar la mirada con Motecuhzoma y luego con Gerónimo de Aguilar. Intenté traducir al maya lo mejor que pude. Gerónimo asintió y luego tradujo el mensaje al castellano.

Entendí algunas palabras, pero no todo. Gerónimo dijo algo así como:

—Nos saluda en su nombre y de sus dioses, que celebran nuestras victorias.

Motecuhzoma continuó:

—Tenemos regalos para nuestro honorable visitante.

Yo traduje, y Gerónimo hizo lo mismo. Los mensajes parecían hacerse más cortos y simples en la traducción.

Uno de los hombres de Motecuhzoma le entregó algo envuelto en un paño de algodón, luego éste se lo ofreció a Hernán. Lo desenvolvió con mucho cuidado. Como yo me moría de curiosidad, me asomé para ver exactamente qué era. ¡Vaya! Se trataba nada más y nada menos que de dos collares, uno de margaritas con diamantes de vidrio y otro de caracoles secos con huesos de caracoles dorados. Era todo un honor que Motecuhzoma le hiciera semejante regalo a un extraño.

¡Tonto Hernán, que no llevó un regalo para el *tlatoani* de los mexicas!

Yo clarito me di cuenta, en ese intercambio de palabras, que Motecuhzoma no me miraba a los ojos, o lo hacía con una mueca de disgusto. No necesitaba que me dijera algo para saber lo que pensaba, me consideraba una traidora. ¿Cómo una mujer que había nacido en estas tierras y hablaba náhuatl ayudaba a los castellanos en su cometido?

Motecuhzoma invitó a Hernán Cortés y al resto de los castellanos a seguir adelante. Así fue como entramos a Tenochtitlan, por Iztapalapa.

¡Madre Santísima Coatlicue! Nunca me habría imaginado que la ciudad sería tan maravillosa. Me la habían descrito muchas veces, pero jamás la pensé tan grande. No era como los pueblos en los que había nacido y crecido, o los que habíamos visitado en los últimos meses.

¡Todo era más glorioso!

Yo no sabía hacia dónde voltear, si para ver los mercados llenos de frutas y hierbas, a las mujeres que usaban joyas de barro, oro y plata, los molcajetes de todos tamaños, petates de colores, juguetes de madera o hacia las estatuillas de todos los dioses conocidos (y algunos desconocidos). Las casas eran enormes. Desde cualquier lugar de Tenochtitlan podían verse los montes y volcanes nevados, así como el Templo de la Plaza Mayor, con sus dos adoratorios en la parte más alta de la pirámide. No sé los demás, pero a mí cada rincón de esta ciudad me quitaba el aliento. Quería saber más de sus misterios, de sus fantasmas…

Precisamente, cerca de la Plaza Mayor, se levantaba una serie de exóticas casas que dominaban el paisaje. "¡Santa Madre Coatlicue!", me dije, pues nunca había visto un espacio tan maravilloso. Casas y más casas, todas juntas, todas de Motecuhzoma. Los castellanos de inmediato usaron la palabra "palacio" para describirlas.

Entramos todos juntos y pasamos por diferentes cuartos llenos de pieles de animales, tapetes, petates, telas y adornos de oro colgados de las paredes; aquél era un sueño maravilloso de lujo y despilfarro. Llegamos a una habitación particularmente grande, por cuyas ventanas penetraba la luz del sol amarillo con mucha fuerza, y sin embargo, no hacía calor.

Motecuhzoma, haciendo su usual mueca de asco al verme, pronunció un discurso para que yo lo tradujera:

—Aquí me ven, soy de carne y hueso, mortal y palpable. Es verdad que poseo algunas cosas de oro que eran de mi abuelo, pero poco queda ya. Les he hecho ricos regalos para que sepan que soy amigo de ustedes, que nada tengo que ver con los otros pueblos que han encontrado en el camino, quienes sin duda les han dicho que soy su enemigo. Éstas son mis casas, donde ustedes serán atendidos en todo aquello que necesiten. No tengan pena alguna, pues éste será su hogar mientras permanezcan en Tenochtitlan.

Conforme iba escuchando esas palabras se las iba comentando a Gerónimo para que se las contara a Hernán. Él respondió con un agradecimiento para Motecuhzoma.

Cosa curiosa, pero el *tlatoani* no se quedó con nosotros. Se disculpó y salió con todos sus hombres. Nos dejaron solos, y a mí me dio mucho miedo ese silencio. Todos nos miramos con una pregunta: ¿las palabras de Motecuhzoma eran sinceras o estábamos a punto de ser emboscados como enemigos? La verdad es que, si hubiéramos muerto en ese momento, habría sido un castigo digno por la matanza en la que todos habíamos participado.

Después de un largo rato, entraron sirvientes jóvenes, hombres y mujeres, con platos de barro en los que encontramos tunas verdes, insectos secos, tortillas calientes y pescado fresco. Nos sentamos todos a comer. Las esclavas platicaban entre ellas, los castellanos hacían lo mismo.

Los caballos se habían quedado en el patio y los perros negros se mantenían cerca de sus respectivos amos.

Según descubrimos más tarde, aquellas casas en las que estuvimos hospedados habían pertenecido al padre de Motecuhzoma, y se usaban para guardar algunas de las pertenencias del *tlatoani*. En realidad, más que muchas casas, era una casa enorme, más grande que todo Oluta, con patios, cuartos tapizados de tapetes, petates, pieles de ocelotes, plumas de quetzal y paredes pintadas de colores.

Yo sabía que nuevas casas habían sido construidas por Motecuhzoma y me pregunté: si aquellas casas viejas eran tan ricas, ¿cómo serían las nuevas?

Ahí habríamos de permanecer el resto de nuestra estancia en Tenochtitlan, pero no creas que un *tlatoani* recibe a invitados peligrosos así como así... Motecuhzoma nunca fue un hombre tonto. De hecho todo estaba sucediendo de acuerdo a su plan.

Mientras nosotros saciábamos nuestra hambre y nuestra sed con guisos y pulque, escuchamos un ruido muy extraño. Pedro de Alvarado mandó a uno de los castellanos más jóvenes a averiguar qué era lo que estaba pasando y éste regresó pálido, con la espalda tiesa y un curioso temblor en los labios.

Están tapiando todas las puertas

Pedro de Alvarado aventó la tortilla que estaba masticando y mostró los dientes mientras gritaba:

—¡Carajo! ¡Nos han hechos sus prisioneros!

Los presagios funestos

PRISIONERA. Una vez más fui noble prisionera. Prisionera de mi destino. Malintzin, siempre Malintzin; y sin embargo, preparada para luchar y sobrevivir a pesar de mis ataduras.

Hernán se reunió con sus hombres para definir un plan, y me pidieron que me alejara un momento. Yo creo que él ya sabía que yo conocía algunas palabras en castellano, y no le gustaba tenerme cerca. Así que salí al patio más cercano, el cielo abierto rasgado de nubes me miraba de regreso. Ahí, el único sonido que se producía era el de mi respiración, aunque se colaban ruidos de fuera, de los mexicas que hacían su vida, que comentaban sobre el aspecto de los castellanos, sobre el color de sus barbas, sus vestidos metálicos, sus animales. Estoy segura de que no se habló de otra cosa en Tenochtitlan.

Es una lástima que no se nos hubiera permitido recorrer la ciudad ese día, porque en verdad estaba muy bonito, cálido, soleado, casi sin viento. Me hubiera encantado que me dejaran sola para poder caminar por las calles y descubrir todo lo que me habían contado papá y mamá sobre la ciudad. Yo sabía que no podía entrar a los *teocallis* por ser mujer, pero al menos quedarme abajo y ver las estructuras altas de piedra habría sido un placer. Lo que hubiera dado entonces por sentirme libre y no Malintzin, pero una no puede negar su destino.

Seguí con la mirada en alto, preguntándome cómo habríamos de salir de Tenochtitlan, a dónde me llevaría aquella aventura, cuánto más tendría que hacer para sobrevivir, cuándo y cómo se cumplirían aquellos sueños con los que cada noche me bendecía nuestra madre Coatlicue, y si algún día bajaría el dios sin nombre o su llamada virgen.

Escuché a los castellanos discutir, levantar la voz. Gritaban que deberían utilizar la fuerza para romper las puertas y salir, que podían escapar de la ciudad e idear cómo tomarla desde fuera; otros asumían que debían quedarse encerrados para jugar con las circunstancias y ver a dónde los llevaba aquel plan. Algunos veían a Motecuhzoma como a un enemigo al cual debían destruir; otros, como a un amigo que los ayudaría a conseguir más oro. Pedro de Alvarado opinaba que debían matarlo para hacerse con la ciudad y Hernán le advirtió que no era el momento para pensar en acciones tan desesperadas. Cada vez subían más la voz, aquél no era el plan que ellos habían imaginado.

Finalmente escuché a Hernán dar un grito final y decirles a sus hombres que eran unas bestias, que no pensaban en lo mejor para la misión. Pronunció otras palabras, pero yo no las conocía, entonces no sé cómo repetirlas. Supongo que eran insultos, porque cuando Hernán salió de aquel cuarto tenía la piel del rostro roja y los ojos llenos de fuego. Enseñaba los dientes como uno de sus perros cuando se enojaba. Se pasó la mano por la cabeza y me dijo en castellano:

—Doña Marina, qué bueno que no entendéis nada de lo que se grita aquí.

Yo hice como que no comprendía lo que él me había dicho y bajé la cabeza, tímida. Entonces sentí una caricia suya en la mejilla, su pulgar apenas rozaba mi piel.

—Os aseguro que todo estará bien, al final.

Levanté la mirada, la crucé con la suya… Me sentí de nuevo como aquella esclava a la que iban a asignarle un señor, pero en este caso no me entregarían a Portocarrero, sino a Cortés… ¡al capitán Hernán Cortés! Algo de él me gustaba, ¿tal vez sus labios? ¿Me atraía la fuerza destructora de su espíritu? ¿Acaso la forma en cómo tocaba mi mejilla o cómo usaba las palabras para calmar mi espíritu? ¿Qué era? ¿Qué?

Supe, por la forma en cómo se movían sus ojos, que las mismas preguntas cruzaban por su corazón y tampoco sabía cómo darles respuesta.

Algo nos unía. Nuestros dioses habían conspirado en secreto para que Hernán y yo llegáramos a ese momento. Sentí que su mano derecha me tomaba lentamente de la cadera para atraerme hacia sí, un escalofrío me apretó el estómago. Se me secó la boca nada más de imaginarme lo que iba a suceder. Pude oler una gota de sudor que bajaba por su cuello.

Se inclinó… lentamente, cada vez más cerca.

Cerré los ojos, esperaba que sus labios se encontraran con los míos, pero:

—¡Malintzin! El señor, mi señor, el gran señor Motecuhzoma quiere hablarte a solas, sin ellos —escuché una voz en náhuatl.

Abrí los ojos y me volví hacia la voz. Se trataba de uno de los hombres del *tlatoani*, un joven delgado, que parecía tener miedo.

Hernán quería saber qué me había dicho aquel enviado, y de inmediato llamó a Gerónimo para que se hiciera la debida traducción. En cuanto supo el mensaje, Hernán agitó la cabeza, dijo que no estaba dispuesto a que yo partiera sola, tenía miedo de que me fuera para no volver. Yo le dije que podía protegerme sola.

—No insistáis, sois una de nosotros ahora y no debéis ir —replicó Hernán, en voz de Gerónimo.

Él también se había quedado con ganas de aquel primer beso que nos habían frustrado, no quería perder a su traductora y al mismo tiempo sentía genuina preocupación por mí. Gerónimo también. ¿Quién lo hubiera dicho?

La decisión era mía. Por lo visto, ni Hernán ni los otros castellanos habían entendido que los últimos meses yo actuaba por elección propia, no siguiendo órdenes de nadie. Y yo había decidido acudir a la cita de Motecuhzoma.

Caminé hacia el mensajero. Gerónimo intentó detenerme como siempre, pero me zafé del brazo, y luego se paró enfrente de mí. Yo le di la vuelta y entendió que no podría detenerme. Hernán también lo comprendió, porque no hizo más esfuerzos por impedir que fuera. Sin darme cuenta, me encontré rodeada de los demás castellanos, las otras esclavas y los criados de las casas viejas. Todos ellos fueron testigos de cómo salía por una de las tantas entradas de aquel lugar para luego ser encerrada a la fuerza otra vez.

Una vez más, me adentré en los misterios de la ciudad, caminé por calles llenas de mexicas que me miraban como si yo no fuera mujer. Me habían visto primero al lado de Hernán y ahora con mensajeros y guerreros del *tlatoani*. Era como un insecto raro, una pluma preciosa de quetzal que vuela con el viento. Entonces supe mi valor. ¿Tuve miedo? ¡Por supuesto! Motecuhzoma no me había llamado a su lado para discutir la naturaleza de las flores ni el viento verde que soplaba sobre Oluta cuando yo era niña.

No pasamos por la puerta principal, sino por una de las entradas laterales. Pronto me encontré en pasillos llenos de ricos decorados rojos y azules. Las paredes de los cuartos por los que iba avanzando estaban llenas de pieles, hermosas plumas de todos colores, escudos, penachos, lanzas, cerbatanas. En uno vi conchas marinas; en otro, collares y muñequeras de oro. Aquél era un palacio lujosísimo que olía a inciensos amargos, que era recorrido por sacerdotes de la clase alta que hablaban entre sí sobre deidades, y de criados que caminaban en silencio con manjares en las manos, de acuerdo con los antojos del *tlatoani* (pescado fresco, nieve del Popocatépetl, pulque o semilla de cacao disuelta en agua). Yo me fijé en todo aquello, porque mi curiosidad era muy grande, y porque uno no visita semejante lugar dos veces en la vida.

Me hicieron entrar a un cuarto largo con petates en el piso y pieles de ocelote en todas las paredes. Tenía muy poca luz; las ventanas eran pequeñas. Al fondo, sobre un espacio más alto, vi una figura sentada en un banco. Al principio no me fue posible distinguir sus facciones. Mi corazón empezó a latir muy rápido.

—Señor, mi señor, gran señor, la hemos traído —dijo el mensajero.

Vi que a aquella figura envuelta en sombras se le infló el pecho.

Todos los hombres, tanto criados como acompañantes, bajaron la cabeza. Yo, en cambio, la levanté con orgullo.

—Sé bienvenida, Malinalli —escuché la voz de Motecuhzoma.

Me mantuve en silencio, tenía las manos a los costados.

—¿No tienes miedo? —añadió el *tlatoani*—, porque todos saben que la ley es muy clara. Nadie debe mirarme a los ojos o será condenado a muerte. Cuando entramos a Tenochtitlan, después de la reunión con tu señor, Malinche...

—Se llama Hernán Cortés —dije, pero él no me escuchó, siguió hablando.

—...muchos de los mexicas desviaban la mirada, porque preferían no satisfacer su curiosidad de saber cómo eran los extraños a tener que entregarme su vida por una orden. Conoces la ley.

—La conozco —sonreí.

Lo escuché levantarse; crujió el banco en el que estaba sentado. Su capa de tela azul hacía ruido al arrastrarse. Para el encuentro conmigo, se había quitado el penacho que había lucido con tanto orgullo durante la reunión con Hernán. Noté que sus sirvientes temblaban.

Cuando Motecuhzoma dio el primer paso, se bañó de la luz que entraba por una de las ventanas, le delineó los brazos, los muslos, las piedras azules que atravesaban sus orejas.

—A mí no puedes engañarme, tienes miedo. Sabes que si yo lo ordenara, serías llevada hasta el *teucalli* de Tláloc para ser sacrificada, te recostaríamos en la piedra ceremonial y con un cuchillo de obsidiana yo mismo me encargaría de abrirte el pecho y arrancarte el corazón, para beneplácito de todo el pueblo. Estarían felices de ver los ríos de tu sangre, en especial después de todo lo que han escuchado del señor Malinche en la matanza de Cholollan. No los culpo, el pueblo siempre pide sangre cuando se ha derramado sangre. El corazón del hombre es violento, pide venganza para saciar su odio. ¿Pides venganza contra mí, niña?

—No pido venganza contra nadie —respondí.

Motecuhzoma siguió caminando, sus ojos eran penetrantes. Si acaso bajé la cabeza por un momento fue para admirar su complexión, sus brazos llenos de muñequeras, las marcas rituales que llevaba en el pecho, sus huaraches finos con incrustaciones de piedras.

—Conozco bien tu historia, y conocí bien a tu padre porque recibía información sobre él. Hace poco me contaron cómo te convertiste en esclava, cómo estuviste en las tierras del señor Tabscoob y cuáles han sido tus acciones junto al señor Malinche. Lo sé todo, Malinalli, has traicionado a tu propia raza. Tú no eres Malinalli, no eres Marina... sino Malintzin, la noble prisionera que traicionó a su propia raza.

—¡Soy Malintzin!, pero no traidora... Mi raza me dio la espalda, y no he tenido más motivo que mi supervivencia, para lo cual he sido muy inteligente. Sé conducirme de acuerdo con lo que creo que es mejor para mí. Sobreviví a sus comerciantes, a los caprichos del señor Tabscoob, también al dios sin nombre que trajeron los castellanos, y ahora sobrevivo a un *tlatoani* que puede llevarme al *teocalli* de Tláloc con sólo ordenarlo. Puedo decirlo con la cabeza en alto:

soy Malintzin. Un orgullo que ni el *tlatoani* de los mexicas ni el capitán de los castellanos puede otorgarme o arrebatarme, ni siquiera quitándome la vida.

—De eso no tengo duda alguna —se burló—, estoy convencido de que aprenderías a respirar en el agua y a vivir en el fuego más ardiente con tal de mantener la vida. Tengo amantes, esposas e hijas, he conocido a muchas mujeres en mi vida, y pocas de ellas tienen tu fortaleza o tus ganas de enfrentar el peligro.

Respiré profundamente. Mientras él hablaba, yo continuaba desafiando la ley al mirarlo a los ojos.

—¿Qué hago aquí?

El *tlatoani* se detuvo, se volvió hacia mí. Sentí que podía haberme matado con sólo una mirada.

—Malintzin, estás aquí porque has venido con el señor Malinche.

—Quiero decir, ¿qué hago aquí frente al señor de los mexicas hablando de los misterios que encierra mi espíritu?

Movió la cabeza, aliviado, y sentí que me tocaba el hombro.

—¿Podrías acompañarme? —dijo, pero fue más una orden que una sugerencia.

Salió de aquel cuarto y yo caminé tras él. Nos siguió su séquito de sirvientes y amigos, que iba cinco pasos detrás de él, sin mirarlo. ¿Quién se creía el *tlatoani* para que nadie posara su mirada en él? Sangraba igual que todos, era un hombre, un hombre con poder, nada más. En eso no era tan diferente a Hernán.

Lo seguí a través de algunos pasillos hasta que llegamos a unas escaleras altas, por las cuales subimos a un cuarto con ventanas largas. Estaba casi vacío, había sólo algunos petates en el suelo. También había una entrada sin puerta. Salió por ella y nos encontramos en el techo de sus casas, rodeados por una pared pequeña que le llegaba hasta la cintura, parecía una especie de balcón. Se asomó, frente a él se desplegaba una plaza grande por donde algunos mexicas caminaban en su andar cotidiano. Por allá una pareja que iba tomada de la mano, del otro lado una niña que abrazaba una muñeca de barro, dos guerreros platicaban y reían de alguna anécdota.

—Aquí puedo contemplar el acontecer diario de la ciudad, recibo el sol, la lluvia, escucho los giros del viento. Entiendo la vida y percibo la muerte. A lo lejos están los *teocallis*, desde lo alto me contemplan los dioses. Aquí está el pasado, el presente y también el porvenir de estas tierras.

Abrí los ojos al escuchar aquellas últimas palabras.

El *tlatoani* continuó:

—Presagios funestos han azotado la ciudad durante los últimos meses, seguramente escuchaste hablar de ellos cuando estabas con el señor Malinche. El primero de ellos sucedió varios años atrás, una estrella mala cayó. Yo la vi iluminar la noche con su fuego largo y rojo, y escuché los gritos de los mexicas, quienes pedían clemencia a los dioses. El segundo fue un rayo poderoso que se impactó en uno de nuestros *teocallis*. El tercero, un incendio en el templo que Huitzilopochtli, un fuego que no se apagaba por más que intentáramos cubrirlo con agua.

—Escuché sobre ellos —respondí.

Bajó la mirada del cielo, la posó sobre mí... tan sólo algunos segundos. Luego volvió a levantar la cabeza.

—El cuarto presagio funesto sucedió allá, en el lago de Texcoco. Las aguas hirvieron como si debajo de ellas hubiera lumbre, y se elevaron arrastrando casas y hombres desprevenidos; hubo muchos muertos. Nunca había sucedido algo así. El quinto presagio aconteció hace unos días. Cihuatl, con sus formas de mujer, comenzó a deslizarse sobre el agua. Testigos me dijeron que llevaba un huipil largo y blanco, asemejándose a la luna, y que sus facciones eran las del miedo. Entonces abrió la boca y se escuchó un grito que recorrió toda la ciudad: "¡Ay, hijitos míos, tenemos que irnos lejos! ¡Ay, hijitos míos! ¿A dónde los llevaré para que escapen de su destino?". Yo no lo escuché, pero muchos vinieron a mí con rostros de espanto y me contaron. Desde entonces, algunas noches se ha repetido ese grito, y he querido escucharlo, pero no he tenido la oportunidad de hacerlo. El sexto presagio fue aún más extraño. Se pescó en el lago de Texcoco un ave muy rara que tenía un espejo en la parte alta de la cabeza. La trajeron ante mí y me asomé en el espejo, pero no pudo devolverme mi reflejo, en lugar de eso vi guerra, vi que los castellanos utilizaban cerbatanas de fuego, vi humo sobre esta ciudad. Me cubrí los ojos con terror y ordené que guardaran esa ave para que la vieran los sacerdotes, pero no pudieron hacerlo, pues así como surgió, desapareció sin que nadie pudiera observarla de nuevo. El séptimo presagio vino con más fuerza. Cayó fuego del cielo, humo inundó las calles. Nadie supo explicar qué sucedía. El octavo presagio funesto se me informó como si se tratara de algo vergonzoso. Consejeros míos me susurraron al oído que habían descubierto, cerca de Tenochtitlan, seres deformes, de dos cabezas, de cuatro brazos, seres que se descubrían en un momento y desaparecían al siguiente. Como ves, Malinalli, son ocho presagios que no puedo ignorar, que anuncian un cambio, el enojo de los dioses y el miedo de la gente. Algo está por suceder y tú lo sabes, eres parte de eso y debes entender tu lugar.

La ciudad se abría ante mí, conocía algunos de los presagios funestos, pero no todos, y no sabía con qué fuerza querían hablarnos los dioses.

—¿Cuál es mi lugar? —pregunté, inocente.

—Algo terrible sucederá si los castellanos y sus aliados no dejan esta ciudad. Habrá muerte, destrucción, peste, guerra…

—¿Más de la que los mexicas han impuesto a los otros pueblos? —pregunté, sabiendo que aquella insolencia podía costarme la vida, pero Motecuhzoma no se inmutó. Imagino que esperaba reclamos míos, y yo tenía ganas de hacerlos. Bastó una mirada rápida para que él entendiera mi enojo y yo su decepción.

—Convence al señor Malinche para que regrese por donde vino, que se vaya más allá del mar y no vuelva jamás por estas tierras. Vete con él. Así los tlaxcaltecas regresarán al yugo de siempre. El orden de las cosas quedará como antes, y los presagios funestos no serán más que una advertencia de los dioses.

Bajé la cabeza.

—Tengo que hacer lo que tengo que hacer para seguir sobreviviendo.

Entonces, el gruñó:

—Y yo haré lo que me toca. No volveremos a hablar en privado hasta que…

Escuché voces, gritos, un tumulto en el primer piso de las casas nuevas, y al volverme vi a dos castellanos, seguidos por Gerónimo de Aguilar. Hernán me había mandado a buscar, pues quería que volviera a su lado.

El gran señor Motecuhzoma no estaba nada contento.

Totocalli

EL MISMO MENSAJERO del *tlatoani* que me había llevado a las casas nuevas, me devolvió a las casas viejas, donde ya me esperaba Hernán, quien daba vueltas sobre el mismo espacio como si se tratara de un ocelote que estuviera dispuesto a atacar. Según me enteré después, por boca de Gerónimo, a Hernán no le había gustado para nada que me hubieran alejado de él, que había temido por mi vida y que incluso había considerado informar a los tlaxcaltecas para que atacaran la ciudad y pudiéramos escapar. Entendí sus razones, éramos prisioneros, estábamos vulnerables. Pedro de Alvarado sugirió que saliéramos por la fuerza, que utilizáramos las cerbatanas de fuego y, montados sobre los caballos, buscáramos la libertad para atacar Tenochtitlan con todo el poder de los pueblos aliados.

¿Por qué Pedro de Alvarado pedía sangre como si se tratara de un dios? Parecía que se alimentaba de ella... Ay, pero entonces yo no sabía de lo que era capaz. Ninguno de nosotros entendía que las acciones de Pedro de Alvarado iban a ocasionar una...

No tiene caso que adelante esta historia. Sé que quieres saber cómo logramos escapar de la gran Tenochtitlan, después de todos los meses que pasamos ahí, pero todo tiene una razón.

Tras algunos días de permanecer encerrados en las casas viejas, en donde no nos faltó comida, ni sufrimos carencias de ningún tipo, vino de nuevo el mensajero del *tlatoani*, pero en aquella ocasión no deseaba hablar conmigo, sino que se dirigió directamente a Hernán Cortés, como si yo no me encontrara ahí.

—El señor, mi señor, el gran señor Motecuhzoma desea reunirse con el señor Malinche para hablar con él...

Hernán escuchó aquellas palabras de la boca de Gerónimo, y se levantó de la silla alta en la que se encontraba. Pidió que le dieran algunos momentos, y fue a uno de los cuartos a cambiarse la camisa y colocarse una chaqueta de terciopelo. No pienses que quería arreglarse para ver al *tlatoani* de los mexicas, más bien quería que éste se diera cuenta de que los castellanos eran superiores. La ropa era una forma de hacerlo. También se calzó sus botas gruesas y unos pantalones largos. Gerónimo y yo esperamos hasta que Hernán estuvo preparado, y salimos de las casas viejas para ir a visitar a Motecuhzoma. En cambio, al resto de los castellanos se les dio la oportunidad de salir a caminar y conocer la ciudad.

Antes de partir, Hernán les advirtió:

—No quiero pleitos, al primer hombre que ocasione un disturbio tendrá que responder a mi espada. Y os advierto, no ha saciado su sed de sangre.

Casi todos bajaron la cabeza, como para decir que habían entendido bien la advertencia que se les había hecho. El único que bufó con hartazgo fue Pedro de Alvarado, quien seguramente esperaba ocasionar algún tipo de problema en el mercado. Creo que tanto Hernán como Gerónimo y yo tuvimos miedo de que Alvarado desobedeciera, pues entonces ¿cómo habríamos de calmar la rabia de un *tlatoani* enojado?

Recorrimos el camino conocido a las casas nuevas de Motecuhzoma. Hernán iba con el pecho inflado, con la barbilla en alto para que los mexicas vieran su barba y admiraran sus extrañas ropas. Lo que no pudo evitar fue que, con semejante calor que hacía en aquella época del año, muy pronto comenzara a sudar, así que cuando llegamos con el *tlatoani*, Hernán tenía la camisa húmeda, como si se hubiera dado un buen chapuzón en el río, lo mismo que Gerónimo. A mí, el huipil me mantenía fresca. Para ese día me había colgado un collar de piedras de color que al final tenía una gran concha marina.

Nos recibieron dos consejeros de Motecuhzoma, quienes nos recordaron que su señor era un gran hombre y que no debíamos tocarlo ni verlo a los ojos. Cuando dijeron estas últimas palabras, me echaron una miradita de que aquello lo decían por mí, y noté en el brillo de sus ojos que más me valía comportarme, pues el *tlatoani* podría castigarme, a lo cual respondió Hernán con una sonrisa burlona.

—No obraremos de forma diferente a la vuestra.

Aquello causó que los consejeros mexicas se sonrojaran. Después nos hicieron pasar al cuarto que conocía muy bien, en el cual Motecuhzoma gustaba vestirse de sombras para sentirse dios y alimentar el misterio a su alrededor.

Esta vez Hernán no cometió el error de saludarlo ni de intentar tocarlo, simplemente se quitó el sombrero e hizo una reverencia. El *tlatoani* miró aquella escena, silencioso, y tardó en moverse.

—Bienvenido seas, señor Malinche; esta cuidad los recibe como visitantes y espera que su estancia sea placentera y que partan en cuanto se sientan cómodos para hacerlo.

Hernán repitió la reverencia.

—Será como ha dicho, gran señor.

Aquellas palabras parecieron gustarle a Motecuhzoma, porque se levantó del banco y se acercó a nosotros, lo suficiente para que pudiéramos ver la rica capa azul que había escogido para ese día y el tocado de plumas verdes de quetzal que portaba en el cabello. Sobre el pecho llevaba un atavío hecho con piel de ocelote. Hasta los huaraches que calzaba tenían piedras azules y una suela gruesa.

Así pues, parecía que tanto Hernán como Motecuhzoma deseaban ser vistos y admirados por sus ropas. Tanto se preocupaban por impresionarse el uno al otro que no comprendieron que su limitada visión del mundo no podría compartirse si yo callaba o no decía toda la verdad. Dos mundos diferentes parecían conocerse, por no decir chocar con graves consecuencias, y yo, hijo mío, una muchacha sin riquezas, o armas, o gran poder, estaba entre ellos porque ahí me había puesto nuestra madre Coatlicue. Sin mí, no podrían entenderse.

Pues bien, el *tlatoani* pidió que lo acompañáramos, dado que deseaba enseñarnos su Totocalli, que quiere decir "casa de fieras". Así se lo hice saber a Gerónimo, y parece que tuvo algún problema en decírselo a Hernán, a quien no le gustó oír aquella frase. ¿Imaginó, quizá, que lo llevarían a un lugar donde algún animal salvaje saltaría sobre él para atacarlo? Pienso que sí, porque Hernán se sacudió al escuchar a su amigo, y luego respiró profundo para recuperar la compostura. No quería que Motecuhzoma se diera cuenta de que tenía miedo, de modo que confió en que nada malo le sucedería y aceptó la invitación.

Fuimos al primer patio de aquellas casas nuevas, y luego caminamos hacia otro. Pronto salimos por una puerta lateral y subimos por una calle privada que nos fue acercando cada vez más y más al *teocalli* de Tláloc. Junto a él se encontraba la Casa de las Fieras, un espacio que sólo podían visitar el *tlatoani* y sus familiares más importantes.

Pronto llegamos a un jardín donde el *tlatoani* coleccionaba todo tipo de plantas maravillosas, con flores de diferentes tamaños y muchos colores, de hojas cortas y largas, de raíces que se escondían bajo la tierra, así como de otras delgadas que salían, como insectos blancos. Según lo que comentó uno de los hombres mexicas, se trataba de un jardín en el cual Motecuhzoma podía admirar la belleza de las flores, escoger las hierbas olorosas que habrían de acompañar sus guisos, pero también seleccionar poderosos venenos que podrían paralizar a un hombre por días o llevarlo a la muerte en cuestión de unos cuantos segundos.

Como te podrás imaginar, no quiso decirnos cuáles de aquellas plantas eran venenosas o cuáles podían usarse para cocinar. Así que sólo nos detuvimos un momento para admirar ese espacio tan largo, más de lo que podrías visualizar en tu mente, lleno de brillos verdes, con el rumor del viento pasando entre las flores, las mariposas de colores revoloteando, grandes insectos negros y sol amarillo que iba subiendo la temperatura.

Poco interés le dieron Hernán y Gerónimo al jardín de Motecuhzoma. Habían visto plantas extrañas desde la Vera Cruz hasta Tenochtitlan, y dijeron que había muchas más en las tierras de donde venían. En cambio, se asombraron cuando seguimos caminando y llegamos a otro patio en cual había diferentes charcos profundos que tenían la extensión de un cuarto de las casas viejas. Motecuhzoma nos invitó a asomarnos y ¡qué sorpresa! Me acerqué al borde del primer charco y observé. Al principio el agua estaba calmada, y sólo podían verse pequeños brillos en ella, pero de repente una línea de color rojo surgió de la nada, luego otra azul, ¡y otra púrpura! Eran pececillos de todo tipo que se movían llenos de vida.

Uno de los mensajeros de Motecuhzoma habló:

—Éstos fueron tomados del lago de Texcoco; los de allá, del lago que está cerca de Cempoala y los que se encuentran en el fondo provienen de las aguas saladas del mar de donde el *tlatoani* manda pedir los pescados frescos que come.

Al hacer la traducción, le recordé a Gerónimo que ese lugar se encontraba cerca de la Vera Cruz, y entonces le expliqué cómo los mensajeros mexicas corrían en relevos desde la playa hasta Tenochtitlan para que Motecuhzoma tuviera su pescado fresco.

¿Sabes qué pensé en aquel momento? Que todo eso era como la pesadilla que yo había tenido en Cempoala, y supe que Coatlicue me había revelado el futuro a través de mis sueños. Ay, esperaba que no aparecieran ocelotes y otras bestias, así como en mi revelación y... sólo puedo decirte que no sucedió.

Mientras caminábamos por entre aquellos charcos, el hombre de Motecuhzoma nos hablaba de los diferentes peces que tenían ahí, cuáles se comían, cuál era su sabor y qué hierbas usaban para prepararlos (porque el *tlatoani* era un hombre de gustos muy particulares), y cuáles eran solamente para admirarse, pues el sol de verano reflejaba mil colores en las escamas de sus cuerpos.

Seguimos caminando hasta otro patio grande, en el cual había enormes jaulas de una madera larga. Lo que había dentro no eran, digamos bestias, sino ¡hombres! No es que fueran criminales y estuvieran ahí arrestados, más bien eran... ¿cómo te explico? Bueno, eran hombres extraños. Uno, por ejemplo, tenía más de treinta años, pero su cuerpo era el de un niño, apenas si me llegaba a las caderas. Otro tenía todo el rostro lleno de las más horribles protuberancias. Uno más tenía siete dedos en cada mano, en lugar de cinco. También vi a una mujer con labios gruesos y pelo en todo el cuerpo, como si fuera un mono de la selva. Nos explicaron que sus padres habían sido mexicas y que ella sabía cantarles a los dioses con la voz más hermosa que jamás hubiéramos oído. El último era un niño que sonreía mucho y jugaba con una cerbatana de madera, pero su espalda, ¡ay! En lugar de ser lisa como la tuya o la mía, tenía una pequeña montaña que sobresalía de la ropa. Hernán dijo que en castellano se le llamaría "jorobado". Yo sólo sentí lástima de que estuviera encerrado para diversión de un señor mexica.

Aquel patio lleno de... ¿podría decir monstruos? era uno de los lugares favoritos del *tlatoani*. Le gustaba caminar por ahí durante horas para verlos. Como te dije, no eran criminales, estaban en el Totocalli no sólo para admirar sus defectos, sino para protegerlos. El pueblo los hubiera agredido y eso no estaba bien.

—Los dioses los hicieron nacer así. ¿Quiénes somos nosotros para cuestionar la decisión de éstos? —dijo Motecuhzoma, aunque más bien creo que al *tlatoani* le divertía ver hombres tan diferentes a él.

El sol ya estaba en el punto más alto del cielo. Hernán comenzó a desesperarse por el calor, no dejaba de darse aire con su sombrero y hasta perdió color en el rostro. Bueno, su piel se volvió blanca, pero sus mejillas se tornaron de un rojo intenso. Al entrar al siguiente patio grande, uno de los criados nos trajo un cuenco con agua fresca, lo cual sirvió para quitarnos la sed. Yo lo agradecí, porque la lengua ya se me pegaba al paladar.

Las jaulas grandes de ese patio estaban, ahora sí, llenas de fieras. Aunque no había visto todas, sí conocía a la mayoría. Por supuesto, Hernán no, así que se acercaba maravillado a cada jaula y preguntaba por el nombre de las bestias: jaguares, pumas, linces, lobos, coyotes, zorros, osos, ocelotes... animales de todos colores y formas, de cuyos colmillos filosos escurría baba. Algunos rugieron al vernos, otros se alejaron de la jaula y se acurrucaron lejos de nosotros.

A veces, Hernán decía:

—Sí, en mis tierras tenemos un animal parecido, pero se llama así y así...

En otras fruncía el ceño, se quedaba viendo largamente a la bestia y exclamaba que nunca había visto nada semejante, que quizás eran animales que habían venido de un lugar que él llamaba "jardín del Edén" donde su dios había creado al primer hombre y a la primera mujer. También estaba maravillado por el color y el pelaje de ciertos animales, quizás imaginó que podrían hacerles ropa con ellos. De igual manera preguntaba cuál era el sabor de tal o tal bestia. Seguramente pensaba que podría encontrárselas en el bosque y cazarlas para crear un banquete.

El mensajero que acompañaba a Motecuhzoma respondió lo mejor que pudo, pero le advirtió a Hernán que aquellos animales estaban ahí para ser cuidados, para que el mundo los conociera, no para ser cazados y llevados ante el fuego con hierbas de olor.

El siguiente patio estaba reservado para las aves. ¡No sabes qué hermoso fue caminar entre aquellos animales tan llenos de color! Volaban elegantes entre nosotros, las plumas de su cola eran como el agua de una laguna, y sus ojos brillaban con el sol mientras se movían a nuestro alrededor. El techo de aquel lugar estaba cubierto por una red muy fina, lo cual permitía que el sol entrara sin que las aves escaparan; sólo podían moverse entre las plantas y los árboles pequeños, como diminutos brillos de todos los colores. Había también mariposas azules y amarillas que se posaban sobre nuestros hombros, y que lograron sacarle una sonrisa a Hernán. Al menos estaba disfrutando el momento.

Nos quedamos en ese patio mucho más tiempo que en los otros. La sombra que nos daba el techo calmaba en gran medida el calor que se sentía en aquel momento.

Habían sido tantas las sorpresas de aquella mañana que Hernán se dirigió al patio anterior, creyendo que la visita a la Casa de las Fieras había terminado. Levantó las cejas con extrañeza cuando uno de los hombres de Motecuhzoma le advirtió que todavía quedaba un espacio más que querían mostrarle, uno del cual estaban muy orgullosos.

Este último patio también estaba tapado, más que el anterior. Apenas si se filtraba la luz por los tablones del techo. Aquel espacio estaba frío, un tanto por la falta de sol y otro por la piedra de las paredes. De igual manera había árboles gruesos que crecían por todos lados.

Hernán se quedó cerca de la entrada, esperando a que le explicaran de qué se trataba aquello, pero el *tlatoani* quería que solos nos diéramos cuenta de su orgullo.

Gerónimo, Hernán y yo nos fuimos acostumbrando a la luz. No tardamos en percatarnos de que las ramas no estaban quietas, sino que se movían, se deslizaban como agua, mas no eran las ramas en sí, sino los animales que en ellas estaban.

Tanto Hernán como Gerónimo se pusieron pálidos, se encontraron en la puerta y comenzaron a gritar que aquélla no era una casa de fieras, sino ¡una casa de demonios!

Y pidieron que los sacaran de aquel patio lo más rápido posible.

—¡Casa de demonios! —gritaron y escupieron en el piso.

El Templo Mayor

En cuanto salimos del Totocalli, Hernán pudo respirar un poco mejor.

—Su dios tiene un enemigo poderoso —comencé a traducir las palabras que me llegaban desde Gerónimo—, un enemigo al que ellos nombran el "demonio" o "Satanás", y que se mueve invisiblemente por el mundo para tentar a los hombres a cometer actos terribles que ellos llaman "pecados": robar, matar, engañar y todo aquello que haga daño a otros. Ellos dicen que este "demonio" vino a la Tierra por primera vez como una serpiente, y que desde entonces usa a estos animales para esparcir el mal por el mundo, por eso tienen veneno por dentro y atacan a las personas. Mi *tecuhtli* sugiere que destruyan ese patio del Totocalli.

Aquellas palabras ofendieron muchísimo al *tlatoani*, quien levantó el pecho ufanamente y apretó los labios. Incluso dejó de mirar a los castellanos. Puedo imaginarme bien lo que pensaba: ¿destruir una colección de serpientes de las cuales se sentía tan orgulloso?

—Serán escoltados de vuelta a sus habitaciones. Espero que nos volvamos a reunir para hablar de sus ciudades y sus costumbres. Los esclavos que he puesto a su servicio les ofrecerán lo que quieran. No son mis prisioneros, sino mis invitados.

Dicho lo anterior, hizo un ademán con la mano derecha y se alejó de nosotros. Hernán quiso seguirlo, pero los hombres de Motecuhzoma le impidieron el paso y entendimos que ya no quería hablar con nosotros, así que emprendimos el camino de vuelta a las casas viejas.

¿Sabes, hijo mío? Caminar, tan sólo un poco, por aquella impresionante ciudad era como visitar un sueño. Había canales de agua entre las calles, un aire fresco que corría en todo momento. Estábamos rodeados de montañas con los picos cubiertos de nieve y grandes edificios de todos colores. Tenochtitlan estaba llena de vida en sus mercados, en sus templos, en los chismes... ¿Sería la ciudad más grande del mundo? ¿La más gloriosa? Imaginé que en las tierras de Hernán no habría nada semejante, aunque los castellanos insistían en compararla con un lugar llamado Granada, y otro llamado Venecia.

Miles de mexicas caminaban por aquellas calles, hombres y mujeres, de todas las edades, de todos los colores de piel, que hablaban varias lenguas. Tenochtitlan era una ciudad de gran limpieza, de gran cultura, de gran vida, que hacía palidecer la grandeza de los dioses, pero... sí, justo como ahora estás pensando, aquella gloria conllevaba un costo, todos aquellos pueblos que pagaban el tributo.

Y en aquella ciudad tan imponente sólo pude pensar en mi lejana Oluta y preguntarme cómo se encontraría todo por allá.

De vuelta en las casas viejas nos encontramos a Pedro de Alvarado peleando con Bernal Díaz del Castillo. Tal parecía que Pedro y algunos de sus hombres más cercanos habían tenido un pleito en el mercado por unas vasijas de barro que habían pateado, y por las cuales el mercader había exigido una compensación. Eso llevó a que hubiera golpes y que algunos guerreros mexicas que caminaban por ahí se metieran a detener la batalla. Pedro de Alvarado, herido en su orgullo por no haber podido continuar la lucha, maldecía y escupía en el suelo.

—Iba buscando pleitos —dijo Bernal, cuando Hernán preguntó qué había sucedido.

—¡Esos salvajes no tienen alma! Son hijos del diablo, deben aprender a respetarnos —luego escupió cerca de mí, me miró a los ojos y repitió—: ¡Salvajes!

—¡Os di una orden muy clara! ¿Es tan difícil cumplirla?

Pedro de Alvarado le mostró los dientes.

—Seguid haciendo migas con los salvajes y veréis que no os lleva a nada bueno. Ese día os acordaréis de mí.

Hernán colocó su mano sobre el cuchillo largo que colgaba de su cintura.

—No quiero que se repita lo que sucedió en Cholollan. Obedeceréis mis órdenes o veréis de lo que soy capaz.

Con un berrinche, Pedro de Alvarado pateó el polvo del patio y se fue a su cuarto a seguir rumiando. Hernán estaba enojado, mucho... y yo aproveché para acercarme a él. Coloqué mi mano sobre su hombro y decidí que sería el mejor momento para demostrarle que yo podía hablar castellano.

—Pedro es... hombre malo... cerca no lo... necesitas...

Hernán respondió de inmediato.

—No es malo, sólo tiene ganas de estar en una guerra. Él... —entonces se detuvo, comprendió que había hablado castellano.

¡No podía creerlo! Abrió los ojos muy grandes y comenzó a saltar, levantando el polvo bajo sus pies. Gerónimo también se le unió, lo mismo que Juan Díaz. ¡Doña Marina hablaba castellano! Sí, ¿por qué no? ¿Pensaban que no podría hacerlo por ser casi una niña, por ser una mujer, por ser natural de estas tierras? Al contrario, fui más inteligente que muchos de ellos, y apenas empezaban a darse cuenta.

Malinalli no era una simple esclava... yo había ganado mi lugar.

A partir de ese día necesité cada vez menos a Gerónimo. Sólo me ayudaba cuando había alguna palabra o frase que no entendía, y comenzó a pasar sus tardes junto a mí para enseñarme a pronunciar correctamente cada palabra, para que aprendiera más palabras en castellano, para hilar historias y describir el mundo, para que pudiera hablar de todo lo que sentía y llevaba dentro de mi alma.

Gerónimo de Aguilar fue paciente, porque muchas veces me equivoqué; otras lloré de frustración al darme cuenta de que no aprendía tan rápido como quería. Una tarde de frío hasta le grité tanto que lo hice llorar. Cuando una palabra se me hacía difícil, la repetía y la repetía y la repetía, desde la mañana hasta la noche. Incluso, en más de una ocasión, soñé labios gruesos que repetían aquella palabra.

Y por aquel entonces también soñé con *unas manos gruesas, del color de la luna, que se cerraban sobre un cuello largo cubierto de collares blancos, mientras se escuchaba el grito desesperado de una mujer, y las garras largas de nuestra madre Coatlicue me señalaban, me acusaban, me daban a entender que se cometería un crimen y yo sería la culpable...* pero imaginé que era sólo un sueño tonto por repetir y repetir palabras.

Así, conforme una nueva lengua abría sus misterios ante mí, también lo hacía Tenochtitlan. Como bien había dicho Motecuhzoma, nosotros éramos sus invitados, por lo que abrieron las puertas y ventanas que se habían cerrado el día que entramos a las casas viejas, y nos dejaron caminar por la ciudad a nuestra entera voluntad.

Eso era algo que Hernán esperaba. No creo que le hubiera gustado estar encerrado en aquella casa, y la sola idea de ser prisionero de los mexicas lo habría vuelto loco, lo suficiente como para conseguir su libertad usando las armas. En aquel momento, eso no fue necesario. Los castellanos decidieron utilizar esa independencia para salir a caminar por las calles y descubrir los pequeños botes en los cuales los mexicas se movían en los canales de agua que recorrían la ciudad. Bernal Díaz del Castillo lo recordaba después de un modo maravilloso en su libro. Bernal tenía un gran don para las palabras. Tal vez si hubiera querido aprender náhuatl o maya, lo habría hecho muy bien. Hernán también guardaba en su mente todo lo que veía, y luego lo escribía en una carta larga que le quería mandar a su rey Carlos.

Cuando los castellanos salían a recorrer las calles de Tenochtitlan, pensaban que en cualquier momento iban a emboscarlos, entonces se ponían sus ropas plateadas como si estuvieran listos para una batalla y se organizaban en grupos pequeños. Eso sólo hacía que los mexicas quisieran verlos para debatir si aquellos hombres blancos eran dioses o no.

Si te soy honesta, no todos los mexicas estaban de acuerdo con que los castellanos se alojaran en la ciudad. Todos habían escuchado los lamentables sucesos que habían acontecido en Chololan, y comenzaban a albergar un rencor terrible contra aquellos hombres extraños que habían llegado a derramar sangre... Empezaron a verlos como una amenaza, no fuera a repetirse la matanza, porque sabían que el fuego que Hernán y sus hombres llevaban dentro de sí no se había extinguido.

A veces nos acompañaban hombres cercanos a Motecuhzoma, pues el *tlatoani* esperaba consentirnos para que nos fuéramos en cualquier momento. Es más, cuando nos reuníamos con él insistía en la pregunta: "¿Conocen el día en que abandonarán Tenochtitlan?", y la respuesta de Hernán era siempre la misma, sacudía la cabeza y decía: "No es oportuno retirarnos", lo cual le provocaba grandes disgustos al señor mexica.

Además, de vez en cuando nos mandaba algunas piezas de oro, plata, conchas, plumas de quetzal riquísimas y mucho más.

Empezamos a pasar tanto tiempo con Motecuhzoma que, cuando comenzaron los días de viento frío, Hernán me dijo en privado:

—El *tlatoani* cree que somos sus prisioneros, pero él no sabe que es el nuestro...

De haber escuchado Motecuhzoma aquellas palabras...

Nuestra estancia en Tenochtitlan se prolongaba... Como dije, terminaron los días de calor y comenzaron los vientos fríos, los cielos pálidos. Después llegó el tiempo de la cosecha y cambiaron los guisos que nos llevaban cada día para que pudiéramos probarlos. Juan Díaz dijo que se acercaban las fiestas en las que los castellanos celebraban el nacimiento de su dios, porque entonces volvieron a explicarme aquella historia de que su dios se había hecho hombre a través de una virgen. Yo sé que tú lo entiendes, pero considera que quienes no crecimos con esa fe lo encontramos muy extraño, por eso yo lo he comprendido poco (aunque hay quienes han dicho que cambié mis creencias por las de los castellanos, y que ahora soy muy devota de su madre virgen). También Motecuhzoma oía con atención esas cosas, pero luego echaba la cabeza para atrás y arqueaba las cejas, como diciendo: "He tenido suficiente de escuchar sinsentidos".

Hernán decía que Motecuhzoma había aceptado su fe y que había dicho muchas veces que quería bautizarse. Yo nunca lo oí, así que no sé si lo escuchó por boca de alguien más. Yo creo que no.

En esta historia, como en todas las del mundo, cada quien cuenta lo que más le conviene. Todos quieren quedar bien, a todos les preocupa ser el villano, y al final, no les importa la verdad; sin embargo, hay tantas versiones de una historia como personajes en ella. Ya has escuchado lo que mexicas y castellanos han dicho. Ahora es mi turno de contar cómo sucedieron las cosas...

Motecuhzoma, debo aceptar, también quería hablar de su fe, porque se había cansado de escuchar las historias de los hombres blancos y deseaba mostrarles más sobre sus dioses, de modo que un día en el que el cielo estaba de un gris plateado, salimos de las casas viejas, siguiendo a un enviado del *tlatoani*, y caminamos entre las calles de Tenochtitlan. Íbamos Hernán, Bernal, Gerónimo, Pedro y, hasta atrás, yo. Pronto apareció ante nuestros ojos la plaza más grande que he visto en mi vida, más de lo que te puedas imaginar. Estaba rodeada de adoratorios, de guerreros mexicas, de vida, de piedra y de edificios imponentes, pero el más alto e importante de todos era el Huey Teocalli, o lo que los castellanos llamaron el Templo Mayor.

Llegamos hasta la base y levanté la mirada. Conté doscientos escalones, y según supe después, su altura era de cuarenta y dos metros. Aquello me dejó boquiabierta. En la cúspide había dos templos más pequeños; uno estaba dedicado a Tláloc, dios de la lluvia, y el otro a Huitzilopochtli, dios de la guerra. Alrededor del Huey Teocalli había setenta y ocho construcciones diferentes, de distintos tamaños, cada una con un propósito religioso o militar.

—Me sentiría honrado si aceptaran acompañarme a conocer el templo —y dio el primer paso en la escalinata. Los españoles lo siguieron, pero en cuanto yo quise subir, uno de los hombres del *tlatoani* me detuvo.

Hernán quiso saber qué pasaba, y el mismo Motecuhzoma respondió:

—Al templo no pueden entrar las mujeres. Ninguna mujer ha entrado jamás a una casa de religión.

No hubo tiempo para discusiones, la orden del *tlatoani* fue tajante, así que el resto de los hombres comenzó a subir por aquellas escalinatas mientras yo los veía. Aquello fue particularmente duro para los castellanos, pues la subida no fue cosa fácil, sino que requirió un gran esfuerzo de su parte, sobre todo porque llevaban sus ropas de metal, las cuales pesaban más de lo que te puedes imaginar.

Yo me quedé abajo, caminando por la plaza y viendo de lejos los templos. En un primer momento me pregunté cómo le harían aquellos hombres para hablarse si yo no estaba ahí. Supongo que a través de señas o tal vez con alguna u otra palabra que cada uno hubiera recogido del idioma del otro. No lo sé. Luego, habiéndome alejado lo suficiente del templo, recordé que ahí era donde se hacían los sacrificios. De no haber sido raptada por los hombres del señor Tabscoob, seguramente me habrían llevado allá, al final de los doscientos escalones y, frente al pueblo, hubiera gritado el sacerdote que sería ofrendada para darle nueva vida al dios. Luego me habrían recostado sobre la piedra del sacrificio. Los ayudantes del sacerdote me hubieran detenido las manos y los pies, mientras éste me abría el pecho. Me habría arrancado el corazón y se lo hubiera enseñado al pueblo mexica para que vitorearan mi muerte.

Sentí un escalofrío al pensar que ése pudo haber sido mi final, y que mi corazón pudo haber descansado, hasta el fin de los tiempos, en aquel cuarto rojo hasta arriba del templo.

Ah, ¿no te he dicho qué encontraron los castellanos en la cúspide del templo? Según lo relató después el propio Gerónimo, al estar hasta arriba del templo, Hernán experimentó un ligero mareo por la altura a la que se hallaba, pero quedó maravillado porque desde aquel lugar podía verse toda Tenochtitlan: las casas nuevas, las casas viejas, el mercado, el lago que rodeaba la ciudad, las diferentes calzadas de entrada, la Casa de las Fieras, los edificios donde acudían los enfermos a ser curados o a realizar extraños rituales de amor; también el barrio donde se fabricaban piezas de barro y otro donde las mujeres ofrecían su cuerpo, algo que no le gustaba a los castellanos, pues no estaban de acuerdo con que las mujeres se dedicaran a la prostitución, ni que los hombres se besaran o tuvieran relaciones entre ellos porque decían que eso molestaba a su dios.

Allá arriba vieron la piedra ensangrentada de los sacrificios, y seguramente se preguntaron para qué se usaría. En cuanto entraron al templo de Huitzilopochtli observaron que aquello estaba lleno de cráneos, corazones, que las paredes rojas estaban pintadas con sangre y que en el centro había una figura alta del dios, hecha por completo de semilla de amaranto. Según me contó Gerónimo, la peste de aquel lugar era terrible, tanto que los castellanos se horrorizaron, empezaron a sentir arcadas, querían salir de ahí. A partir de aquel momento comenzaron a decir que Huitzilopochtli era un demonio, que debería ser destruido. Lo compararon con serpientes y bajaron corriendo los escalones, sin importarles que aquello representara una gran ofensa para el *tlatoani*. Pocas veces había visto tan molesto a Hernán. Pasó junto a mí sin siquiera mirarme...

Después de que Gerónimo me contara todo aquello, yo le platiqué lo que había escuchado sobre los sacrificios. Como te imaginarás, él fue a decírselo al resto de los españoles, y por fin comprendieron el horror vivido por los pueblos que debían ceder mujeres y hombres jóvenes para ser sacrificados.

Dos días después Hernán pidió audiencia con Motecuhzoma y toda su corte para ordenarles que detuvieran los sacrificios humanos o los castellanos tendrían que usar sus armas.

Dicho lo anterior, Hernán miró a uno de sus hombres y éste disparó su cerbatana de fuego al cielo. Aquel estruendo hizo que toda la corte mexica temblara de miedo.

Motecuhzoma le mostró los dientes y repitió su pregunta:

—¿Conocen el día en que abandonarán Tenochtitlan?

En aquella ocasión no era una sugerencia, sino una petición a los castellanos para que se marcharan.

La historia de Tecuelhuetzin

LOS CASTELLANOS IGNORARON la pregunta de Motecuhzoma, pues no estaban dispuestos a irse de Tenochtitlan sin haber conseguido oro, porque era todo lo que buscaban en ese entonces. Los mexicas dejaron de realizar sus sacrificios humanos, pero no permitieron que los españoles volvieran a subir al templo, no fueran a destruir la imagen del dios para poner su cruz de madera.

Pasaron los días, y muy pronto terminó la curiosidad de los mexicas. Comenzaron a cansarse de ver a los castellanos marchar por su ciudad, de que no pudieran llevarse a cabo los sacrificios y, sobre todo, de que Hernán influyera tanto en las decisiones de gobierno. A las pocas semanas de que llegamos a Tenochtitlan, los mexicas estaban convencidos de que su *huey tlatoani* (que en náhuatl quiere decir "aquel que habla") había callado para que Hernán Cortés tomara su lugar. Y en cierta forma así había sido…

En una ocasión, mientras caminaba por el mercado, escuché a dos mexicas cuchichear y señalar a Hernán.

—Motecuhzoma se ha convertido en la mujer de los extraños —dijeron esto con profundo desdén, y supe que estábamos en problemas, porque si Motecuhzoma perdía el poder, también lo haría Hernán. En aquel momento, la suerte de ambos estaba ligada. Si caía uno caería el otro.

Yo sí sentí la amenaza, pues mientras los castellanos pasaban horas descubriendo las riquezas de Tenochtitlan y comiendo pescado fresco en guisos de diferentes colores, una mañana yo había encontrado muertas a las mujeres mexicas a quienes les pagábamos para que nos lavaran la ropa. Yo sabía la razón… Estaban muy cerca de nosotros. Crecía la tensión, pero nadie quería verlo. Yo pensaba que era inútil que los mexicas intentaran algo en contra de los castellanos, pues las armas de éstos habrían causado gran daño. Además, los tlaxcaltecas que esperaban fuera de la ciudad no hubieran perdonado tal afrenta, ahora tenían valor para defenderse y no pagar los tributos.

Crecía la sed de sangre, crecía el odio… y las palabras ya no eran suficientes para comunicarse. Cuando uno deja de escuchar, las palabras pierden su poder.

Tú sabes que los problemas no desaparecen, que se quedan en la vida de uno como grandes sombras que crecen y nos devoran en el momento menos pensado. Entramos a Tenochtitlan en el mes de noviembre, según el calendario castellano, y cinco meses después, en el mes de abril, nos llegaron noticias de que habían arribado a la playa, cerca de la Vera Cruz, dieciocho barcos desde la isla de Santiago de Cuba…

Habíamos dejado atrás la época de frío, y los castellanos se preparaban para festejar sus fiestas, en las cuales recordaban el lejano día en que su dios fue clavado a un madero, cuando llegó un mensajero precisamente desde la playa. Traía aquella noticia de los barcos, y Hernán comprendió que quienes habían venido desde Cuba no portaban mensajes de paz ni de apoyo. Los españoles estaban divididos, y los que habían arribado para hacer la guerra tenían las mismas armas y eran mucho más numerosos.

Cuando escuché eso, me imaginé que se libraría una batalla en la cual nosotros teníamos todas las de perder.

Hernán no lo pensó dos veces. Su espíritu de lucha era demasiado grande. No iba a perder todo lo que había ganado en los últimos meses, ni las alianzas que había establecido ni el oro que le habían regalado. Por lo tanto, se hizo de un grupo de castellanos y anunció que iría a defender la Vera Cruz y todas las tierras que había entre aquella ciudad y Tenochtitlan.

Entonces, lo grave fue que, como no quería perder la ciudad mexica, decidió dejar a Pedro de Alvarado al mando. Sí, el cruel, el déspota, el demonio, el terrible, el pelirrojo, el hombre lleno de odio, Pedro de Alvarado; quien sonrió largamente mientras otros nos quedábamos preocupados.

Y para asegurarse de que la comunicación entre los castellanos y los mexicas se mantuviera constante, me dejó a mí en Tenochtitlan.

—Quiero ir, puedo ayudar —le dije a Hernán, pues prefería estar en plena batalla que cerca de Pedro de Alvarado.

Mas Hernán me miró como si fuera un padre.

—Gerónimo y yo hallaremos la forma de hablarle a los demás pueblos, ahí encontraremos a los aliados que necesitamos. Marina, ayuda a Pedro en todo lo que necesite, volveré antes de lo que crees.

Esa tarde subí al techo de las casas en las cuales nos quedábamos y ahí, sola, me senté a ver el atardecer. Apreté mis piernas contra el pecho, mientras las nubes se volvían de oro, el sol parecía estar hecho de un rojo fuego y las águilas volaban encima de nosotros. El aire fresco llegaba y se iba como las olas de la playa. Entonces comprendí que siempre había estado sola, que mi camino había sido solitario, y que así es como uno debe luchar en la vida para mantenerse en pie. Mis armas no eran los cuchillos, sino las palabras... ¿cuánto tiempo lo seguirían siendo?

Al día siguiente Hernán cambió de opinión, me dijo que me preparara. Armó a sus hombres y salió de la ciudad, pero lo hizo por la misma calzada por la que habíamos entrado. Iba vestido con sus ropas metálicas y se aseguró de que todos lo vieran y sintieran miedo para que se acordaran de él, de sus caballos, de sus cañones y de sus cerbatanas de fuego, así como de la tela en la que llevaba una pintura de su diosa virgen, a la que llamaba Virgen de Guadalupe, que trajo de un lugar llamado Extremadura. Salió ante el silencio de quienes habían esperado durante mucho tiempo que se fuera y no volviera nunca. Se marchó y yo fui a su lado... Había que defender Tenochtitlan.

Lo que siguió en Tenochtitlan me lo platicó Tecuelhuetzin, y recuerdo muy bien sus palabras, así que intentaré contarlas como si fuera ella:

"No te voy a negar que no te extrañé, también a Hernán. Su presencia era tan fuerte que me hizo falta verlo en las comidas, o en sus paseos por el mercado. Hasta añoré su voz de trueno, las canas que tenía en la barba y el fuego de sus ojos. De igual modo eché de menos a Gerónimo, no puedo decir que no, pero mucho más a Hernán. Había algo que me llamaba hacia él, que me interesaba, no podía dejar de verlo, de pensar en él, y hasta de soñar con él... Y no me gustaba, porque yo no había decidido tener esos sentimientos. Me habían entregado a Pedro de Alvarado, y él era todo.

Por días no me habló, tampoco sus amigos. Apenas si quedaron ochenta castellanos en Tenochtitlan que se perdían entre los mexicas que seguían con su vida diaria. De aquí para allá caminaban, iban al mercado y cantaban... Con la salida de los españoles de Tenochtitlan, se perdió el miedo en el que se habían sumido todos y vieron con ansias que se acercaban las fiestas del dios Tezcatlipoca.

Vinieron unos hombres de parte de los sacerdotes del dios, y Pedro de Alvarado los hizo esperar antes de recibirlos sentado en una silla larga, con la pierna cruzada.

—¿Qué queréis? —preguntó antes de permitir que los mexicas le hablaran.

Como pudieron, dieron a entender su mensaje. Conocían palabras sueltas en castellano, y Pedro, algunas en náhuatl. Querían pedir permiso para celebrar una fiesta religiosa.

Pedro de Alvarado rio y se acarició la barba roja:

—Celebrad lo que queráis, a mí no me importa vuestro dios pagano.

Así quedó establecido, y siguieron los preparativos para la festividad.

Llegó el día de la celebración. Comenzaron a escucharse los tambores y los niños salieron a las calles a bailar con alegría. Vistieron con ropas de colores y contaron chistes. El sol salió amarillo para ellos, y ni siquiera la más pequeña nube de lluvia apareció en el cielo. Atraída por el ruido, me puse un huipil recién lavado y me colgué varios collares... ése era un feliz festejo y no sólo quería verlo, sino compartir aquellos bailes.

Seguí los cantos, la música, a las personas que caminaban hacia la Plaza Mayor, quienes ni siquiera se dieron cuenta de que yo estaba ahí, con ellos, a pesar de ser del grupo de los castellanos. En la Plaza encontré a toda la nobleza mexica, a los sacerdotes, a los alfareros, a los vendedores del mercado, a los niños, a los ancianos, a los guerreros, a las mujeres que venden su cuerpo, a los que crean piezas de oro... Ahí había muchísimas personas, de todos los barrios; algunas eran pobres, otras, ricas; algunos iban sólo por la fiesta y otros para rendirle tributo al dios.

Llegué cuando el sol se encontraba en lo más alto y disfruté del tiempo sin tiempo. Me ofrecieron un pedazo de fruta dulce que no tenía semilla y el jugo se me escurrió por la barbilla. También me dieron un jarrito con agua fresca, tortillas de maíz azul y un dulce de amaranto con miel de agave. Todo aquello mientras bailaba con los demás y ¿sabes qué? Ellos estaban conscientes de que yo era una de las mujeres que siempre estaba cerca de los castellanos y lo dejaron ser; me dejaron ser.

Era fácil sentirme parte de los mexicas, de su fiesta y disfrutar, por una vez, la alegría de vivir. Estaba yo tan feliz que no me di cuenta de que caía la tarde, que los tambores de la celebración habían comenzado a tocar más lento y que todas las miradas se levantaban al Templo Mayor. Allá arriba, junto a la piedra de los sacrificios, estaba el sacerdote, con el cabello lleno de canas y piedras de obsidiana que le atravesaban la nariz y las orejas. Llevaba una capa de ocelote y unos zapatos de suela gruesa. Ahí, frente al pueblo, mostró a un joven que no tendría más de quince años, que iba desnudo por completo. Su piel era morena y respiraba muy rápido, seguramente porque sabía lo que habría de venir. Quizá le habían dado algún brebaje para calmarlo, pero aun así, desde la Plaza una podía percatarse de que lloraba.

Sabía cuál sería el destino de ese joven. Quería y no quería ver. Sabía que aquella imagen sería horrible, pero algo me hizo quedarme, comprobar si todo lo que se decía de los mexicas era cierto.

Aparecieron los hombres que habrían de ayudar al sacerdote a sostener a aquel joven. Los tambores empezaron a sonar cada vez más lento... y más lento... hasta parecer los latidos de un corazón, pum, pum, pum, como el corazón del joven que sería arrancado en cuestión de unos instantes... y los tambores hicieron que el tiempo pasara más lento, pum, pum, pum... mi corazón tenía el mismo ritmo de los tambores.

La Plaza entera quedó en silencio.

Mi respiración se detuvo.

Pum... pum... y el joven fue recostado en la piedra de los sacrificios... pum... pum... mientras yo intentaba moverme para ver un poco mejor... pum... pum... no recuerdo qué dijo el sacerdote, sólo vi sus labios moverse, mientras los espectadores esperábamos el sacrificio...

Pum...

Pum...

El sacerdote alzó el cuchillo de obsidiana y un brillo negro me cegó por un segundo.

Pum...

Pum...

¡BUM!

Aquel estruendo se escuchó en toda la Plaza.

El sacerdote dejó caer el cuchillo. Todos volteamos hacia donde había venido ese ruido y descubrimos que uno de los castellanos había disparado su cerbatana de fuego para impedir el sacrificio.

Todos nos quedamos quietecitos, esperando a ver qué iba a suceder. Los ochenta castellanos estaban armados, algunos tenían las cerbatanas de fuego en las manos, otros, sus cuchillos largos. Habían tapado todas las entradas. Sentí un empujón, uno de ellos me jalaba hacia una de las entradas para ponerme a salvo, pero mientras esto sucedía, Pedro de Alvarado daba la orden para el ataque.

Los castellanos eran animales furiosos, pues se lanzaron sobre los que festejaban en la Plaza. Yo fui testigo de todo, del horror, de la sangre, de cómo le dispararon al sacerdote que se encontraba en lo alto del Templo Mayor, para evitar el sacrificio. Éste se llevó la mano a la herida negra en el pecho, cayó dando tumbos por la escalinata y su cuerpo se cubrió de moretones. Los gritos llenaron el lugar... se llenó el cielo de rojo, y la plaza también. Todos corrían mientras los españoles aprovechaban esa primera ocasión para atacar a los mexicas con sus cuchillos largos, enterrándolos en la carne de sus víctimas, atravesando los muslos, los brazos y, a veces, el cuello. Vi a varios mexicas con el cuello rebanado, mientras sus cabezas rodaban lejos de sus cuerpos. Desgarraron torsos y las entrañas quedaron ante los templos. Los cantos se convirtieron en gritos de horror y desolación. Nunca pensé que Pedro de Alvarado fuera capaz de semejante tropelía... pero ahí estaba, en su momento más cruel.

Entonces, los guerreros mexicas comenzaron a llegar con escudos ceremoniales, lanzas largas, mazos de guerra, penachos verdes y rojos, y los dientes pintados de negro. Llegaron gritando, con el deseo acumulado durante muchos días de acabar con los hombres blancos, de matarlos a todos de una buena vez, y aquel acto tonto de Pedro de Alvarado les había dado el motivo.

Yo vi, en el rostro de los castellanos, el miedo. Un miedo profundo y terrible pues sabían que habían cometido un acto del cual no podían arrepentirse, que los mexicas eran más numerosos y que no contaban con la guía de su capitán Hernán Cortés para sacarlos del problema. Era muy tarde ya, el cielo era azul, casi negro. Los mexicas muertos de la Plaza dibujaban sombras horribles, sus espíritus estaban ya con Mictlantecuhtli, dios mexica de la muerte... No sé cuántos mexicas murieron aquella tarde, no lo sé... Quedaron brazos, cabezas, cuerpos; quedó tanta sangre que lo que ocurrió en Cholollan me pareció pequeño. Me dolió el estómago en cuanto vi a tantos guerreros mexicas acercarse a nosotros, con ganas de hacernos lo mismo, de cortarnos la cabeza, de atravesarnos con sus lanzas, de recostarnos en la piedra del sacrificio y sacarnos el corazón.

Los mexicas ya no les tenían miedo a los castellanos. Detrás de los guerreros llegaron hombres y mujeres sin armas, pero con fuego en los ojos, con gritos y reclamos; querían destruirnos. Los guerreros estaban por cumplir con aquella encomienda cuando los españoles emprendieron la huida hacia las casas nuevas. Entramos por puertas distintas y colocamos diferentes muebles en ellas para que los mexicas no pudieran pasar. Pedro de Alvarado decidió que la única forma de salvar su vida era tomar prisionero a Motecuhzoma, y a éste no le quedó de otra. Cuando los castellanos irrumpieron en sus reales aposentos, el *tlatoani* se levantó de su silla. Ya sabía lo que había ocurrido en la Plaza, había escuchado los gritos de sus gobernados antes de morir y ahora escuchaba los gritos de los sobrevivientes pedir venganza. Lo vi en sus ojos, ése fue el momento de su derrota, cuando se dio cuenta de que ya no tenía más tiempo para luchar, que se había equivocado invitando a los españoles a su ciudad, y que no importaba qué sucediera en las siguientes horas, el poder le había sido arrebatado.

Los gritos de los mexicas crecieron, así como los ataques a las casas nuevas, y ni Pedro de Alvarado ni Motecuhzoma sabían qué hacer. Cayeron flechas en el patio, aventaron piedras a las paredes, no nos quedaba comida más que para unos cuantos días y no podíamos avisarle a Hernán Cortés que estábamos en grave peligro. Ay, la muerte estaba muy cerca de nosotros".

El hombre que perdió un ojo

EL CAMINO DE VUELTA a la Vera Cruz estuvo lleno de momentos tranquilos. Los pueblos que se habían convertido en nuestros aliados nos recibieron para pasar la noche y ofrecernos alimento. Yo no sabía lo que íbamos a encontrar cuando llegáramos al mar, pero Hernán ya iba meditando sobre las acciones que habríamos de tomar. Quizá por eso empezó a pedirles guerreros a los pueblos, para hacer crecer su ejército.

—Si perdemos, todos estos pueblos pasarán a ser de don Diego de Velázquez —me dijo.

Y yo me pregunté qué sucedería conmigo si Hernán perdía la batalla contra su enemigo.

Supe que estábamos cerca de la playa porque empecé a sentir el aire húmedo, las noches se volvieron calurosas y flotaba un cierto aroma a sal en el aire. Hacía dos días que habíamos dejado el último volcán nevado, y las hojas de las plantas crecían más largas. No sé por qué, pero imaginé que en cualquier momento íbamos a entrar a Oluta y eso me dio muchísimo miedo. Yo quería que el pasado se quedara ahí… en el pasado. Para siempre.

Agradezco a nuestra madre Coatlicue que al menos no pasamos cerca de Oluta, y que una tarde nublada escuchamos el rugir de las olas a lo lejos. El viento era fuerte y el mar se movía con él. Hernán armó un campamento muy cerca de donde estaba la Vera Cruz y mandó a dos de sus hombres a averiguar qué es lo que estaba aconteciendo en la playa. Encendimos un fuego y nos reunimos en torno a él, no para darnos calor, sino un poco de luz. Además, había que llenarse de valor. Los castellanos de Hernán contra los castellanos que llegaban de Santiago de Cuba, así habrían de enfrentarse. Con razón los hombres de Hernán tomaron aquel líquido llamado vino, mientras esperaban más noticias. Gerónimo se sentó junto a mí, pero Hernán se paseaba como un animal encerrado en la Casa de las Fieras de Motecuhzoma.

Cuando volvieron los hombres de Hernán dijeron que sí había dieciocho barcos, que habían desembarcado cerca de novecientos hombres y que estaban bien armados. Que habían puesto un campamento en la playa y que al frente de ellos estaba un hombre llamado Pánfilo de Narváez.

Hernán maldijo su mala suerte. Contó los trescientos hombres que tenía, consciente de que aquello no sería suficiente para enfrentar la nueva amenaza. Estaba muy preocupado, sudaba. Un mal movimiento suyo podría destruir todo lo que había hecho durante los últimos meses, y quería regresar a Tenochtitlan lo más pronto posible.

Pensó y pensó... El brillo del fuego se reflejaba en sus ojos. Tenía arrugas alrededor de ellos, cicatrices en las mejillas, bajo los labios, la barba llena de canas y su piel blanca parecía roja. En medio de aquel momento noté cómo sus labios comenzaban a formar una ligera curva.

¡Sabía que era el momento de actuar!

¿Retroceder hacia Cempoala? Aquello parecía una verdadera locura, pero obedecimos porque Hernán tenía un plan y una ventaja con la que Pánfilo de Narváez no contaba. Era cierto que Pánfilo había llegado con más hombres y más armas, pero Hernán conocía mejor el terreno al igual que los guerreros de Tlaxcala y Cempoala que tenía.

Sí, retroceder hacia Cempoala a la mitad de una noche oscura, de una noche sin luna y sin canto de chapulines. Recogimos todo muy rápido. Los tlaxcaltecas se hicieron de dos palos largos que envolvieron con telas viejas y que encendieron con el fuego que habíamos hecho, para tener una luz que nos guiara, y luego apagamos el fuego grande. Hernán comenzaba a desesperarse; "rápido, rápido, rápido", nos decía... y entre todos ayudamos, porque sabíamos que en cualquier momento nos podrían atacar.

Estábamos nerviosos. Cada vez que el viento rozaba una hoja nos latía más rápido el corazón, porque pensábamos que el enemigo estaba cerca... que nos acechaba y que en cualquier momento iba a saltarnos encima. No estábamos listos para una emboscada, te lo puedo asegurar, hijo mío, y tan lo sabíamos que algunos de los castellanos levantaron el campamento con una oración en los labios. Padre nuestro esto... padre nuestro lo otro... mientras les temblaban las manos; incluso uno de ellos dejó caer las ropas de metal que cargaba, pues se había tropezado con una piedra y todos, silenciosos, nos quedamos quietos, sin parpadear siquiera, pues creímos que los castellanos de la playa habían escuchado el estruendo, pero al cabo de un minuto muy largo nos dimos cuenta de que no había sido así y pudimos respirar de nuevo. Claro que Hernán no lo iba a dejar pasar, se acercó a aquel muchacho y le dio un buen zape en la cabeza, con la advertencia de que más le valdría tener cuidado.

Así comenzamos a caminar, siempre deteniéndonos cada cierto tiempo para escuchar si había pasos detrás de nosotros. Íbamos alumbrados sólo por el fuego de las antorchas para evitar víboras y alacranes, pero únicamente estaba el viento, el murmullo de las estrellas negras, el aleteo de un pájaro a lo lejos, aunque no pude ver cuál era.

Después de varias horas de frío y viento, aparecieron ante nosotros, en plena noche, los primeros templos de Cempoala, grandes sombras negras en las cuales se había encendido un fuego pequeño en la parte más alta de la escalera. El Cacique Gordo sin duda estaría extrañado de ver que nos acercábamos, pues seguramente alguno de sus hombres ya le había dicho que los castellanos estaban de regreso.

Nos sentíamos cansados y necesitábamos horas de sueño. Levanté la mirada, las estrellas habían desaparecido, pues las nubes las habían cubierto por completo. El aire se volvió mucho más húmedo. Aquello pareció tranquilizar a Hernán, porque dijo que se acercaba una tormenta y que Pánfilo no sería tan tonto como para atacarnos en plena lluvia y a la mitad de la noche.

Si tú crees que el plan de Hernán era sólo defenderse del ataque, o armarse para emboscar a Pánfilo de Narváez, es porque no has prestado atención a mi historia. Aquí, que estamos los dos solos y nadie nos escucha, te voy a contar algo que generalmente no se ha dicho de aquellos días. ¿Recuerdas a los espías que fueron a "ver cuántos hombres y armas" tenía Pánfilo de Narváez? Pues su misión real era otra. Si te los imaginaste asomados en la playa, aprovechando la noche para contar a los hombres, estás muy equivocado. Más bien se adentraron al campamento enemigo y comenzaron a esparcir rumores, a comprar la conciencia de aquellos hombres, a hablarles de las montañas de oro que seguramente había en Tenochtitlan.

A los espías Hernán les había ofrecido riquezas y cargos... yo no lo sabía, y Hernán no estaba seguro de si sus promesas habían dado el resultado que él quería. Los rezos aumentaron, cada quien a su dios. Me acuerdo de que conforme iban pasando las horas, Hernán insistía en que Pánfilo no atacaría con el clima así, pero le preocupaba algo... el Cacique Gordo y sus hombres más importantes se habían refugiado en los templos y aquello era curioso, porque no salieron a ayudarnos.

—Cempoala se ha unido al enemigo. Lo han visto más fuerte que nosotros —sentenció Hernán.

El aire estaba tan frío que dolía en la piel, y eso era raro porque en aquellos días del año debía hacer, más bien, mucho calor. Se sentía agua en el aire; se sentía miedo en el corazón; se sentía la sombra del dios de la muerte entre nosotros; se sentía el fuego, la destrucción y la desconfianza.

La noche era cada vez más profunda y peligrosa. Cempoala no nos recibió y los guerreros de Pánfilo de Narváez caminaban hacia nosotros. Estaba esperando que el combate comenzara en cualquier momento cuando sentí una gota fría en la frente que rodó por mi nariz. La lluvia empezó a caer justo en el instante en el que la batalla iniciaba en la noche más oscura del año, con la tormenta enlodándolo todo, entre gritos, entre tlaxcaltecas con picas largas y totonacas con mazos.

Aquello fue una confusión sin luz. Escuchaba cuerpos caer en el lodo y yo no sabía si se habían resbalado o habían muerto. Yo, llena de miedo, me quedé parada en donde estaba, mientras escuchaba el choque de cuchillos largos frente a mí. Estaba lloviendo tanto que las cerbatanas de fuego no estallaban y luego me dijo Gerónimo que era porque el polvo que usaban, llamado "pólvora", se había echado a perder, ya que estaba mojado. Cuando escuché una flecha pasar junto a mi oreja, supe que también querían matarme, así que di unos pasos hacia atrás, y sentí mi zapato resbalar en el lodo. Intenté mantener el equilibrio, levanté el brazo para agarrarme de algo, de lo que fuera, mas fui a dar al lodo, de espaldas. Sentí un fuerte dolor en las rodillas y por poco caigo junto a una piedra en la que pude haberme abierto medio muslo. La batalla seguía cada vez más violenta, como violenta era el agua que caía y el viento frío que soplaba entre nosotros.

Quise levantarme. No tuve de otra más que poner ambas manos en el lodo para apoyarme. De pronto me percaté de que había un hombre junto a mí, un castellano... ¿muerto? No lo sé, pero ahí estaba el bulto negro, sin moverse, de costado y, con la rápida luz de un rayo, me di cuenta de que tenía los ojos abiertos sin mirar nada. ¿Qué tenía en su mano fría? ¡Un cuchillo largo! Sí, no sabía usarlo, pero improvisar algo era mejor que quedarme ahí sin un arma mientras todos luchaban a mi alrededor.

Me levanté tiritando de frío. Le quité el cuchillo largo al muerto y lo empuñé como si aquello pudiera defenderme del mundo entero. Sentí el agua gotear por mi cabello largo, el temblor de mis labios y de mis huesos, mis lágrimas, mi miedo...

Cada vez que escuchaba algún grito cerca de mí, me giraba con la espada por si necesitaba defenderme. Aquella noche oí muchos alaridos, muchas flechas pasaron cerca de mí y muchas picas atravesaron el cielo, hasta que un grito castellano terminó la batalla.

—¡Por el Espíritu Santo! ¡Me han quebrado un ojo!

Y el resto de la noche sólo se escuchó la caída del agua.

El cielo empezó a cargarse de gris, cada vez más y más, como la espuma del mar, de un gris tan oscuro como la ceniza que queda tras un fuego. Sólo al llegar la mañana pudimos comprender la destrucción de aquella batalla nocturna y entender qué había sucedido. Muertos había pocos, pero muchos soldados con heridas superficiales. Parecía que el plan de Hernán había dado fruto, pues durante el combate, muchos hombres de Pánfilo de Narváez habían cambiado de bando, así que Hernán había tenido más armas, más hombres y mejor conocimiento del terreno. ¡Hubieras visto la cara del Cacique Gordo cuando se enteró de que su Pánfilo había perdido! El pobre Cacique infló los cachetes lo más que pudo, también el pecho y nos dijo que nos daría de comer y todo lo que necesitáramos para curarnos. A mí se me ofreció un huipil nuevo y limpio que acepté con gusto, después de bañarme en unas aguas cercanas para quitarme el lodo del que estaba cubierta.

En cuanto a Pánfilo de Narváez, pues ¿qué puedo decirte? ¡Él fue quien había gritado y así había terminado la batalla! Una pica larga, de mano de un castellano, con toda la mala intención del mundo, le había atravesado un ojo, quitándole la vista. Cuando yo vi a Pánfilo por la mañana, con sus largos bigotes y su barba recortada, tenía un trapo blanco enredado alrededor de la cabeza, justo para cubrir el ojo que había perdido. Apretaba los puños enojado y mostraba los dientes como un perro antes de luchar. Hernán no sólo lo había hecho su prisionero, sino que se había quedado con sus armas y con sus hombres.

El tal Diego, que se encontraba en Santiago de Cuba, había sido derrotado de nuevo y, al menos por un momento, Hernán lo había logrado.

Durante aquel día, aprovechamos para descansar, comer y reponernos del viaje largo que habíamos hecho desde Tenochtitlan. Más tarde, Hernán me invitó a sentarme con él bajo un árbol.

Lo recuerdo recostado de lado, sin sus ropas metálicas, apoyando su cabeza en una mano y preguntándome si estaba bien. Me senté frente a él, en cuclillas, con una manta sobre los hombros porque todavía el aire estaba frío. Le respondí que me sentía un poco mejor.

—Lamento lo que sucedió por la noche, Marina. Siempre os he protegido, siempre he tratado de que no estéis en la batalla. Ayer nos sorprendió y siento que os he fallado.

Bajé la cabeza.

—No se puede cambiar el viento como no se puede cambiar la guerra.

Me miró y me sonrojé.

—Gerónimo de Aguilar dijo que fuisteis muy valiente, que tomasteis una espada y que así lograsteis ahuyentar a vuestros enemigos. Qué bueno que no emprendisteis la huida a la mitad de la noche. Sois muy valiente.

¿Sería acaso que aquel hombre de fuego me incendiaba por dentro? ¿Mi espíritu se llenaba de humo? ¿Por eso sentía calor en las mejillas y se quemaban las palabras en mi boca antes de salir? Entonces, miré a Hernán a los ojos y él hizo lo mismo. Por primera vez nos sostuvimos la mirada... y el mundo se detuvo, el tiempo fue diferente. Parecía que el sol estaba entre nosotros, que éramos nosotros... ¡Pudimos habernos convertido en un mismo sol! Y no había nadie cerca que nos mirara, que nos arrebatara ese momento.

Hernán alargó el brazo y sentí sus dedos sobre mi mano. Su piel estaba cálida, rugosa, era más de lo que yo hubiera esperado, y compartimos una sonrisa, un sentimiento... un deseo, el del uno por el otro. Sentí un cosquilleo entre las piernas que nunca antes había experimentado, uno más en el vientre y un tercero en los labios. No quería que Hernán jugara con mi corazón, pero algo de mí quiso que jugara con mi cuerpo.

Vi cómo se enderezaba, cómo su cuerpo entero se inclinaba hacia mí, sentí su aliento cerca y quise tenerlo dentro de mí. Sus labios se aproximaban a los míos, cada vez más... y más...

¡Era el momento que había esperado durante mucho tiempo!

—¡Capitán Cortés! —vino corriendo un muchacho.

Hernán volvió a acomodarse, dejándome con el deseo de probar sus labios, y del que pudo haber sido mi primer beso... ¿qué podía ser tan importante como para impedir nuestro primer beso?

Aquel muchacho llegó a nosotros, y no esperó a recuperar el aliento.

—¡Noticias de Tenochtitlan! Ha llegado un hombre de Motecuhzoma, está muy herido. Parece que hay problemas.

Y pasé las siguientes horas escuchando la historia de la matanza que había sucedido frente al Templo Mayor para que Gerónimo se la contara a Hernán.

Iniciaba nuestra hora más oscura.

La petición de Motecuhzoma

EL TIEMPO HABÍA CAMBIADO. Por aquellas tierras y pueblos se habían contado historias de la sangre derramada en Cholollan y en el Templo Mayor. La gente nos tenía miedo, no salieron a recibirnos como antes, tampoco a contemplar a los hombres extraños en ropas de metal. No quisieron que nos quedáramos a descansar con ellos ni nos ofrecieron comida. Los pueblos que antes habían festejado nuestra presencia con fiestas y juegos de pelota, ahora estaban silenciosos y querían que no nos acercáramos a ellos. Me sentí muy incómoda, culpable...

Habíamos escuchado la matanza del Huey Teocalli, pero días después, cuando logramos volver a la ciudad, descubrimos la destrucción que había quedado. Entramos por la misma calzada, esta vez con más hombres... pero los mexicas no salieron a recibirnos. No querían vernos. Por un lado nos tenían miedo, y por el otro nos odiaban con todo su ser. Parecía que nos habíamos convertido en aquellos demonios de los que tanto predicaban los castellanos, esos que eran enemigos de su dios invisible. Los gritos callaron sólo para vernos pasar, pero dentro de la gente el odio incrementaba, un odio con peso, un odio rojo que crecía como el sol del amanecer y amenazaba con quemarlo todo.

Hernán lo sabía, todos lo sabíamos... Los castellanos se habían excedido.

Nuestro andar fue lento, incómodo, silencioso, pero en cuanto entramos a las casas nuevas, Hernán se bajó del caballo y, como un viento duro, recorrió los cuartos y pasillos buscando a Pedro de Alvarado. Lo encontró en un espacio en el cual Motecuhzoma guardaba valiosas plumas de quetzal que colgaban de las paredes, iluminadas por una luz amarilla que penetraba por una de las ventanas. Ahí gritó que lo dejaran solo, y las paredes retumbaron. Todos tuvimos miedo, hasta los hombres que estaban al servicio de Motecuhzoma y no entendían lo que se les había dicho, sólo que era algo grave.

Y los dejamos solos en aquel cuarto, donde Hernán gritó y gritó sus reclamos por todo lo que había pasado en las fiestas del Templo Mayor, mientras Tecuelhuetzin me contaba cómo ella había vivido aquella historia y por qué desde entonces se habían refugiado en aquellas casas del *tlatoani*... pero ¿y el mismísimo *huey tlatoani*? No estaba entre nosotros, no nos había recibido, parecía ser una sombra.

Mientras los gritos de Hernán a Pedro seguían escuchándose por todos lados, caminé hasta el cuarto en donde Motecuhzoma daba audiencia, y lo encontré solo, sin sus consejeros. Era un hombre grande que se veía tan pequeño, cubierto de sombras en cuerpo y espíritu, sentado en su silla de siempre, con el rostro hundido entre las palmas de sus manos. Notaba su respiración y su espalda encorvada. Parecía que los dioses lo habían abandonado.

Al escuchar mis pasos, levantó la cabeza como un animal herido.

—Te lo advertí, esos hombres sólo pueden traer la destrucción —me dijo con la voz cortada.

No tenía palabras para él, en ninguna lengua y con ningún sentimiento. Al mismo tiempo sentía lástima y resentimiento. Lo odiaba, pero no quería alejarme de ahí.

—La culpa es mía —continuó—. Pude haber destruido a Hernán y a sus hombres, pero no pensé que fueran una amenaza real. Luego entendí el peligro, y le pedí a los dioses que terminaran con ellos. Te lo advertí, pero la muerte y la guerra no se pueden evitar por las advertencias de un gobernante. Ya no hay nada que hacer... He luchado contra inundaciones, contra otros pueblos; he luchado contra hermanos y contra mí mismo. No puedo luchar contra mi gente. No, no hay nada que hacer...

—Aún eres el *huey tlatoani*, aún tienes el poder y...

—¡No se puede gobernar a un pueblo que no quiere ser gobernado! Déjame solo, Malinalli. Todo está perdido.

Volvió a hundir su rostro en las manos, y lo escuché llorar. No sabía que los hombres con poder lloraban, hijo mío. Ese día lo descubrí con mucho pesar.

Conforme pasaron las horas, el silencio de las calles se perdió. El odio de los mexicas eran tan grande que volvieron las protestas, los gritos y los insultos. Nos llamaban asesinos, ladrones, se juntaban en las calles cerca de las casas nuevas para arrojar piedras e intentar entrar al palacio. El peligro estaba cerca y todos lo sabíamos. Hernán entendió el error que había sido regresar a Tenochtitlan en medio de una revuelta, y no dejaba de reclamárselo a Pedro de Alvarado, aunque éste sólo tenía una respuesta:

—Esos salvajes nunca podrán contra nosotros...

Aunque eran ellos, los mexicas, quienes nos acusaban a nosotros de salvajes, y no puedo decir que no tuvieran razón.

Hernán debió prever el peligro, pero le entraron ganas de calmar a la gente o de salir de Tenochtitlan. Las armas ya no serían suficientes contra los mexicas, pero al menos se sentiría seguro mientras Motecuhzoma estuviera vivo. Así que se envalentonó y decidió pegarles a los mexicas en donde más les dolía. Armó un grupo de hombres y salió de aquel lugar. ¿Sabes qué es lo que quería hacer ese loco? Pues se le ocurrió tomar el control de las calzadas de acceso a la ciudad. Sí, en un primer momento lo logró, pero rápidamente los mexicas las atacaron y las recuperaron. Además, durante la batalla, se hicieron de dos cañones castellanos y algunas cerbatanas de fuego. Yo, la verdad, me preocupé al enterarme, pero Gerónimo me dijo que no me alarmara porque los mexicas no sabrían usar aquellas armas. Luego, Hernán y sus hombres cometieron la locura de atacar el Huey Teocalli, de repetir la ofensa que Pedro de Alvarado había hecho el día de la matanza.

Claro, Hernán lo que quería era mandarles el mensaje de: "Aquí yo soy el que manda y las reglas las pongo yo", pero los mexicas no estaban dispuestos a seguir aquella encomienda. Y ¿sabes qué fue lo peor de esos días? Que los mexicas no vieron a su *tlatoani*, pues simplemente no hizo ninguna aparición en público, ni fue a los templos, ni emitió proclamas. Su *huey tlatoani*, "aquel que tiene la palabra", había quedado mudo, y mientras más callara, más poder perderían sus palabras.

Para protegerme, esos días estuve encerrada. No querían que pusiera un pie en la calle, no fuera a ser que alguno de los mexicas quisiera vengarse de Hernán y me hiciera daño. Desde luego, tenían razón. Pude haber terminado en la piedra de los sacrificios, donde habían deseado tenerme cuando era aquella niña que había perdido a su padre. No, lo mejor era quedarme encerrada, comer lo poquísimo que nos llevaban, y pasar las tardes en el techo de aquel lugar para ver el atardecer y contemplar los primeros momentos de la destrucción de la ciudad. Pude hacer eso hasta que una flecha perdida casi me da en el pecho... bueno, no tan perdida, alguien me había visto desde un edificio cercano y había aprovechado la oportunidad.

Al enterarse, Gerónimo me prohibió subir y me advirtió que si no le hacía caso, tendría que decirle a Hernán. Bernal del Castillo estuvo de acuerdo.

Así que pasé mis últimos días en Tenochtitlan entre paredes, bajo techo, sintiendo miedo, soñando otra vez con la ciudad consumida por el humo y el fuego, añorando algunas palabras de nuestra madre Coatlicue, esperando que en cualquier momento Hernán o Pedro o Bernal o Gerónimo o Motecuhzoma cometieran un error que me condenara a muerte, al sacrificio, al escarnio o a sufrir algún mal que pudiera acabar con mi vida. En ese entonces, los días eran soleados, pero a mí me parecía que habían perdido todo color, todo calor, toda posibilidad de sonreír. Y sí, Hernán fue un tonto al seguir molestando a los mexicas, al seguir echándole más leña al fuego del enojo mexica. Las protestas crecieron, los insultos se oyeron cada vez más y los espacios que tomaban los castellanos eran recuperados por los mexicas.

Llegó un caluroso día en que ya no hubo más que hacer. Los castellanos, las esclavas y toda la comitiva nos quedamos encerrados en las casas nuevas sin posibilidad de salir ni siquiera a caminar, escapar o luchar. Dejaron de llevarnos comida, se acabaron las provisiones, quedó poca pólvora para hacer estallar los cañones y las cerbatanas, y los cuchillos largos no serían suficientes para defendernos.

Entonces, Hernán supo que estábamos perdidos, que sólo le quedaba encomendarse a su dios y esperar que Motecuhzoma quisiera ayudar. No se lo pedirían como un favor, sino todo lo contrario. Entramos al cuarto en el cual daba audiencia, pues era el lugar donde pasaba la mayor parte del día, esperando a que la vida le ofreciera una solución al problema o un modo de escapar de ella. Se había cansado tanto de consultar con sus consejeros y sus guerreros como de escuchar todos los insultos que, desde las calles, el pueblo le gritaba.

Como dije, se había convertido en una sombra, en un hombre sin voluntad, había perdido peso, se le había ido el brillo de la mirada y había dejado de usar collares, aretes y zapatos costosos. Parecía un vivo que no tenía vida en el cuerpo y, si me hubieras preguntado, te diría que su espíritu ya había volado al Mictlán para reposar hasta el fin de los tiempos con los demás muertos del mundo.

Fuimos Hernán, Pedro y yo con él. Le hice saber a Motecuhzoma que le pedíamos que saliera al balcón a calmar a su pueblo. Cuando escuchó mis palabras, levantó la cabeza con los ojos húmedos, opacos, y respondió.

—¿Qué bien podría hacer yo ahora? No me escucharán.

Pero Hernán insistió:

—Salid y hablad a la muchedumbre, sois el único al que oirán.

Mas Motecuhzoma ya estaba derrotado, y su respuesta fue sólo un gruñido. No quería hacerlo, no tenía las fuerzas ni la intención de seguir ayudando a los castellanos.

Sin embargo, Pedro de Alvarado no tenía ganas de tratar con un gobernante derrotado, así que, contra toda regla, se acercó al *tlatoani* y lo jaló de sus ropas. Todos estábamos con la boca abierta. ¡Cómo se había atrevido a cometer semejante ofensa! Ninguno de nosotros lo podía creer, pero al menos sirvió para que Motecuhzoma se levantara, y arrastrando los pies, caminara por su gran casa, pidiendo que le ayudaran a colocarse una manta de piel de ocelote sobre los hombros, así como un tocado de oro en el cabello, y que le dieran agua ceremonial para tomar valor. Todos íbamos detrás, subiendo por la escalera, junto con algunos miembros de la corte. Llegamos al cuarto que había visitado cuando tuve la audiencia privada con Motecuhzoma, en el segundo piso. Yo sabía que daba a un techo, donde el *tlatoani* podría hablar con las personas de la plaza. Al menos desde lejos.

Motecuhzoma temblaba de las piernas, las manos, los dedos, los labios. Todo él se movía como una hoja impulsada por el viento frío. Salió él solo a hablar con los mexicas. Escuché muchos insultos ese día, pero el que más se repetía era que Motecuhzoma era la mujer de los castellanos… como si haber nacido mujer fuera una ofensa. Motecuhzoma levantó los brazos para intentar calmarlos, pero no logró su silencio. El pueblo mexica comenzó a gritar cada vez más fuerte, lanzaban flechas y piedras. Yo pensé que Motecuhzoma regresaría con nosotros, pero no fue así. En cambio, continuó tratando de hablarles a "sus hermanos mexicas", pero de nada sirve ser "aquel que tiene la palabra" si los demás no escuchan.

Una mano se cerró en mi brazo y me jaló, era Hernán. Qué curioso que entonces pensara en mí. Me pareció escuchar sus latidos a través de tanta ropa... ¿acaso quería protegerme? Yo ya no era una esclava para él, tampoco una simple mujer que traducía palabras de una lengua a otra.

Crecieron las pedradas y las flechas. Allá abajo, en la plaza, había hombres y mujeres, comerciantes y guerreros.

Motecuhzoma volvió a pedir un poco de paz, que lo escucharan... pero aquello no fue posible.

Sin esperarlo, una de las piedras alcanzó el lugar en donde él estaba y le dio un golpe en la pierna... Se agachó para verlo, y recibió otro en el hombro... Sucedió de una forma tan repentina que me pareció que el tiempo se detenía. Una roca giró a gran velocidad hacia la cabeza del *huey tlatoani* y hubo un salpicón de sangre. Motecuhzoma se tropezó al caer hacia atrás. Su gran figura quedó bocarriba, con los ojos cerrados.

—¡Sacadlo de ahí! —ordenó Hernán.

Y varios de sus hombres salieron a rescatar el cuerpo de Motecuhzoma, librando las piedras que seguían cayendo.

Cuando lograron ponerlo a salvo, lo recostaron en un petate, frente a Hernán Cortés, y pude ver la herida. Estaba justo arriba del ojo izquierdo; se veía hueso, sangre y algo más que palpitaba. La lesión era grave. Uno de los hombres de su corte se acercó a ponerle un aceite y lo tapó con una tela blanca de algodón.

Hernán se dio cuenta de que Motecuhzoma movía los labios, y me pidió que me inclinara. Acerqué mi oído a sus labios y escuché la petición que el *tlatoani* le hacía a los castellanos.

Me levanté y cara a cara le dije a Hernán:

—Motecuhzoma pide al señor Malinche que éste cuide a sus hijos, y a su muy querida hija Tecuichpo Ixcaxochitzin.

Entonces, Motecuhzoma cerró los ojos y pareció dormir. Apenas comenzaban las fiebres terribles que habrían de asolarlo por los próximos días.

Una noche triste

CUANDO LAS PALABRAS SON MUY FUERTES y llevan odio, por lo general no oyen otras palabras. Los mexicas y los castellanos habían decidido no entenderse, no hablarse, no escucharse. ¿Qué trabajo tiene una mujer que cambia de una lengua a otra cuando nadie quiere comprenderse?

Motecuhzoma había sido llevado a su cuarto, lo habían recostado en un petate, lo habían cubierto con varias mantas y trataban de sanar sus heridas con brebajes de hierbas, empastes y rezos sagrados. Pedro de Alvarado había sugerido, desde aquel momento, que lo mejor sería acabar de una vez con la vida del *tlatoani*, que él mismo podría hacerlo, sólo iba a tomarle un segundo, pues sería con una cuchillada en el corazón. Me sorprendió que Hernán lo considerara, pero le daba largas al asunto, mientras el gobernante de los mexicas moría...

Pasaban las horas, horas muy importantes para decidir qué habríamos de hacer. Además, dependíamos de la vida de Motecuhzoma. Mientras él estuviera vivo, nosotros también. Hernán andaba preocupado, de aquí para allá, tramando un plan que nos permitiera salir de Tenochtitlan. Como sus hombres sabían que tendrían que emprender la huida en cualquier momento, recorrían todos los cuartos buscando cualquier cosa de valor, desde oro hasta piedras preciosas, y con ellas llenaban sus sacos y morrales.

En una de ésas me encontré a Hernán masajeándose las sienes, preocupado por un dolor de cabeza que lo aquejaba. Yo creo que era la presión de sentir que si todos vivíamos o moríamos era cosa suya. Además, hijo mío, yo creo que él se creía responsable de lo que le había sucedido a Motecuhzoma.

Estaba mal, muy mal. En pocas ocasiones lo había visto sudar tanto por una decisión. Necesitaba tiempo, y no lo tenía. O escapábamos antes de que los mexicas entraran a las casas nuevas o moríamos de hambre.

Fueron días de mucho calor, de cielos vacíos, de noches sin sueño, de escuchar los gritos de los mexicas. Los castellanos seguramente imaginaban qué tipo de palabras les decían, pues ni siquiera preguntaban por lo que significaban. Lo entendían, ¡vaya si lo entendían! ¿Se ofendían por ello? Muchísimo, pero se lo habían ganado... y nos habían puesto en riesgo a todos.

Día y noche estuvo Pedro con que él mismo podía matar a Motecuhzoma, por eso, cuando uno de los miembros de la corte se acercó a mí para que le informara a Hernán que el *tlatoani* al fin había mandado su espíritu al Mictlán, Pedro gruñó. Juan Díaz se maldijo por no haber bautizado a Motecuhzoma a tiempo y Hernán bajó la cabeza para llorar. Después de todo, le había dolido la muerte del gobernante mexica. No se me ocurrió otro gesto que abrazarlo y descansar mi cabeza en su hombro. No sé si yo lo consolaba a él, o él a mí.

Sé tu pregunta, quieres saber cómo murió Motecuhzoma. La verdad es que no lo sé. Tu padre tampoco. Algunos dijeron que fue por la herida de la piedra que le había roto la cabeza; otros, que el *tlatoani* se dejó morir porque ya no quería vivir en este mundo. Incluso he escuchado que supuestamente un castellano lo acuchilló por la noche. Pudo haber sido otra cosa, o más de una. En aquel momento nos importaba porque aquella mañana en la que supimos que Motecuhzoma había muerto, fuimos consciente de que nuestro tiempo en Tenochtitlan había llegado a su fin. Sería cuestión de horas para que toda la ciudad se enterara de que su gobernante había fallecido y para que nos culparan a nosotros por ello, para que las protestas se volvieran violentas, para que las calles se mancharan con nuestra sangre, para que un sacerdote me arrancara el corazón.

No teníamos tiempo para negociar, tampoco para un plan elaborado. Sólo nos quedaba una escapatoria: ¡la noche! Huir en la oscuridad y esperar que todo saliera bien.

Aquélla fue una tarde muy larga. Ya todos estábamos listos, pero queríamos esperar a las sombras, y ellas no llegaban; el sol parecía disfrutar nuestra agonía porque bajaba lento... cada vez más lento. Cuando vi al sol mancharse de rojo en aquel cielo sin nubes, pensé en sangre, en la que habría de correr si nos atrapaban. Debíamos ser muy silenciosos y rápidos. No entendía por qué los castellanos llevaban algo tan pesado como piezas de oro, algunas muy grandes. El tesoro de Motecuhzoma sólo nos retrasaría.

Cayó la noche. Los pájaros nocturnos comenzaron con sus gritos largos. Las calles de Tenochtitlan parecían calladas, no se escuchaba ni un rumor, tan sólo el viento, y eso me preocupaba. Habían parado las protestas. ¿Estarían llorando por la muerte de su *tlatoani*? Uno de los castellanos que había salido a recorrer las calles, disfrazado con una vieja manta para ocultar el color de su piel, nos dijo que teníamos el camino libre hacia la Calzada de Tacuba.

Estábamos inquietos, iluminados sólo por fuegos pequeños. La corte, los familiares y los esclavos del *tlatoani* muerto nos miraban con lástima. Estoy segura de que pensaban que no podríamos huir.

Sentía que la luz del fuego me manchaba las manos, y por más que me acerqué a él, no logré calentarme.

El miedo siempre se siente frío.

En una de ésas sentí que me tocaban el hombro, y cuando me volví, sólo pude reconocer la mirada de Hernán. Me tomó de los brazos y me acercó a él. Sentí sus labios contra los míos, su aliento, el picor de su barba, su lengua húmeda.

—Si acaso muero esta noche, no querría conocer a mi dios sin conoceros a vos —me dijo.

Sentí que su cuerpo temblaba de miedo; el mío, por haber recibido mi primer beso. Si no hubiéramos tenido la necesidad de escapar, le habría regresado el beso. Porque en aquel respeto que cada uno sentía por el otro había florecido algo más...

Al punto de la medianoche, cuando la luna desaparecía en la bruma como si se cubriera de espuma de mar, Hernán montó en su caballo y dio la orden. Los castellanos, las mujeres y los poquísimos tlaxcaltecas que nos acompañaban comenzamos a avanzar muy despacio. Cada sombra, cada ruido, cada latido de otro era una amenaza... aunque sí se escuchaban nuestros pasos, el choque de las piezas de oro en las bolsas, la marcha de los caballos. Tuvimos que dejar atrás los cañones por el peso, pero caminamos con el resto de las armas. La ciudad parecía más grande. Cada calle era un peligro, pues podían salir los guerreros mexicas y matarnos.

No podríamos defendernos.

No teníamos un plan.

Se me secó la boca, se me pegó la lengua al paladar.

Me temblaban las piernas cuando llegamos a la Calzada de Tacuba. El agua que rodeaba Tenochtitlan parecía negra, apenas y surgían brillos blancos de la luna cuando el viento frío la rozaba. Al final de la calzada estaba nuestra libertad, pero por la oscuridad no podíamos verla.

Yo iba en el primer grupo, cerca de Hernán. De pronto abrí bien los ojos y vi que una sombra se movía cerca del agua. Medio cerré los ojos para ver mejor de qué se trataba y me percaté de que era una mujer vieja, con las muñecas llenas de collares. Llevaba una jarra de barro en las manos, seguramente iba a buscar agua... pero...

¡Nos había descubierto!

Escuché el barro romperse y los pasos de aquella mujer alejarse de ahí. Fue muy tarde para avisarle a Hernán, pues los gritos de la vieja ya habían puesto en alerta a los guerreros mexicas. Pronto se oyeron los tambores de guerra, nos rodearon las barcas y antes de que viera la primera de ellas, una flecha hirió a uno de los caballos en el lomo, éste se alzó en dos patas y tiró a su jinete sobre la calzada. El animal herido se fue de lado y lo escuché caer al agua. Hernán no supo reaccionar, no podía pelear, estábamos cercados por los guerreros mexicas. Miré a Tecuelhuetzin que estaba a mi lado, asustada, no podía moverse.

En aquella confusión, los tlaxcaltecas que nos acompañaban intentaron pelear de vuelta, pero uno a uno fueron cayendo como trapos viejos... muertos se desplomaron en el agua, con sus armas en las manos y los cuerpos llenos de flechas.

Los castellanos, en lugar de disparar sus cerbatanas de fuego, abrazaron sus sacos llenos de oro porque querían salvarlos y se arrojaron al agua. Yo le dije a Tecuelhuetzin que hiciéramos lo mismo, pero seguía fría en medio de la batalla. Entonces Hernán se lanzó al agua con todo y su caballo.

Yo tomé a Tecuelhuetzin del brazo y la empujé. Cerré los ojos y salté al vacío.

Escuché el chapuzón, y luego sentí el frío, la humedad, el miedo... No sabía nadar; tampoco Tecuelhuetzin, ni los castellanos. Abrí los ojos al mismo tiempo que la luna brillaba más fuerte y, entre burbujas blancas en el fondo negro, vi a los castellanos hundirse por el peso del oro, a los caballos que trataban inútilmente de sobrevivir, flechas y picas que entraban con fuerza en el agua para matarnos, vi muerte, vi sangre diluirse... Y por un instante, en aquella luz, creo que vi la figura de Mictlantecuhtli, dios de la muerte, burlándose de mí, con sus ojos vacíos.

Moví las piernas y los brazos, pero el aire se me terminaba y yo me hundía. ¿Dónde estaba Tecuelhuetzin? ¿Dónde Hernán? ¿Dónde Gerónimo?

Sentí que algo filoso entraba en mi hombro. La sangre me rodeaba en el agua... luego no supe si la luna se volvió a ocultar o si fui yo la que había perdido la poca luz porque me hundía en el silencio, pero allá arriba seguía la batalla, los gritos, la derrota de los castellanos.

Cuando abrí los ojos era todavía de noche. Me sacaron del lago, el aire llenó mis pulmones y el agua salió de mi boca. Tosí un poco antes de intentar moverme, me dolía mucho el hombro derecho. El huipil mojado estaba manchado de sangre. Con mucho cuidado quise sentarme, pero me dijeron que tenía que seguir avanzando. Me vi rodeada de guerreros tlaxcaltecas... continuaban la lucha y los gritos. Los guerreros mexicas iban tras nosotros y yo no me sentía con la suerte de escapar al dios de la muerte dos veces en una noche.

Hernán estaba ileso y a Pedro de Alvarado tuvieron que sacarlo del agua. Tecuelhuetzin iba caminando delante de mí con una manta en los hombros, llorando como una niña pequeña. Casi todos los caballos se habían ahogado y lo mismo sucedió con muchos de los castellanos que no habían querido soltar su oro. Ojalá en la muerte les haya servido tanta riqueza.

En lo que restaba de la noche, huimos lo más rápido que pudimos hacia donde nos llevara el viento. Ya no podíamos sentirnos tranquilos, pues esperábamos una nueva emboscada. El miedo hizo que nos diéramos cuenta del tiempo. Caminamos hasta que nos dolieron los pies. Bernal Díaz del Castillo iba contando a los que habían quedado vivos, y trataba de juntar historias sobre lo que había sucedido.

Cuando necesitaba que lo ayudara, Gerónimo y yo traducíamos, porque la verdad yo no tenía ganas de pensar en castellano, así que cambiamos las palabras de una lengua a otra como antes.

Cuando llegamos a Coyoacán, le hicimos saber a Hernán que se habían perdido muchas cerbatanas de fuego, cuchillos largos y oro; que habían muerto más de quinientos castellanos y cuatro mil tlaxcaltecas, que no sabíamos cuántos hombres habían sido capturados por los mexicas y que no teníamos nada para comer. Cada una de estas noticias cayó en su alma y, por primera vez, pude ver que el fuego de su espíritu desaparecía. Sus ojos se fueron vaciando de toda emoción, se quedó sin palabras y no pudo respondernos. No dejó que termináramos de hablar, caminó hasta el árbol más cercano y se dejó caer. Se trataba de un ahuehuete de tronco grueso. Ahí, sin mirar a nadie, se llevó la mano derecha a la cara y lloró... lloró y sollozó largamente hasta que el sol empezó a salir entre los montes y nos descubrimos mojados, heridos, llenos de lodo y por completo derrotados en cuerpo y espíritu.

Aquella había sido, para nosotros, una noche verdaderamente triste. Ninguna de nuestras plegarias había sido escuchada; nuestros dioses nos habían abandonado.

Manchas rojas

HERNÁN CORTÉS murió esa noche... pero uno nuevo nació de aquellas lágrimas. Ya no era el mismo, su mirada había cambiado, había perdido el brillo. Dejó de reír, de hacer chistes con sus amigos, de beber vino. En cambio, se volvió muy callado, entendió que hay palabras que tienen más fuerza cuando uno las guarda para sí. Cuando fuimos a Tlaxcala en busca de ayuda, comida y armas, dedicó gran parte del tiempo a caminar en círculos, con las manos detrás de la espalda, mientras le rezaba a su dios.

En Tlaxcala, la gente nos recibió con caras largas. Esperaban que nuestra alianza pudiera frenar a los mexicas para que dejaran de exigir el pago de los tributos, pero para ellos los castellanos habían sido derrotados y tal vez la única victoria había sido la muerte de Motecuhzoma. Ah, pero Tenochtitlan seguía ahí y sus guerreros también. Su poder sobre el resto de los pueblos se mantenía fuerte.

Yo no compartía ese sentimiento de tormenta que vivía dentro de cada uno de los castellanos. Para mí había esperanza, pues estábamos vivos. Podíamos reunir armas, juntar más guerreros, recuperar el favor de los dioses. Sólo había que tomar la decisión de intentarlo de nuevo. Yo conocía a Hernán y sabía que no iba a rendirse, pero también que le iba a costar recuperarse.

¿Que cómo me sentía yo después de aquella noche tan triste? Enojada. No entendía por qué seguía sobreviviendo a las batallas, a los problemas del mundo, a ser una esclava, a la ira del *tlatoani*, a las dolencias y las enfermedades... ¡a tantas cosas! Sí, yo subsistía mientras muchos otros, hombres y mujeres con más fuerzas y más edad, habían quedado atrás. ¿Cómo es que yo, Malintzin, había aprendido a sobrevivir? La primera vez que había escapado de la muerte había sido suerte; las otras habían sido gracias a una capacidad que no conocía. La vida se sobrevive cada día con la mente y el corazón, sólo cuando trabajan juntos se puede ahuyentar al dios de la muerte.

También, hijo mío, tenía un sentimiento cálido en el vientre. Había nacido en el momento en que Hernán me había dado aquel beso antes del intento de escape. Un beso así no se olvida; sentir los labios calientes de un hombre con el que compartes algo deja un sentimiento que dura por muchos días, y ese calor que crece en el vientre es cada vez más intenso, hasta invadir todo el cuerpo.

No sólo había sido Hernán quien me había besado, yo lo había permitido. Era un acto que los dos esperábamos, y no fue sino hasta que llegamos a Tlaxcala cuando me pregunté cuál sería mi nuevo rol ante él. ¿Seguiría siendo la esclava? ¿Me convertiría en su amante?

Él sabía que si había un encuentro carnal, tendría que ser cuando yo lo decidiera, porque si él me perdía, perdía también el puente con los tlaxcaltecas.

El mismo día que llegamos a Tlaxcala comenzamos a recibir noticias de Tenochtitlan… Todos quedamos preocupados.

Los castellanos tenían un dicho: "El rey ha muerto, que viva el rey", lo cual quiere decir que cuando un gobernante muere, debe escogerse al sucesor. Muerto Motecuhzoma, el siguiente *tlatoani* era su hermano Cuitlahuatzin. Aquello pareció turbar a Hernán, pues Cuitlahuatzin era un nombre que recordábamos bastante bien. Lo habíamos conocido al llegar a Tenochtitlan y Motecuhzoma le había ordenado poner paz cuando Pedro de Alvarado había causado el revuelo en el mercado. También había intentado calmar las cosas después de la matanza en el Templo Mayor. Asimismo, había sido él quien le había informado al pueblo mexica que Motecuhzoma había muerto y quien había tramado el ataque contra nosotros en la Calzada de Tacuba.

Ahora Cuitlahuatzin deseaba utilizar su nuevo poder para destruirnos y acabar con nosotros, así que Hernán debía idear algo rápido.

Como te dije, después de llevar varios días pensando y reflexionando, Hernán salió de aquel estado y me llamó a su lado.

—Marina, os tengo una encomienda.

Y lo escuché con mucha atención.

Si con la llegada de Hernán y sus guerreros todos nos sorprendimos por el color de su piel, tan blanca como la espuma del mar, con Pánfilo de Narváez arribaron hombres todavía más extraños. No blancos, sino negros... como las alas de los zopilotes. Yo nunca había visto tal color de piel, tampoco los hombres del Cacique Gordo, los tlaxcaltecas o los mexicas. Por largo rato estuvimos viéndolos mientras nos preguntábamos qué otros colores de piel existían en esas tierras llamadas Europa.

Entre aquellos hombres negros había un esclavo llamado Francisco de Eguía, que había estado cerca de Pánfilo y había luchado a su lado, pero que, tras la derrota cerca de Cempoala, se nos había unido. Francisco de Eguía era un hombre grande, más alto que Hernán, y de hombros muy anchos. Iba a ayudarnos a cargar nuestras armas a Tenochtitlan, pero la mañana en la que teníamos que salir para ver lo que Pedro de Alvarado había hecho frente al Templo Mayor, Francisco cayó enfermo. Preso de grandes fiebres, no tuvo la fuerza para levantarse, y Hernán dijo que lo mejor sería que se quedara ahí hasta sanar, y que luego se uniera a los hombres que había dejado en la Vera Cruz. Después de todo, como comentó Hernán, "de nada me sirve un esclavo muerto cuando me hacen falta tantos hombres".

Ah, pero la dolencia de Francisco de Eguía era más grave de lo que pensábamos. Así fue como se inició la *huey zahuatl*, que quiere decir "la gran erupción". Y es que Francisco se quedó en Cempoala, cubierto por una manta gruesa en días de sol, porque él se quejaba de que hacía mucho frío. Luego comenzó a delirar, a hablar en lenguas extrañas que nadie podía entender, pero sabían que no era chontal, totonaca, maya, náhuatl o castellano... Después, toda la piel, desde la cabeza hasta la punta de los pies, se le llenó de ronchas de color rojo, que causaban mucha comezón y además dolían cuando se las rascaba.

Todas las personas que cuidaban a Francisco de Eguía se contagiaron rápido de *huey zahuatl*, a la cual los castellanos llamaban "viruela". Luego esas personas contagiaron a más y a más... Mientras nosotros estábamos en Tlaxcala tratando de saber cómo levantarnos de la derrota en Tenochtitlan, casi todos los pobladores de Cempoala y de pueblos cercanos se encontraban enfermos con los mismos dolores. Y con los comerciantes que cambiaban víveres entre los pueblos, y los que recibían los tributos mexicas, en cosa de unos días las ronchas estaban por todos lados. ¿Sabes qué fue lo peor? Que esa "viruela" causaba la muerte. Casi todos los que enfermaban de ella morían después de unos días, pues los tiemperos y curanderos no sabían cómo sanarla. A veces intentaban con rezos, otras veces con mezclas de hierbas para bajar la fiebre, empastes para que las ronchas desaparecieran, pero de poco sirvió... Aquellos que enfermaban tenían la peor de las suertes. ¿Había quienes sobrevivían? Claro que sí, yo conocí a dos guerreros tlaxcaltecas que lo hicieron. Enfermaron por varios días y, cuando volvieron a estar sanos, toda la piel les quedó marcada donde habían estado las ronchas y además ¡habían quedado ciegos! La vista era el precio de la vida.

Mientras Hernán organizaba a sus hombres, la viruela llegó a Tenochtitlan. Por su parte, Cuitlahuatzin coordinó a sus guerreros, puso orden en la ciudad y mandó que el Huey Teocalli fuera reconstruido. Además estuvo presente cuando el cuerpo de Motecuhzoma fue envuelto en una tela, con una piedra de jade entre la lengua y el paladar, junto al cadáver de su perro, que había sido sacrificado, según la tradición. Luego, el antiguo *tlatoani* fue puesto en una pira en la cual ardió, ante la vista de su corte y su familia.

Grandes planes tenía Cuitlahuatzin para recuperar la ciudad, para vengar el honor de su pueblo, para hacer lo que Motecuhzoma no se había atrevido, hasta que una mañana descubrió que manchas rojas comenzaban a cubrir su piel. Sintiéndose fuerte, siguió dando órdenes hasta que las fiebres no le permitieron hablar en náhuatl y la vida se le fue yendo en suspiros mientras maldecía a los dioses por dejarlo enfermar... Y un día, temprano, su corte descubrió que habían perdido al nuevo *tlatoani*.

Cuitlahuatzin había gobernado únicamente ochenta días.

El plan que tuvo Hernán entonces fue que yo hablara con los tlaxcaltecas para explicarles que los castellanos todavía no estaban vencidos, sino que podían volver a organizarse con más fuerza para atacar a los mexicas. Ahora los castellanos y los tlaxcaltecas estaban unidos por un rencor hacia el mismo pueblo, yo lo sabía, y así se los hice saber. Xicohtencatl me dio audiencia, me escuchó muy serio y luego lo discutió con los demás señores de Tlaxcala. No estaban, como te imaginarás, contentos después de haber perdido a tantos guerreros, y de cómo habíamos salido de Tenochtitlan. Sin embargo, Hernán les había dado la esperanza de poder librarse de los mexicas para siempre, y una esperanza es difícil de matar.

Salí de la audiencia con Xicohtencatl sin tener una respuesta. Hernán sabía que convencer a los tlaxcaltecas no sería cosa de un día, él mismo no había podido persuadir a sus hombres de unirse a la lucha... ni siquiera con promesas de que tendrían oro.

Aquel problema no sería fácil de resolver. Recuerdo que llevaba un huipil limpio y el mismo collar con el que había huido de Tenochtitlan. Platicaba con Hernán sobre lo que había sucedido en la reunión con Xicohtencatl cuando lo sentí cerca, cada vez más. Dio pequeños pasos hacia mí y levantó su mano derecha para enredar sus dedos en mi cabello largo. Dejé de hablar y tragué saliva, pero Hernán me dijo que no me detuviera, de modo que seguí contándole... Su otra mano me rodeó las caderas. Volví a sentir ese calor familiar dentro de mí. Comencé a tropezar las palabras. Su mano derecha acarició mi rostro y no sé de dónde me salieron fuerzas, pero yo me dije que ese señor no iba a mandarme, y menos donde el corazón es señor de los sentimientos, así que fui yo la que me incliné sobre él y lo besé. Esta vez no nos importó si alguien nos veía, si habríamos de morir a la siguiente hora o si veríamos otro amanecer. Mis manos se posaron sobre sus hombros y bajaron por sus brazos. Sentí el roce de su camisa mientras él me acercaba hacia sí. Nuestros cuerpos nunca habían estado tan juntos y estoy segura de que aquello fue algo que deseamos desde la primera vez que nos vimos, cuando yo fui entregada como una esclava más y él se creía señor del mundo.

Cuando me separé de él, extrañé el sabor de su aliento... Lo vi relamerse los labios. Se abalanzó sobre mí, y lo detuve con una mano en el pecho.

—No soy como las esclavas que recuestas sobre el petate —le dije.

Me tomó de la nuca y me susurró:

—Lo sé yo, y lo sabe mi dios... también mi corazón.

Mientras volvíamos a besarnos me pregunté cuándo fue que nos habíamos enamorado y si no cometía un error al sentir aquellos latidos por un hombre con tanto fuego en el espíritu. No me daba miedo amarlo, pero no sabía si era una buena idea. Tenía ganas de decirle muchas cosas, de ésas que una debe susurrar al oído de otro para que nadie más las escuche, pero al mismo tiempo sentía nervios de confesarlas. Si el resto de los castellanos no dijo nada en ese momento fue porque ya sabían que algo sucedería entre nosotros dos. Si el alma de Hernán estaba hecha de fuego, ¿estaría la mía hecha de esa tierra negra que los castellanos llamaban "pólvora"?

Decidí separarme de él para que no sucediera nada más, y le dije que tenía otra reunión con los señores tlaxcaltecas. Aquello era una excusa, me mantuve toda la tarde y la noche evitándolo. Él no me llamó a su lado, seguramente se había preguntado si había hecho bien en besarme, si me había molestado. Con probabilidad no había tratado a una mujer así, porque él estaba acostumbrado a darles órdenes a las mujeres, a aprovecharse de las esclavas, a no verlas como iguales... pero yo me había hecho igual a él, yo sobreviví con él y sin quererlo até mi destino al suyo. Si él moría, yo sufriría el mismo camino. Eran tiempos de matar o morir, ¿qué justicia podía haber en ello?

Por eso volví a pedir audiencia con los señores tlaxcaltecas. Insistí en que el mejor camino que podíamos tomar era seguir como aliados para luchar contra un mismo enemigo. Debíamos ser fuertes para que no surgiera de nuevo un Motecuhzoma terrible con ganas de hacerle la guerra a todo pueblo que no pagara los tributos.

Volvieron a discutirlo entre ellos.

No fue sino hasta la tercera ocasión que nos reunimos cuando dijeron que sí estarían con nosotros. Después de todo, Tecuelhuetzin seguía casada con Pedro de Alvarado, así que el lazo se mantenía entre los castellanos y los tlaxcaltecas. Se enviaron mensajeros a los pueblos vecinos para avisar que debían unirse a nosotros; y si no estaban de acuerdo, Hernán mandaba algunos de los hombres que le quedaban para espantarlos con sus vestiduras de metal y sus cuchillos largos. La verdad es que estaban más asustados por la viruela.

Así logramos que los castellanos volvieran a confiar en que podían derrotar a los mexicas. Además de que les daría tiempo para ir por las pocas armas que habían dejado en la Vera Cruz y para arreglar las que habían podido salvar de la noche triste. De nuevo teníamos esperanza. Mientras tanto, recibimos noticias de todas las muertes que dejaba la viruela, entre ellas la de Cuitlahuatzin, hermano de Motecuhzoma.

Soplaba un viento fuerte cuando llegó un tlaxcalteca desde Tenoch-titlan a contarnos qué acontecía. Le traduje el mensaje a Hernán.

—La ciudad muere, la gran erupción ha enfermado a todos, los señores del Huey Teocalli dicen que es un castigo. El *tlatoani* Cuitlahuatzin ha muerto. Uno nuevo ha tomado su lugar...

Cuando dije el nombre, Hernán respondió con un insulto, y se marchó de ahí maldiciendo. Y sus hombres hicieron lo mismo.

Sabían los castellanos que estaban en problemas.

Más guerra

Cuauhtémoc, el gran guerrero, había sido escogido como el nuevo *huey tlatoani*. Dirás, pero ¿cómo fue así si no pertenecía a la casa de Motecuhzoma? Cuauhtémoc se había hecho un hombre de mucha fama, pues desde el primer instante que entramos a Tenochtitlan dijo que nuestra estancia era una equivocación que traería mucha sangre, que Motecuhzoma cometía un gran error en tratarnos como invitados, en ofrecernos una casa, en darnos de comer. Además, Cuauhtémoc había estado en la matanza frente al Templo Mayor y en la batalla de aquella noche tan triste en la que murieron tantos castellanos y tlaxcaltecas. Cuauhtémoc era el mexica más popular, el héroe del momento, el nombre que toda la ciudad coreaba mientras moría a causa de la viruela, pero tienes razón, no era parte de la casa de Motecuhzoma. Para que pudiera convertirse en *huey tlatoani* hicieron una ceremonia de unión con Tecuichpo Ixcaxochitzin, hija de Motecuhzoma, así que ella se convirtió en su esposa.

Hernán no tomó aquella noticia de buena manera, pues sabía que una de las primeras acciones del nuevo *tlatoani* sería la venganza, acabar con cada uno de nosotros y hacerlo con sumo placer. Destruirnos, asesinarnos, regar los campos con nuestra sangre, sacarnos el corazón, hacer collares con nuestros huesos. ¿Y sabes qué? Si yo hubiera estado en su lugar, también lo habría hecho.

Con horror escuchamos historias de cómo los castellanos que habían quedado prisioneros tras nuestra huida habían sido asesinados en la piedra de los sacrificios. Se les arrancó el corazón sangrante, se les quitó la piel de los huesos, y los sacerdotes se la colocaron encima para bailar y realizar fiestas. Hernán escuchó todo aquello con una mano en la boca y los ojos húmedos.

—Si tan sólo hubiera vuelto a la ciudad, aquellos amigos estarían a salvo.

Me acerqué a él con ganas de abrazarlo, pero me contuve. Solamente le dije:

—No estabas preparado. Sin armas, te hubieran matado. A todos.

Las palabras que llevan una carga de verdad no pueden consolar a un espíritu herido, pero al menos lo sacuden con la misma fuerza como si toda la tierra se moviera de repente. Las ideas se ordenaron dentro de la cabeza de Hernán y organizó un plan... un plan loco, que hubiera hecho reír a cualquiera que lo escuchara, pero cuando Hernán lo contaba, las frases salían muy serias de su boca.

Mandó traer a un hombre llamado "carpintero", es decir, que sabe trabajar con la madera, y le ordenó que aprovechara los árboles para construir, lo más rápido posible, muchísimos barcos, con ellos rodearía Tenochtitlan para que nadie pudiera salir. Estos barcos serían una amenaza constante para que tampoco nadie entrara. El término que usaba Hernán era "sitiar la ciudad". También había pedido traer más armas y cañones de otras islas en las que había ciudades castellanas. Como no estaban sujetas a lo que Diego Velázquez decía u opinaba, se las darían a Hernán, junto con más hombres.

Así, en cosa de unas semanas, Hernán Cortés y sus hombres habían actuado más rápido que los mexicas. Pequeñas batallas sucedieron mientras el sitio era planeado, pero no hay mucho que contar sobre ellas. Los mexicas eran movidos por su justa venganza, y los castellanos, por el deseo de ese maldito oro y la idea de tirar a todos los dioses de piedra con el fin de reemplazarlos por una cruz de madera.

Comenzó la destrucción de la ciudad.

Una vez que los barcos estuvieron en posición, Hernán dio la orden de que doscientos castellanos más quinientos guerreros de todos los pueblos entraran a la ciudad por la Calzada de Iztapalapa. El plan era golpear y correr... todos lo repetían: "¡Golpear y correr!". Yo me había quedado en Tlaxcala, por supuesto, con Tecuelhuetzin y los demás señores. Ahí me trataban como si fuera yo una gran señora, me daban de comer, me ofrecían collares y me contaban historias de los dioses, pero yo prefería salir a caminar todas las noches para sentir el pasto y las piedras en mis pies desnudos, levantar la mirada al cielo estrellado y pedirle a nuestra madre Coatlicue que protegiera a Hernán de todo mal.

Sí, estás en lo correcto, yo elevaba oraciones a nuestra madre Coatlicue como los castellanos se encomendaban a su diosa madre virgen. Y las estrellas nos miraban a todos, silenciosas, como si no comprendieran lo que nosotros les pedíamos, como si nadie estuviera ahí escuchándonos. A veces el silencio de la noche da miedo porque nos hace sentir muy pequeños.

Yo estaba preocupada por Hernán como nunca lo había estado por alguien que no fuera yo. Cada tarde que miraba el horizonte y él no aparecía ahí, me daba miedo de que Cuauhtémoc lo hubiera hecho prisionero y que ya le estuvieran sacando el corazón en la piedra de los sacrificios, pero luego me consolaba con la idea de que si los castellanos hubieran sido derrotados, aquellas malas noticias ya hubieran llegado a nosotros, porque las malas noticias son las palabras que más rápido pasan de lengua en lengua, a través de los pueblos.

De lo que sí me enteré fue que la viruela seguía matando personas en Tenochtitlan. Al parecer los niños sufrían mucho más que sus padres, e incluso a veces quedaban huérfanos. La gente ya no sabía qué hacer con los muertos, pues había calles que estaban apiladas de cuerpos sin vida. Algunos barrios habían comenzado a apestar a podrido, a muerte, a destrucción... y en medio de aquel mundo que se derrumbaba, Hernán y sus hombres peleaban contra los guerreros de Cuauhtémoc.

Después de varios ataques dentro de la ciudad, Hernán y sus hombres salieron por la Calzada de Iztapalapa, Cuauhtémoc fue detrás... Aquella tarde sucedió lo mismo que durante la noche triste, pero ahora era Hernán el que emboscaba y atacaba a los mexicas. Gran mortandad causaron aquel día mientras reían con los rostros manchados de sangre, y collares de oro que les habían arrancado a los muertos. No sólo habían logrado enfurecer aún más a los mexicas, sino que se habían burlado de ellos.

Cuando Hernán volvió una noche sin luna, lo vi riendo con sus amigos. Habían triunfado y eso les daba un placer inmenso. Los escuché recordar cada una de las pequeñas batallas como si con ellas hubieran ganado el mundo entero, pues para ellos había sido vengar aquella noche triste, y eso les causaba gran satisfacción.

Hernán me buscó entre los tlaxcaltecas que salieron a recibirlos. En cuanto se vio rodeado por la multitud que festejaba la derrota mexica, él se detuvo y se paró de puntitas para ver si yo me encontraba ahí entre las estrellas, entre las demás mujeres, entre las sombras que caían sobre nosotros. Y sí, ahí estaba yo, junto a Tecuelhuetzin... De lejos nos miramos y encendimos la noche. Dando pasos largos llegó hasta mí y me tomó de las manos.

—¡Triunfamos, Marina!

Le respondí con una sonrisa, pues pensé que también, de alguna manera, habían vengado la ofensa que yo había sufrido hacía años, cuando me vendieron como esclava la primera vez. Sin embargo, no podía evitar sentirme mal por todos aquellos mexicas que no tenían la culpa de nuestras desgracias, o que no estaban de acuerdo con los sacrificios, o que no habían tenido que ver con los excesos de Motecuhzoma.

En honor a los castellanos triunfantes, se organizó un banquete con los señores de Tlaxcala y los guerreros más valientes. Las cazuelas de comida que se sirvieron ese día fueron exquisitas, los chapulines dorados en el comal, las tortillas de maíz azul, el pulque... Lo único que los castellanos no quisieron probar fueron los dulces de amaranto, pues les recordaba a la figura del dios que estaba en el Huey Teocalli. Aquél fue un momento de celebración, de canto, de contar historias.

Yo disfruté ese día junto a Hernán, ya no tanto porque necesitara que tradujera, sino porque me quería ahí. Mientras comíamos, de repente sentía que me acariciaba el brazo, un poco el cuello. Cuando probó no sé qué fruta, me ofreció un poco tras darle una mordida. Después de la cena, cuando los señores tlaxcaltecas se retiraron a dormir, yo dije que haría lo mismo.

Salí de aquel cuarto, sola, a la noche, las estrellas y el frío. De pronto escuché pisadas detrás de mí, y no necesité voltear para saber quién estaba ahí. Conocía esos pasos, ese olor, las manos cubiertas de vello que me abrazaron por detrás. Sin embargo, yo seguí caminando como si nada sucediera, por las calles solitarias. Nos encontrábamos envueltos en la brisa fría, atrapados en un tiempo sin tiempo. Aquello iba a suceder porque yo quería, porque le daba permiso, porque él lo entendía así... Cuando llegamos al cuarto donde yo dormía, me di la vuelta para besar los labios gruesos de Hernán Cortés, para que su barba raspara mi piel. Podía sentir en su aliento el olor de los chapulines, de las tortillas azules, del aguardiente, de la batalla. No se había dado un baño, pero aquello ya no me espantaba, ni me daba asco, al contrario... Mientras él comenzaba a explorar cada rincón de mi pecho, como si se tratara de un territorio desconocido por conquistar, yo le quitaba la camisa sucia con la que había regresado. Entonces descubrí cada pelea librada por él en aquel pecho grande lleno de cicatrices, de marcas moradas, de heridas, escondidas entre el vello que las cubría.

Me recosté en el petate, y él lo hizo sobre mí... Aquella noche conocí el dolor y el placer, sentí una explosión de estrellas en el vientre, sangré entre las piernas, inventé nuevas palabras en lenguas desconocidas para explicar lo que sucedía con mi cuerpo. Dejé que Hernán Cortés me tomara con su fuego, con su brutalidad de hombre, con el sol de sus ojos... y supe que quería que esa noche se repitiera una y otra vez mientras el mundo siguiera ahí para nosotros.

A la mañana siguiente, sentí cómo el sol entraba por la ventana y calentaba mi pecho desnudo. Un brazo me rodeaba y una manta nos cubría. Hernán roncaba abrazado a mí, su barba picaba mi espalda; me sentí protegida, amada, como si la guerra contra los mexicas no existiera y él pudiera quedarse ahí, conmigo, para siempre. Si hubiera podido detener el tiempo, seguiría ahí, con él, en el silencio de los primeros rayos del sol, con la loca idea que me cruzó por la cabeza... ¿y si uníamos nuestras vidas como lo habían hecho Tecuelhuetzin y Pedro de Alvarado? No me molestaría convertirme en esposa de Hernán Cortés, es más, lo deseaba así para separarme del resto de las esclavas con las que se recostaba generalmente.

Sentí que despertaba algo entre sus piernas, que su cuerpo pegajoso comenzaba a moverse, rompió el abrazo para estirarse, y cuando me di la vuelta, vi sus ojos, sus labios. Lo besé de nuevo, y pensé que volveríamos a yacer, pero no fue así. Se levantó y se enredó la manta alrededor de la cintura como si ya no tuviera permitido ver lo que estaba debajo de su pelvis. Tal vez él se arrepentía de lo que había sucedido la noche anterior, pero yo no. Lo había disfrutado intensamente y esperaba que se repitiera.

Recogió su ropa y salió de aquel cuarto mientras yo me colocaba un huipil sobre los hombros, para taparme como es debido; quería darme un baño antes de tomar mis primeros alimentos del día. Cuando volví, Hernán ya se había cambiado de ropa y estaba con sus hombres planeando una nueva estrategia. Me necesitaba para explicarles a los tlaxcaltecas cuáles serían los siguientes ataques contra los mexicas. Ahora que lo pienso, casi todos los guerreros de nuestro lado eran tlaxcaltecas o de los pueblos vecinos, y ellos peleaban contra los mexicas. Podría decirse que era una guerra entre todos los que habitábamos estas tierras antes de que los castellanos llegaran; sin embargo, habían sido estos últimos los que habían encendido ese odio y ese fuego contra Tenochtitlan, contra el pago de tributos, contra la esclavitud, contra todo lo que habíamos padecido por años.

De repente, mientras traducía las palabras de Hernán, comencé a pensar en mi padre... ¿me estaría acompañando en ese momento? ¿Qué pensaría de mí? Ojalá hubiera visto en lo que yo me había convertido, ¿lo aprobaría? ¿Estaría del lado de los castellanos y tlaxcaltecas, o habría peleado con los mexicas?

Los siguientes meses fueron de batallas pequeñas... Los mexicas sabían que eran prisioneros en su propia ciudad, y que las porciones de comida y de agua eran cada vez más escasas.

Llegó de nuevo la época de frío, así como la celebración del nacimiento del dios de los castellanos, para lo cual oficiaron una misa e hicieron varias fiestas en las que comieron guajolote. Después vinieron unos días bien fríos, en los que hasta dolían los huesos, pero Hernán calentaba mis noches al quitarme la ropa y el resto de las horas las pasaba envuelta en gruesas mantas o sentada frente al fuego mientras algunos viejos de los pueblos, aliados de Cortés, me contaban historias terribles de espíritus que salían del Mictlán y vagaban por las noches asustando a los vivos.

A veces, el frío era tan grande que las batallas que se habían planeado se cancelaban horas antes. Además, era difícil mover a los caballos y los cañones.

Mientras tanto, la viruela seguía matando mexicas como si Tenochtitlan viviera una segunda guerra.

El dios de la muerte seguía entre nosotros...

Sucedió que, terminados los días de frío, atraparon a un mexica que había intentado salir de la ciudad y lo llevaron ante Hernán. Cuando escuché sus palabras, les dije a los castellanos que aquel hombre sólo buscaba comida para su familia, la cual estaba muriendo.

Hernán lo pensó durante un largo rato y respondió:

—Os daré alimento, pero debéis ir a Tenochtitlan, buscar a vuestro *tlatoani* y decirle que quiero una reunión con él. Para que la guerra termine, debemos hablar de paz.

Y así sucedió. El hombre regresó a la ciudad con alimento y dos días después volvió a buscarnos.

—Cuauhtémoc se reunirá con el señor Malinche dentro de tres días, en Tlatelolco.

La sonrisa que apareció en el rostro de Hernán era tan oscura como la noche misma, y yo me preguntaba ¿sería, acaso, una trampa?

Un día lluvioso

PREPARAMOS TODO PARA IR A TLATELOLCO. Hernán iba acompañado de sus mejores hombres y algunos guerreros tlaxcaltecas, no fuera a haber una emboscada, y pidió que yo llevara un grupo de hombres que me cuidaran cuando estuviera en la reunión. Para llegar al lugar, Gerónimo me ayudó a subir al caballo de Hernán, a quien abracé con fuerza, pues yo había visto muchas veces cómo se movían aquellos animales y no planeaba caerme de él por un descuido. Parece que a Hernán le gustó mucho aquel abrazo porque lo vi sonreír.

Así, al dar la orden, nos pusimos en marcha y ¡vaya!, sentí el aire en mi cabello. A veces tenía que cerrar un poco los ojos porque les entraba tierra, pero al mismo tiempo quería seguir viéndolo todo, cómo los colores cambiaban. Mi corazón no dejaba de latir.

Cuando por fin nos acercamos a Tlatelolco, el caballo de Hernán comenzó a ir más lento y nos detuvimos para esperar a los tlaxcaltecas que venían detrás de nosotros. Ya que estuvimos todos, entramos a la ciudad, que por cierto estaba muy cerquita de Tenochtitlan. Ahí nos esperaba Cuauhtémoc, desde una barca, rodeado de varios hombres que no llevaban armas. Supe que eran guerreros mexicas por las marcas negras y las cicatrices que cubrían todo su cuerpo.

Nosotros también subimos a una barca, los tlaxcaltecas a otras.

Cuauhtémoc se acercó a nosotros. De inmediato, los tlaxcaltecas que tenían órdenes de protegerme, me rodearon con sus escudos.

—Malinalli, debes decirle al señor Malinche que detenga los ataques. Mi gente está muriendo.

Me volví hacia Hernán, y así se lo hice saber.

—Mi condición para lograr la paz es que la ciudad se rinda. Vosotros estáis perdiendo esta guerra, dejar las armas es lo mejor.

Cuauhtémoc se enfureció al escuchar mis palabras, que eran las de Hernán Cortés, y apretó los puños y los labios con sumo enojo. Vi su pecho inflarse y desinflarse, y sus ojos abrirse mucho.

—Malinalli, dile que prefiero morir con las armas en la mano que convertirme en la mujer de éstos. Yo no soy Motecuhzoma.

Hernán insistió:

—La muerte debe terminar, rendiros por el bien de todos.

Mas Cuauhtémoc levantó, orgulloso, la cabeza.

—Tu señor no escucha, Malinalli. Los mexicas somos valientes, no aceptaremos actos de cobardía. No nos rendiremos, aún podemos pelear.

No quiso decir nada más, ni esperó a que yo pudiera traducirle aquellas palabras a Hernán y a sus hombres. Cuauhtémoc dio la orden de que se alejaran de ahí, y los mexicas obedecieron. Así, Hernán supo que había fracasado, habiendo perdido días para la guerra.

Lo que me pregunté durante un tiempo es por qué Cuauhtémoc no había aprovechado la reunión para lograr una emboscada, o al menos para tratar de que algunos de sus hombres huyeran.

De vuelta en Tlaxcala, pasaron varias semanas de lo mismo, hasta que Hernán tomó una decisión terrible, aún más cruel que todas las anteriores. Llamó a sus hombres y les ordenó que cortaran el agua del acueducto de Chapultepec para que Tenochtitlan quedara, ahora sí, sin agua. Aquello, además de la viruela, provocó que hubiera más enfermedades en la ciudad.

Aprovechando tal situación, Hernán organizó varios ataques. En uno de ellos llegaron hasta la plaza principal, subieron por las escaleras que llevaban al Huey Teocalli y destruyeron lo que quedaba de los dioses que ahí habitaban. También derribaron las paredes manchadas de sangre, tiraron las piedras por las escaleras, intentaron romper la piedra de los sacrificios y quemar los templos, pero fueron emboscados por los hombres de Cuauhtémoc y algunos castellanos fueron hechos prisioneros.

Yo me había quedado con los señores de Tlaxcala, y vi cuando llevaban a Hernán Cortés. Iba con los ojos cerrados y su cuerpo no se movía. Estaba como muerto por la gran cantidad de heridas que había resistido. El mismo Pedro de Alvarado había sido uno de los hombres que lo habían salvado y nos contó que habían sufrido una derrota terrible, hasta se hizo la comparación con aquella noche triste. Por un momento, los mexicas volvían a tener la esperanza de que podrían derrotar a los castellanos y a sus pueblos aliados.

El resto de la tropa, como pudo, consiguió escapar de la ciudad por diferentes formas y volver a Tlaxcala, donde contaron cosas horribles. Dijeron que a aquellos castellanos que sí habían logrado capturar los habían llevado hasta la piedra de los sacrificios. Ellos mismos habían visto cómo les habían abierto el pecho a sus compañeros frente a todo el pueblo de Tenochtitlan, quien vitoreaba porque, además de ser una victoria militar, era una religiosa. Se escucharon cantos a Tláloc y a Huitzilopochtli, se hicieron tamales ceremoniales y se cocinó *pozolli* con restos humanos. También se preparó la semilla de cacao con agua y los mexicas fueron felices como hacía mucho tiempo no lo eran.

Luego, a los castellanos muertos les cortaron las cabezas con cuchillos de obsidiana para colocarlas en el altar ceremonial conocido como *tzompantli*, donde se ponían las de todos los hombres que habían sido sacrificados y las dejaban ahí hasta que la piel se les secara sobre los huesos y no quedaran más que calaveras blancas con ojos huecos, en un cuarto pintado todo con sangre. Cuando los castellanos narraban aquellas cosas, lloraban y se arqueaban; había sido un gran susto para ellos contemplar los sacrificios (aunque hablaran con tanto fervor de su dios, que tenía la carne rota y estaba clavado a un madero).

A Hernán lo recostamos en un petate y tanto uno de sus hombres como los tlaxcaltecas intentaron curarlo, cada quien con sus remedios. Cuando comenzaron las fiebres, todos rezamos para que recuperara la salud. Mientras mi boca decía: "Padre nuestro, que estás en los cielos...", mi mente le pedía a nuestra madre Coatlicue que por favor salvara a aquel hombre por el que ahora latía mi corazón. Después de dos días despertó, pero no quiso hablar. Le llevamos algo de comer, se sentó con una manta sobre los hombros y agarró una tortilla. Tenía la mirada perdida. Escuchó todas aquellas historias, y cada vez que le contaban del sacrificio de sus compañeros, cerraba los ojos y lloraba, pero era tal su silencio que ni siquiera con la tristeza acumulada se atrevía a hablar.

Yo conocía bien ese silencio triste porque años antes, cuando era una niña, lo había vivido en carne propia. A veces las palabras no tienen ganas de salir, de ver el mundo; en ocasiones es importante guardarlas.

El primer día no durmió, se quedó mirando a la nada toda la noche... El segundo día fue Pedro de Alvarado a hablar con él, a sacudirle los hombros y a tratar de que dijera algo, pero no funcionó. Salió de aquel cuarto diciendo que aquel hombre había perdido la razón. Al tercero, Hernán salió de la habitación y, con una voz ronca, pidió hablar con sus hombres más cercanos en privado.

Fueron a reunirse con Hernán y los oí discutir largamente. Se echaban culpas sobre quién había sido el responsable de la derrota, e incluso escuché a algunos de ellos golpearse, hasta que Hernán dio un grito y puso a todos en orden. No podían perder el tiempo en reagruparse, como había sucedido después de aquella noche triste, por lo que ese mismo día, Hernán convocó para cenar a todos los señores con los que había establecido alianzas. Estuve ahí, presente, mientras intentaba convencerlos de que, a pesar de la derrota que habían sufrido en el último asalto a la ciudad, habían logrado causar gran daño al templo y a los mexicas. Además, les recordó que seguía cortado el suministro de agua que venía desde el acueducto de Chapultepec. Luego me dijo Hernán que no quiso mencionar la viruela porque sabía que aquellos pueblos también estaban sufriendo esa enfermedad.

Los señores tlaxcaltecas fueron los primeros en aceptar que la alianza continuara, pero le costó más trabajo convencer a los señores de los otros pueblos. Unos días después comenzaron de nuevo los ataques a Tenochtitlan. Cada vez más fuertes, más violentos, más furiosos... Intentaban quemar lo más posible, causar la mayor mortandad. Hernán tenía una tela en la cual estaba pintada su "Virgen de Guadalupe" de Extremadura, y a ella le encomendaba cada uno de sus triunfos, pero también aprovechaba los momentos de descanso para estar conmigo, abrazarme por las noches y besarme la nuca antes de dormir.

Cada vez que lo veía partir a luchar, algo dentro de mí se rompía, porque yo sabía que en una de ésas ya no iba a volver, que Cuauhtémoc haría lo posible por matarlo en batalla, o al menos capturarlo, lo cual significaría que lo sacrificarían frente al pueblo mexica. Las historias de cómo iban destruyéndose los barrios de la ciudad eran espantosas, porque recordaba la grandeza de Tenochtitlan y la imaginaba consumirse en fuego y humo, como nuestra madre Coatlicue me lo había mostrado en sueños.

Los mexicas, sin embargo, no se rindieron. Preferían morir.

Me tomó un tiempo aprender cómo era el calendario de los castellanos, el nombre de los meses y la forma de contar los días. Para ellos, los años empezaban el día en que su dios había sido crucificado en el madero. Ellos habían llegado a nuestras tierras en el año Uno Caña, es decir, en 1519. Para entonces ya habían pasado dos años; estábamos en el mes de agosto de 1521.

Llegado el día 13, amaneció gris. Las nubes de tormenta eran tantas que ocultaban toda la luz del sol, y varios de los soldados tlaxcaltecas dijeron que parecía que el día se había hecho de noche, como cuando raramente sucede alguno de esos extrañísimos fenómenos en el cielo en los cuales aparece la luna en pleno día y se coloca sobre el sol. Claro, de eso había escuchado hablar muchas veces, pero nunca lo había visto. Aquel 13 de agosto eran sólo las nubes de tormenta las que no nos permitían ver el sol, no la luna.

Como las últimas batallas de Hernán habían sido exitosas, dejaron que me acercara un poco a Tenochtitlan, y desde los montes podía ver la devastación, las columnas de humo que subían desde los templos, desde el gran mercado, desde el barrio de los artesanos; tantos años de vida quedaban reducidos a cenizas negras. No había dios alguno, en el cielo o en la tierra, que lo hubiera podido evitar... y al darme cuenta de aquello, me dieron unas ganas tremendas de llorar por la gran ciudad que había caído, por el arte que se había perdido, por las tradiciones que llegarían a su fin, por los sabores que no podrían ser deleitados nunca más... Cuando uno destruye lo malo de un pueblo, también se lleva lo bueno.

—¿En qué pensáis? —me preguntó Hernán.

—En que todas las ciudades del mundo tendrán el mismo fin.

Me miró como si de golpe hubiera entendido que todo tiene un final, incluso los dioses, pero ¿es que no se había dado cuenta? ¿Pensaba vivir por siempre?

Tal vez lo contagié de mi melancolía, porque se quedó mirando aquella ciudad con un largo silencio que no supe explicar. A lo mejor veía, por primera vez, la destrucción que había causado, las muertes que había ocasionado, a pesar de que una de las leyes de su dios era no matar.

Después de comer, comenzó a llover. Yo pensaba que sería antes, pues desde muy temprano se sentía una humedad fría en los labios y las águilas se habían guardado en sus nidos. Aquél había sido un día silencioso, hasta que empezó a caer el agua y tuvimos que ir a refugiarnos al campamento, aunque no fue por mucho tiempo, porque fueron a avisarle a Hernán que una barca intentaba huir, y que al ser sorprendida habían descubierto a...

El mensajero se inclinó sobre el oído de Hernán y pronunció un nombre. Cortés sonrió.

Hernán ordenó que yo lo acompañara, y que una escolta nos siguiera hasta el lago. Bajamos por el monte y nosotros mismos subimos a una barca; la escolta iba en otras. El frío era tal que la niebla comenzaba a moverse a nuestro alrededor. Yo temblaba, pues estaba mojada.

Al acercarnos a la barca que los castellanos habían arrestado, me percaté de que se trataba de Cuauhtémoc y de su esposa, la hija de Motecuhzoma. Al verse descubiertos por nosotros, de inmediato Cuauhtémoc se hizo de un cuchillo de obsidiana. Hernán, sorprendido, quiso sacar su cuchillo largo para defenderse, pero el *tlatoani* no quería atacarnos. Lloraba, había perdido su musculatura en los últimos meses y tenía los ojos hundidos. Su esposa se sentó a llorar en la barca.

—¡Mátame, Malinalli! ¡Acaba con esto! —me dijo, al ofrecerme el cuchillo.

Hernán, fuera de sí, y sin esperar que yo le tradujera esas palabras, le quitó el cuchillo de las manos.

—Sed, pues, mi prisionero, en representación del rey Carlos.

Y Cuauhtémoc se dejó caer en la barca, derrotado.

En ese momento, y a pesar de la lluvia, Hernán ordenó que tomaran a Cuauhtémoc y que lo siguieran. Entramos por una de las calzadas, recorrimos calles que ahora lucían desiertas o que tenían una peste terrible. Me tocó ver algunos muertos por la viruela, recostados en el suelo, ya con la piel verde y con moscas en los ojos. Entramos a las casas nuevas. El lujo que habíamos visto estaba perdido. Subimos al mismo techo en el cual Motecuhzoma había recibido las pedradas. Todos los guerreros mexicas que quedaban se juntaron ahí para saber qué haría su *tlatoani*, pero éste ya tenía órdenes, yo se las había susurrado para que nadie más las oyera.

Cuauhtémoc se quedó ahí parado, su esposa lo contemplaba junto a mí. Las gotas de lluvia le resbalaban por la nariz, por las puntas de los dedos, le humedecían las piernas y el pecho... se confundían con las lágrimas que caían por sus mejillas.

—¡Hacedlo! —gritó Hernán, enseñando los dientes como un perro a punto de pelear.

No necesité repetir aquellas palabras en náhuatl, Cuauhtémoc entendía perfectamente lo que estaba por suceder.

Gritando lo más que pudo, el último *tlatoani* del pueblo mexica anunció al fin las palabras que los castellanos querían oír:

—¡Pueblo mío! Nos hemos rendido. El enemigo nos ha derrotado.

Y ante el doloroso silencio del pueblo mexica, los castellanos comenzaron a celebrar y saquear cada pieza de oro que quedaba en la ciudad.

Aquel 13 de agosto de 1521 dejó de existir para siempre aquella ciudad gloriosa conocida por el mundo como Tenochtitlan.

K'áak'

Fuego

Aceite hirviendo

HAY PALABRAS QUE NOS LLEVAN AL PASADO, que nos permiten crear un mundo que ya no existe. Cuando te describí cómo era Tenochtitlan en el momento en que entré por primera vez a ella y recorrí sus calles, sus barrios, sus templos, sus casas, sus fiestas, visitaste mi recuerdo, a través de las palabras, de lo que entonces me dejó con la boca abierta al descubrir tales maravillas... por eso te dolió cuando te narré cómo el fuego arrasó con los edificios, cómo las casas estaban llenas de muertos por la viruela, cómo fueron derribados los grandes templos que antes habían sido orgullo de la ciudad, cómo fueron saqueadas las casas de Motecuhzoma llenas de artilugios de oro y plata, cómo la Casa de las Fieras fue destruida, los animales liberados, las serpientes muertas, los enanos y jorobados llevados al bosque... Todo lo que una vez conocí, no existe más.

Al día siguiente de la rendición, acompañé a Hernán a ver lo que quedaba. No había lugar de la ciudad que no hubiera sufrido por la viruela o por la guerra. Todo era gris, todo olía a quemado, a muerte, a carne putrefacta. Nos tapamos la nariz con un pedazo de tela para tratar de contener el olor, pero aquello era terrible. No podía imaginar qué sucedería con ese lugar si todo estaba tan mal.

—Ganamos, doña Marina —me dijo, pero en su voz no había felicidad.

Aquello le afectaba tanto como a mí.

Salimos por una de las calzadas. Me pareció ver, por un segundo, a Cihuatl entonando un grito largo: "¡Ay, hijitos míos, tenemos que irnos lejos! ¡Ay, hijitos míos! ¿A dónde los llevaré para que escapen de su destino?", su cuerpo hecho de niebla caminando por el agua, desapareciendo como la bruma... ahí, en el agua donde reposan los espíritus de tantos castellanos muertos, de tantos mexicas, tlaxcaltecas, de tantos dioses caídos que ahora son parte de las olas. ¿Y si pudiera convertirme en lluvia? ¿Y si mi cuerpo pudiera llover sobre los templos en ruinas y sobre la plaza aún ensangrentada? ¿Si pudiera permitírmelo nuestra madre Coatlicue? Ay, pero ella callaba, y callaban los demás dioses; callaba el dios del madero y también su madre virgen. El silencio cómplice de la destrucción, de los vencedores y los vencidos... Las voces de los guerreros han callado, los niños no cantan más, la esperanza ha abandonado a aquellos espíritus que desearon que los mexicas pudieran vivir como antes, pero, ay... el paso del tiempo traiciona la memoria, la llena de sentimientos exagerados y ahora, al recordar aquella imagen de Tenochtitlan, quiero llorar como lo hice entonces. Sólo mientras estemos vivos los que caminamos por ella, los que descubrimos sus misterios y los que conocimos a Motecuhzoma, sabremos lo importante que era Tenochtitlan. ¡Tan querida y odiada! Tan fuerte y, sin embargo, más vulnerable de lo que cualquiera de nosotros hubiera esperado.

"¡Ay, hijitos míos, tenemos que irnos lejos! ¡Ay, hijitos míos! ¿Adónde los llevaré para que escapen de su destino?", volví a escuchar el grito, pero esta vez no vi el cuerpo brumoso. Al final, los presagios funestos de los que me había hablado Motecuhzoma se habían cumplido. Los dioses habían prevenido a su pueblo. También mis sueños, en los cuales nuestra madre Coatlicue me había advertido que una ciudad de piedra sería destruida, y ahí estaba, completamente acabada. Por un momento pensé que vería las garras de la diosa, su cinturón hecho de cráneos humanos, su voz potente diciéndome qué debería hacer a continuación... pero aquello no era real, ¿o acaso no lo imaginaba yo todo?

Largo había sido el asedio al que los castellanos y los otros pueblos habían sometido a los mexicas. Por lo tanto, había que celebrar que al fin había terminado la guerra, y para ello Hernán decidió que organizaría un banquete en Coyoacán con todos los que habían triunfado, capitanes españoles y guerreros tlaxcaltecas. ¡Nunca había visto cosa semejante! Ordenó que se prepararan salsas de todo tipo, con chile y sin chile, y que se cocinaran tortillas de maíz amarillo. Ellos habrían de sacrificar varios cerdos, un animal que parecía un perro gordo y que los hombres blancos habían traído consigo. Los matarían y asarían su carne al fuego.

De acuerdo con lo que se había dispuesto, construyeron largas mesas altas con sillas como la que le gustaba usar a Hernán. Allí colocaron manteles blancos y unos pañuelos algo largos de la misma tela. Cuatro mujeres muy hermosas y limpias les daban agua para lavarse las manos en unos como aguamaniles hondos, que llamaban "xicales"; debajo ponían una especie de platos para recoger el agua y les ofrecían toallas. Otras dos mujeres nos traían tortillas. Ahí estaba yo, junto a Hernán, el gran protagonista de todo el evento. En la mesa se pusieron las cazuelas con la carne, y sirvieron aguardiente y vino dulce en vasos. "Taquiza" fue como le dijeron entonces, la primera taquiza, la que habría de celebrar el fin de la guerra... Tomé una tortilla, la puse en el plato. Sentí mucha curiosidad por probar esa carne de cerdo que tanto les gustaba a los castellanos, así que me serví un poco con la mano, luego hice el taco y le di una mordida. ¡Aquello estaba delicioso! Aproveché para sumergirlo en la salsa verde que habían puesto frente a mí y... nunca había probado nada semejante en toda mi vida. Me serví un segundo taco, y hasta un tercero. Comí, sin pensar en lo que estábamos celebrando, hasta que me dolió el estómago. Había comido demasiado, pero había valido la pena.

Desde entonces, cada vez que los castellanos cocinaban puerco, pedía que me sirvieran un poco, y lo disfrutaba enormemente.

Ah, quieres saber qué pasó con Cuauhtémoc.

Prisionero de Hernán, sufrió la peor de las suertes a causa de la ambición de los castellanos. Aquello sucedió porque, después de la destrucción de Tenochtitlan, los castellanos entraron a los aposentos que habían sido de Motecuhzoma, pues querían encontrar oro, oro que habían visto y oro del que les habían hablado muchas veces, pero no lo hallaron. Parte de ese oro se había perdido en la huida de aquella noche triste, es verdad, pero otro tanto se había quedado en la ciudad y ahora no aparecía. Faltaba el tesoro de Motecuhzoma. Por supuesto, las sospechas cayeron en Cuauhtémoc.

Pedro de Alvarado era de la idea de castigar a Cuauhtémoc de la peor forma posible:

—Sea atado, pues, a grandes piedras y arrojado al lago donde morirá en el fondo como muchos amigos que intentaron huir de la ciudad.

Gerónimo sugería:

—Que se convierta a nuestra fe, hacedlo uno de los nuestros y os dirá dónde ha escondido el tesoro.

Hernán pensaba largamente en estas sugerencias mientras cuestionaba a Cuauhtémoc por el tesoro. Lo tenía encerrado en un cuarto con una sola ventana, con el alimento junto y el agua necesaria; no lo dejaba bañarse, apenas y entraban a limpiar sus necesidades y se tenía que acostar en un viejo petate que había en el fondo. Entrábamos, pues, Hernán y yo, tapándonos la nariz para no oler la peste y lo hacíamos salir al patio de la casa. Ahí, cegado por el blanco sol que escasamente veía, Hernán, a través de mi boca, le preguntaba a Cuauhtémoc por el tesoro, pero éste apretaba los labios, como para que ninguna palabra, aunque fuera pequeña, se le escapara. En cambio, me miraba con furia, quizá porque no lo había matado cuando él me lo había pedido, pero no pude hacerlo, yo no tenía ni tengo dentro de mí aquel instinto de sangre con el que nace cada castellano.

Así, mientras se construía la gran casa que Hernán había mandado a hacer en Coyoacán, donde habría de vivir más tranquilo, él ocupaba muchas horas del día hablando con sus hombres, los cuales peleaban entre sí por repartirse el botín y no estaban contentos con el poco oro que les había tocado. Algo bueno era que, después de meses de tanta muerte, cada vez había menos enfermos de viruela, lo cual les daba un respiro a los aliados...

Cansado de los silencios de Cuauhtémoc, Hernán le dio una última oportunidad.

—¡Hablad! Decid dónde habéis escondido vuestro oro, y prometo salvar vuestra vida.

Mas la respuesta fue un profundo silencio con la quijada tensa.

A la mañana siguiente, Hernán despertó antes que yo. Ya compartíamos un cuarto de la casa que le empezaban a construir, pero en lugar de dormir en petate, Hernán se había mandado a hacer una cama de madera con un "colchón", sí, así lo llamó, un colchón, que no era más que un saco largo relleno de paja, pero en el que una estaba cómoda en las noches de pasión y acurrucada en las noches de lluvia.

Pues bien, Hernán salió muy temprano a hacer no sé qué. Después de romper el ayuno con unos tamales, Hernán me llamó a su lado y dijo que ya sabía cómo hacer que Cuauhtémoc hablara.

Caminamos hasta la casa de un poblado cercano y entramos. Por la ventana penetraba un haz blanco de luz que se posaba sobre Cuauhtémoc, quien estaba acostado sobre una piedra plana y alargada que recién habían traído, en lugar del viejo petate. Estaba amarrado a ella para que no saliera. Me dio mucha pena encontrarlo así, pues había adelgazado aún más, se le hundían los ojos y se le agrietaban los labios, ya no se podían contar los músculos y se le notaban las costillas. Respiraba muy rápido.

En una esquina, sobre el fuego, los castellanos habían puesto una gran olla de barro que humeaba y apestaba todo el cuarto.

Hernán me pidió que insistiera en la pregunta del tesoro.

—Mi señor desea saber dónde está escondido el tesoro de Motecuhzoma.

Cuauhtémoc arqueó la espalda y luchó por liberarse, pero no dijo palabra alguna que pudiera yo responder a Hernán. Entonces, éste se volvió hacia el castellano que movía el contenido de aquella olla de barro que tanto humeaba. De repente comprendí qué había dentro... ¡era aceite hirviendo! Estaba tan caliente que nos achicharraba a todos. Supe lo que iban a hacer y le pedí a Hernán que me dejara ir.

—No quiero verlo —le supliqué.

Sin esperar su respuesta decidí que habría de irme, pero en cuanto di un paso hacia la puerta, sentí que Hernán me tomaba del brazo y me jalaba de vuelta hacia él.

—Lo habréis de ver, Marina. Os necesito aquí para traducir todo aquello que salga de la boca de este hombre.

Con una cuchara muy larga que los castellanos usaban para servir caldos y sopas, el hombre aquel se hizo de una porción considerable de aceite hirviendo, que incluso burbujeaba. Nos la mostró, pero ni siquiera pudimos acercarnos demasiado porque se sentía el intenso calor en el rostro.

—¡Hacedlo! —ordenó Hernán.

El castellano asintió con una sonrisa llena de dientes podridos y se acercó a Cuauhtémoc. Otra vez, estos ojos vieron la crueldad de los castellanos. El hombre dejó caer el aceite hirviendo en los pies de

Cuauhtémoc, logrando que éste diera unos gritos espantosos, mientras todo su cuerpo se movía de formas tan raras que parecía un insecto moribundo. Dos veces le quemaron los pies con aceite hirviendo.

Hernán se acercó a Cuauhtémoc y cerró su puño en la garganta del último *tlatoani*.

—¡Decidme dónde puedo encontrar el tesoro! —bramó con furia.

Con mucha dificultad para hablar, éste respondió:

—¿Acaso soy el Tlatoani de nuevo?

Cuando le traduje esas palabras, Hernán entró en cólera. Pude notar cómo se ponía rojo y le temblaban las manos.

—Traed el aceite, ¡AHORA!

Me miró con la vista desencajada y los ojos bien abiertos, como si también estuviera enojado conmigo.

Por segunda vez vi cómo caía aceite hirviendo en los pies del hombre que había sido *tlatoani* alguna vez. Yo pensé en cerrar los ojos, pero no quise que Hernán se enojara si yo desviaba la mirada. La piel de los pies se puso roja, le salieron ronchas enormes, se cayó la carne de los talones, y el olor... ¡Santa Madre Coatlicue! El olor a carne quemada era amargo, te inundaba la nariz y te causaba repugnancia. Me recordó a aquella tarde en la que entramos a Tenochtitlan y todo estaba lleno de muertos.

Gran dolor y tormento aguantó Cuauhtémoc ese día. El último *tlatoani* gritaba sin decir palabra alguna que yo pudiera traducirle a Hernán, quien, desesperado, tuvo que terminar el castigo y volver a encerrarlo en el cuarto aquel, donde uno de sus hombres cercanos, que conocía sobre medicina mexica, le curaría las quemaduras de pies y manos (pues también se las habían hecho arder en aceite) con empastes de varias plantas.

Así, después de un tiempo, Hernán entendió que nunca sabría qué había sido del gran tesoro que alguna vez había pertenecido al *huey tlatoani* Motecuhzoma y creo que hasta la fecha no se han encontrado las piezas de oro, las plumas de quetzal y los códices larguísimos pintados por sabios antiguos, en los cuales se contaba cómo el mundo había sido creado.

Todo se perdió, o estará escondido en algún lugar de lo que fue Tenochtitlan, o en el Bosque de Chapultepec... o tal vez lo soñamos todo o lo imaginamos. No lo sé, ahora tengo mis dudas.

Lo que sí fue importante es que la falta de oro suficiente hizo que muchos castellanos se decepcionaran, pues creyeron que la guerra había sido en balde, y comenzaran a pelear entre ellos. Mientras Hernán decidía qué haría con aquel pedazo de tierra que alguna vez había sido Tenochtitlan, yo lo acompañaba para consolar sus sueños.

El mundo que yo conocía había sido destruido, no sabía entonces que uno nuevo estaba por nacer. ¿Me convendría estar en él?

Dioses caídos

Los rumores sobre la hija de Motecuhzoma son ciertos. Tecuichpo Ixcaxochitzin, bautizada con el nombre de Isabel Motecuhzoma, era una mujer un poco más alta que yo, con el rostro delgado, los ojos como la noche pero con un destello muy pequeño, como si guardara estrellas en la mirada triste. Sus labios eran gruesos, delineados por un contorno oscuro que les daba forma. Su cuerpo de mujer se adivinaba a pesar de los huipiles largos de algodón que usaba. Sus muñecas eran muy delgadas, y siempre iban cubiertas de grandes pulseras con piedras de colores. Su cabello negro era liso, brillante... Ella, sin duda, era una de las mujeres mexicas más hermosas.

La conocí cuando entramos al palacio de Motecuhzoma por primera vez, aunque eso de que la conocí tal vez sea una exageración, porque mientras fuimos invitados del *tlatoani*, Tecuichpo y yo no hablamos. Ella estaba siempre cerca de su padre, y él no permitía que nadie le dirigiera la palabra, ni siquiera Hernán. La vi a lo lejos llorar cuando mataron a su padre, y más tarde supe que la habían casado con Cuauhtémoc.

Sin embargo, Hernán no había olvidado la última promesa que le había hecho al *tlatoani*, de modo que sí se había preocupado por cumplirla, pero no podía sacar a Tecuichpo de Tenochtitlan en plena guerra, y menos siendo la mujer de un *tlatoani*.

Todo eso cambió con la derrota de los mexicas, cuando Tecuichpo estaba junto a su señor Cuauhtémoc y Hernán se hizo de ella para tenerla cerca con el fin de protegerla y.... no soy tonta, también para amarla. No había secretos entre los castellanos. Los rumores y verdades se compartían con cada comida y más cuando ellos se embriagaban con su vino. Por eso me contaron que, a veces, Hernán se reunía con Tecuichpo para amarla, para besarla, para despojarla de sus huipiles cuando pensaba que estaban solos.

Ella se lo permitió porque en la oscuridad se deseaban el uno al otro, pero a la luz aceptó seguir al dios de los castellanos. Se le bautizó con el nombre de Isabel Motecuhzoma, y se le respetó la familia de la que venía, pues había nacido de la nobleza. ¿Por eso la amaba Hernán?

Está bien, lo reconozco, comencé a sentir unos celos espantosos, porque ella era un misterio para Hernán, un misterio que ya había revelado conmigo y tal vez se había cansado de mí. Me sentí usada, enojada. Me sentí tan sucia que fui a darme un baño muy largo. Quería gritarle, pegarle. Sentí que yo había sido un juego más. Yo sabía que lo amaba, pero no sabía si él lo hacía.

Comencé a seguir a Hernán después de sus alimentos, a asomarme por las puertas cuando se reunía con sus hombres, a preguntarle a Gerónimo a dónde iba Hernán cuando no estaba en su casa. Quería ser como la luna para seguir sus pasos, como la tierra para sentir sus latidos, como Isabel para que también me acariciara las caderas, como Pedro de Alvarado para que me dedicara sus palabras, como el viento para tener sus labios en todo momento, como su dios para que se arrodillara ante mí cada mañana a pedirme perdón y ofrecerme su devoción... o si no, al menos me hubiera gustado ser como un águila para abrir mis alas y alejarme volando de aquella destrucción, de los templos caídos, de la tristeza de mi corazón, y hasta de mí misma.

Y de tanto buscar encontré lo que no quería. Una noche, seguida por la luna, atravesé el patio. Mi corazón latía muy rápido. Iba acercándome al cuarto donde dormía Hernán cuando no estaba conmigo. Se escuchaban ruidos, pequeños gemidos. Y yo sabía, hijo mío, lo que iba a encontrar ahí... Me asomé por la puerta: la luz blanca delineaba la espalda ancha de Cortés, las gotas de sudor que le caían por la frente; devoraba con lujuria la boca de Isabel, como si hubiera querido comérsela. Sus manos grandes la recorrían, y se retorcían ambos como gusanos a punto de morir. Y yo me quedé ahí, siguiendo las líneas de la luna en la espalda de Hernán Cortés, hasta sus nalgas redondeadas, hasta sus muslos llenos de vello, hasta sus pantorrillas sucias con el lodo, hasta los pies que se juntaban como trenzas.

Hernán estaba sobre ella, moviéndose, levantando las nalgas y bajándolas, cada vez más rápido.

Y yo me quedé ahí porque quería ver más, porque quería ser ella, porque hacía mucho tiempo que Hernán no me tocaba así. De repente, Hernán giró su cara hacia la puerta y me vio, pero no detuvo su cuerpo, sino que me sonrió y volvió a devorar la boca de Isabel Motecuhzoma. Parecía que quería tentarme, pero aquello era muy doloroso. Me sequé las lágrimas con la mano y me alejé corriendo. No hubo alma alguna que me detuviera.

Llegué a un árbol, me abracé al tronco y lloré. Todas las palabras que había callado se convirtieron en lágrimas... hasta que mis ojos quedaron secos y descubrí que me sentía un poco mejor. De nuevo era fuerte.

A la mañana siguiente, cuando Hernán me llamó a su lado porque quería hablar con Cuauhtémoc, acudí a él con mi mejor huipil, con la frente en alto, con el cuello lleno de collares y el cabello en una trenza larga. Llegué con Hernán y levanté la cara, orgullosa de mi fuerza. Le sostuve la mirada, de mí no se iba a burlar. Yo ya no era su esclava... Se estremeció, movió los dedos de la mano y yo sabía que estaba nervioso. Eso me gustaba.

Yo no era como las otras.

Mientras pensaba aquello, fui caminando con la cabeza en alto hasta el cuarto en el que estaba encerrado Cuauhtémoc. Ahí, Hernán lo tenía otra vez atado a una piedra larga. Al ver aquello, se me revolvió el estómago, pues recordé aquella tarde en la que le habían quemado los pies y las manos con aceite, y pensé que volvería a repetirse, pero pronto me di cuenta de que no había nadie calentando aceite.

Ahí estaba Cuauhtémoc, con la piel pegada a los huesos, con llagas negras en las palmas de las manos y los pies. Pedro de Alvarado nos acompañaba y yo me preguntaba por qué tenía una barra larga de oro.

Hernán habló:

—Este oro es de uno de los regalos de los mexicas, era un dios pagano, pero lo hemos derretido para que sea más fácil enviárselo a mi señor Carlos. Queremos que nos presentes doscientas barras como ésta o vuestros hombres pagarán el precio. Uno muy alto.

Y así fue liberado para que comenzara su misión de entregarles oro a los castellanos.

Esa noche, después de la cena, en la cual estuve con el resto de los castellanos, me levanté para irme y escuché los usuales pasos detrás de mí. Yo sabía quién era y por qué no iba a dejarlo. Me di la vuelta, y él se detuvo para mirarme. Inclinó su cabeza hacia mí, pero yo hice mi cuerpo para atrás. Como otras veces, intentó tomarme de la cintura y yo usé las dos manos para empujarlo.

—Sólo me tocarás cuando no haya otras mujeres.

Me miró con los ojos bien abiertos, como si nunca una mujer se le hubiera resistido o le hubiera puesto una condición a su amor. En ese momento, Hernán era uno de los hombres más importantes de nuestro mundo y del suyo, pues había derrotado al imperio de Motecuhzoma y se había hecho de muchos objetos valiosos. No esperaba que una mujer le dijera que no... y yo lo había hecho. No. No me toquéis. No me desnudareis. No mezclaré mi cuerpo con el tuyo.

Se hicieron planes para lo que habría de ser la nueva ciudad, la cual habría de construirse con los vestigios de la anterior. Para darle fe a sus hombres, según me dijo Gerónimo, Cortés estaría en Tenochtitlan viendo cómo los viejos templos eran derribados y yo debía estar junto a él, con un rosario en la mano mientras movía los labios, como si estuviera rezando. ¿Un rosario? ¿Qué clase de arma sería ésa? Yo me imaginaba un cuchillo largo de color negro, o tal vez una cerbatana de fuego pequeña, pero resultó ser una especie de collar lleno de cuentas chiquititas que los castellanos usaban para rezarle a su madre virgen.

Así pues, estuve en el techo de una de las casas, con ese "rosario" en la mano, viendo cómo caían los templos que alguna vez habían albergado a los dioses. Observé cómo morían esas piedras que antaño habían escuchado los ruegos del pueblo mexica y cómo rodaban las calaveras peladas de los que habían sido sacrificados para placer del pueblo. Cayeron los barrios de los artesanos, de los alfareros, de los que secaban chapulines, cocinaban tamales, preparaban pescado fresco para el *tlatoani*. El silencio inundó las calles donde antes había música y los niños reían... Y yo, que había deseado que algo así sucediera cuando me vendieron como esclava a los mexicas, ahora me arrepentía de aquellas palabras que había guardado en mi mente.

Tengo que insistir en esto, hijo mío, no había imagen más lamentable en todo el mundo. Todo se había perdido... todo, porque nadie quiso escuchar, porque las palabras que yo pasé de una lengua a otra cayeron en corazones duros, porque nadie entendió las enseñanzas de los dioses, porque nos dejó de importar el precio de la sangre. Al fondo del lago de Texcoco había mexicas y castellanos por igual, los dos sangraban del mismo color y, cuando los habían abierto en la piedra de los sacrificios, habían notado que el corazón era de la misma forma.

Los castellanos, aun así, insistieron en que los mexicas eran salvajes, adoradores de demonios, y que el poder de su dios había llegado para triunfar. Por eso, comenzaron a hacer misas en el lugar donde habían estado los grandes templos y Hernán anunció que en aquel sitio habría de construirse una enorme iglesia, pues su dios del madero también había vencido a los dioses de piedra que habitaban ahí.

Aquella destrucción de la ciudad provocó que los castellanos pudieran hacerse de más tesoros y objetos de mucho valor que no solamente se repartieron entre ellos, sino también entre los pueblos aliados. Hernán dependía de mí para hablarles a todos esos señores, en náhuatl o maya, para darles las gracias, para decirles que al fin habían sido liberados del yugo de Motecuhzoma; ya no tendrían que pagar tributo, ya no tendrían miedo... de los mexicas.

Por supuesto, entre los tlaxcaltecas crecía cierto temor a que aquellos hombres, a los cuales habían llamado hermanos mientras hacían la guerra a los mexicas, se volvieran los nuevos amos, los nuevos villanos, y los trataran igual que como lo habían hecho los mexicas.

Algo que sucedió prácticamente después de la caída de Tenochtitlan fue que la idea del dios del madero comenzó a crecer en estas tierras. Así como aquellos primeros días en que emprendimos el viaje desde la Vera Cruz, en los cuales Hernán, Pedro y sus amigos entraban a los templos a destruir a los dioses de piedra, lo mismo se hizo en todos los pueblos, en todos los templos y contra todos los dioses.

Luego comenzaron a hablar de su dios. Vinieron más castellanos con huipiles del color de la tierra, llamados "frailes". Eran hombres blancos con barbas cortas y poco cabello en el cráneo, con cintas alrededor de la cintura y cruces en el cuello. Ellos platicaban del dios clavado a un madero y de milagros. Hacían cruces en el aire con las manos, iban a los pueblos que aún quedaban, después de la guerra y la viruela, y bautizaban a todos para darles nuevos nombres. Todo mi mundo había cambiado, y me pareció raro que los dioses caídos no se rebelaran contra el nuevo dios. ¿Por qué nuestra madre Coatlicue no se presentaba ante nosotros y hacía otra vez el mundo?

Luego me quedé pensando en aquellos tiempos lejanos en los que era una niña. De haberme quedado en Oluta, tal vez yo también habría muerto a causa de la guerra, o por la viruela.

Ah, Oluta...

Parece tan lejano, hijo mío, aquel tiempo en el que estuve ahí, viendo desaparecer en el fuego el cuerpo envuelto de mi padre, mientras intentaba contener mis lágrimas y las mujeres del pueblo bailaban en su honor.

No sabía cómo habría de volver a Oluta... pero estaba cierta de que, tarde o temprano, tendría que regresar a la tierra que me había visto nacer.

Dos noticias inesperadas

En Coyoacán, Hernán mandó construirme una casa muy cerca de donde estaba la suya. Dijo que era un regalo por toda la ayuda que yo le había dado durante la guerra. Los castellanos hicieron lo que les habían ordenado, y piedras tras piedra, me levantaron paredes, cuartos y un patio pequeño. Nunca, ni en mis sueños más extraños, y vaya que los tuve, supuse que tendría una casa más grande que aquella en la que nací. Tampoco imaginé que alcanzaría la libertad, que tendría mujeres que me ayudaran en la casa para prepararme de comer, que otras personas conocerían mi nombre y mi historia, que me amarían y me odiarían por igual, que se sentirían con el derecho de intuir qué pienso o siento, de juzgar mi pasado, mi presente y mi futuro, de mirarme por las calles, de saludarme al verme o escupir el suelo que estoy por pisar.

Cuando tienes una historia como la mía, todos generan una opinión sobre ti, todos hablan, todos usan sus palabras como armas, y el mejor escudo que una mujer tiene es el silencio, el orgullo y la dignidad.

Que Hernán viniera a verme ciertas noches era porque yo decidía que él podía hacerlo, porque yo quería besarlo, y porque yo no quería negar los sentimientos que había dentro de mí. Era yo la que me desnudaba ante él, la que permitía las caricias, no era nadie más que yo... y mientras Hernán me respetara de esa forma, yo lo haría también acudiendo a su lado con prontitud cuando él me necesitara para hablar con Cuauhtémoc o alguno de sus hombres, o alguno de los que quedaban en los pueblos, con el fin de seguirles prometiendo muchas cosas.

Algo que me alegró fue que con los días, otras personas nahuas, mayas, totonacas o popolucas encontraron formas de comunicarse con los castellanos, de modo que Gerónimo y yo fuimos cada vez menos necesarios para las palabras cotidianas, lo que me dejaba tiempo para descansar un poco, lo que no había podido hacer desde que el señor Tabscoob me había regalado a Hernán.

Debo decir que no estar en peligro de muerte todos los días fue una bendición de nuestra madre Coatlicue.

¿Sabes? Extraño cuando ella solía visitarme por las noches para hablarme en sueños y yo veía sus garras, sus serpientes, su fuego, los remolinos de humo, pero ahora era todo silencio. Tal vez ella habitaba en una de las piedras en las cuales estaba tallada y ahora había muerto, pensaba. Su silencio era raro, pero como siempre he dudado de los dioses, también lo hago de sus intenciones para con nosotros, por eso aquel silencio me resultaba espantoso.

Fue durante los días fríos que Hernán comenzó a visitarme con más frecuencia, y también uno de sus sacerdotes. Hernán quería que cayera en sus pecados, mientras su sacerdote me hablaba precisamente de salvar mi alma, y de lo que había en su libro sagrado. Si te digo la verdad, nunca creí, verdaderamente, lo que estaba escrito en ese libro. Se me hacía tan loco que no podía creer que todo lo que me decían hubiera pasado, pero aprendí a escuchar esas historias y las guardé en mi memoria. Ya luego hasta se las volvía a recitar al sacerdote, le contaba de David, o de Pablo, o de Juan... y ellos se pusieron a decir que yo tenía mucha devoción.

Entonces comencé a ir a las misas, a repetir las palabras que me habían enseñado. Me puse los mejores huipiles y me llenaron el cabello con cintas. Un día, incluso, Hernán les pidió a las mujeres castellanas que recién habían llegado de Cuba que me vistieran como una de ellas, entonces me envolvieron en un huipil enorme de color verde e intentaron peinarme para que mi cabello negro hiciera espirales, pero sentía que aquello era una máscara, no era yo... Nunca podría ser una castellana porque mis tradiciones eran diferentes y mi espíritu era de otro color. Tardaron más en vestirme que yo en quitármelo todo y pedir que volvieran a ponerme el huipil de algodón y los collares que llevaba. Mejor pedí que me hicieran una trenza, y me quedé sentada en aquel cuarto viendo la espuma de oro que eran las nubes que rodeaban el sol.

Decidí que nunca iba a dejar que alguien me cambiara, que también podía elegir mi forma de vestir, de hablar, de peinarme, y hasta los dioses en los que iba a creer. Había sobrevivido a suficientes batallas como para ganarme ese derecho.

Tal vez Hernán se enojó conmigo porque no quise vestirme como él había dicho, ya que por tres días no me llamó a su lado, ni me visitó por las noches, ni supe de él. Se quedó en su casa, o tal vez con Isabel Motecuhzoma, quizá tenía alguna fiesta religiosa, o apostaba algo con sus amigos.

Al cuarto día de no recibirlo, caí enferma. Había pasado muy mala noche, con dolores en los huesos, y la mañana me alcanzó con el estómago revuelto. Me dio un miedo terrible, creí que me había dado viruela, que en cualquier momento comenzarían las fiebres y las ronchas. Yo pensé que era mi fin, que había sobrevivido a toda la guerra usando mi inteligencia para luego morir por una enfermedad tan cruel como la viruela. No quise contárselo a Hernán, pero una de las mujeres que me ayudaba en la casa corrió a decírselo, mas él no vino a verme. Sólo mandó a uno de sus curanderos castellanos a revisarme.

Aquel hombre acababa de llegar de Cuba. Era alto, de gran barba blanca y muchas arrugas en la frente. Vestía siempre de negro y traía una bolsa negra llena de aparatos extraños de metal. Con ellos me midió los brazos y las piernas, la cara y las caderas... Abrí la boca para que viera mi lengua, y me abrió los ojos para ver su color. Todo iba escribiéndolo en un libro grande, como Biblia, que llevaba consigo. Me hizo preguntas sobre cómo me sentía, cómo había dormido y hasta qué comía. Al final, me dio las gracias con mucho respeto y se retiró.

Yo me quedé recostada en el petate, aún con el estómago revuelto. Esperaba que aquel hombre me diera alguna hierba para recuperar la salud.

Después de un largo rato, volvió a entrar el curandero, inhaló profundo y levantó la cabeza.

—Vos estáis esperando una criatura, os recomiendo que aviséis al padre, buen día.

Aquello lo dijo con mucho respeto porque bien sabía él, así como todos los castellanos y sus aliados, quién era el padre. Las noticias inesperadas tienen el poder de moverse muy rápido, y sucedió que ésa se supo en cosa de unas horas. Nunca me enteré a ciencia cierta quién le dijo a Hernán que yo estaba con un niño, pero antes de que cayera la tarde, vino a verme. No pidió permiso para entrar, sólo cruzó la puerta con una sonrisa enorme, porque sabía que se convertiría en padre, que después de haber traído tanta muerte a aquellas tierras, al fin tendría algo de vida.

Yo había escuchado rumores de que él había tenido hijos con otras esclavas, pero nunca los había reconocido. Yo iba a convertirme en una mujer diferente, porque todos me conocían, yo ya no era una esclava, y los castellanos eran conscientes de que el único hombre con el que había compartido mi lecho era Hernán. Yo iba a tener un hijo del hombre que había derrotado a los mexicas, y todos los sabían.

La vida crecía dentro de mí.

Cerré los ojos muy fuerte, me llevé las manos al vientre e imaginé cómo sería sentir la vida dentro de mí, cómo crecería, tal vez como una semilla que germina con los días, que se convierte en flores, o en frijoles, o en maíz. Supuse que se sentiría como una serpiente que se desenrosca y que tocaría todo lo que hay dentro mí. Hernán sonreía, estaba feliz... me pidió que me levantara, me abrazó con mucha fuerza y me cubrió de besos. Yo estaba tan feliz como él, pero sus labios sabían diferente, ya no tenían la pasión de antes, ni sus manos me hacían descubrir nuevos sentimientos. Me dijo que me iba a dejar sola para que descansara, y que el médico me visitaría una vez a la semana para asegurarse de que yo estuviera bien. No sé si sepas, hijo mío, pero el parto de las mujeres causa gran muerte entre ellas, y los bebés. Por eso, tenía que mantenerme muy quietecita y comer bien.

Al día siguiente Hernán me envió collares de todos colores como regalo, y al otro, un huipil nuevo. Me visitaba casi todos los días y hablaba poco. No me tocaba, no me besaba. Entonces sólo me preguntaba por cómo me sentía o que si no me dolía nada. Estaba unos minutos más y luego me dejaba sola.

Aquéllos fueron días muy difíciles para mí. No salía de la casa, sólo me llegaban noticias de que una nueva ciudad se levantaba donde antes había existido Tenochtitlan. La habían fundado con el nombre de México. ¡La Ciudad de México! Un nombre muy extraño.

Los mareos y el estómago revuelto no desaparecieron por varios días, pero el curandero me dijo que era normal, que llegaría el momento en que se me pasaría y así fue... Un día que comí poco de lo mal que estaba, cerré los ojos y sentí que mi cuerpo caía *y caía y caía hasta las garras de nuestra madre Coatlicue, y ella me miraba con sus ojos de serpiente. Yo podía contar las escamas de su rostro, las calaveras en su cintura, las colas de serpiente en su falda. Y todo a nuestro alrededor estaba lleno de humo negro y rojo, envueltos, girando. Coatlicue me enseñó que aquéllas eran las nubes de Tenochtitlan, que ya no era Tenochtitlan porque había cambiado de nombre a México, pero no había dejado de ser Tenochtitlan. Los templos ya no eran de piedra, sino de metal, enormes, de todos colores y todas las formas. Personas de todos colores vivían, rezaban y morían dentro de ellos. Sentí la tierra moverse bajo mis pies, escuché gritos y cayeron los templos. De pronto me di cuenta de que debajo de los templos había otros más. Lloraron los volcanes nevados y los dioses se quedaron en la Ciudad de México hasta el fin de los tiempos, y entonces supe que los vivos y los muertos, los espíritus y los dioses, los mexicas y los castellanos vivirían ahí para siempre, porque así me lo había mostrado Coatlicue, que vive más allá del tiempo...* Desperté comprendiendo cada sueño que había tenido en mi vida, y entendí que nuestra madre Coatlicue me había dado el último. Me había enseñado lo que pasaría muchos años después de mi muerte y ésa había sido su despedida.

Al despertar ya no tenía malestar, mi estómago ya no estaba revuelto, no sentía como si en cualquier instante fuera a tener fiebre. También fue el momento en el que me di cuenta de que mi cuerpo empezaba a cambiar, que me crecían los senos y mi vientre se hinchaba día con día. Cada vez me era más difícil moverme, o cambiar de posición en la noche.

Parecía que la panza se me llenaba de vida, cada vez más y más, hasta que sentí, como dije, esa serpiente que iba desenroscándose, esa semilla de la cual nacían todo tipo de frutos y flores.

Hernán seguía visitándome en silencio, admirándome como si yo fuera una diosa, y llenándome de regalos.

Yo... comencé a odiar la tranquilidad de mi estado.

Habiendo pasado algún tiempo y estando ya cerca de dar a luz, pues mi vientre estaba ya muy inflamado, Hernán quiso que nos reuniéramos porque él deseaba saber algunas cosas sobre Cuauhtémoc, pero como estaba muy ocupado, preguntó si yo podría ir a verlo. Le dije que sí, pero que lo haría despacio, ya que, cuando no estaba recostada en el colchón relleno de paja, me movía cada vez más lento. Fue Gerónimo quien me acompañó durante todo el camino y se sorprendió del estado en el que yo me encontraba.

Cuando llegamos al patio de la casa de Hernán, vi que había otros castellanos que también estaban esperando para hablar con él. Se había vuelto muy popular y sus hombres acudían con peticiones, generalmente préstamos de oro, o para solicitar que se les asignara una casa de la Ciudad de México.

Yo estaba ahí con Gerónimo, quien me dijo que iba a buscar a Hernán para que me recibiera de inmediato y no tuviera que estar esperando. Estaba cansada. Él se dio cuenta, así que se fue corriendo y yo me quedé junto a una columna.

—¡Así que sois vos la que habéis usurpado mi lugar! —escuché un grito detrás de mí.

Me di la vuelta. Una mujer que nunca había visto me enseñaba los dientes. Ella levantó la cabeza, orgullosa, y exclamó:

—¡Soy la verdadera mujer de Hernán Cortés!

Y sentí un dolor en el vientre.

Catalina

AQUELLA MUJER TENÍA EL CABELLO LARGO, pero le caía en rizos hasta los hombros. Sus labios eran de un rojo como la sangre y su mirada era parecida a la de un lobo hambriento. Cuando hablaba, enseñaba los dientes de abajo, como una fiera que está a punto de atacar. Su vestido era negro como la noche más oscura del año, y le cubría todo, los brazos, los pies y parte del cuello.

—Me llamo Catalina y he venido a recuperar mi lugar.

De inmediato, uno de los castellanos que estaba en el patio corrió a avisarle a Hernán que aquella mujer había llegado. Imagino el asombro que ha de haber sido para él que ella se apareciera de repente, con aires de gran *tlatoani*, ordenándoles a todos en la casa para que acomodaran la ropa que traía desde Santiago de Cuba, donde había esperado durante muchos años que su esposo la mandara llamar o al menos que volviera a su lado.

—Así que vos sois la famosa doña Marina —dijo con un desdén humillante—. Ni siquiera puedo entender qué fue lo que vio mi esposo en vos, ni tampoco por qué yacía contigo cuando claramente podía haberlo hecho conmigo, porque ¿qué clase de color puede tener vuestro hijo cuando el mío puede ser tan blanco como la luna? ¿Qué podéis enseñarle vos a ese vástago cuando yo puedo hablarle al mío de las maravillas del mundo, de Venecia, de Castilla, de Granada? ¿Cómo podrá sobrevivir en este mundo lleno de personas salvajes? He venido a recuperar mi lugar, vos tomaréis el que os corresponde. Lejos... de... aquí...

—¡CATALINA! —la voz de Hernán retumbó por todo el patio, como la de un trueno.

Callaron los murmullos de los presentes. Yo misma sentí un escalofrío que recorrió mi cuerpo. El tiempo se detuvo, los dioses estaban expectantes a ver qué era lo que iba a ocurrir. Catalina, sin embargo, no se movió, no tembló, ni se asustó. Ella también tenía el espíritu lleno de un fuego negro. Torció los labios de una forma horrible y se giró para encontrarse con Hernán.

—¿Qué hacéis, Catalina? —le preguntó él, también enseñando los dientes.

Me dio la impresión de que aquéllos no eran un hombre y una mujer peleando, sino dos lobos dispuestos a luchar a muerte.

—Vengo a reclamar lo que es mío, porque ya me dijeron que os ganáis el infierno por andaros besuqueando con las salvajes. Todo Cuba lo sabe, hasta en la corte del rey Carlos se anda contando lo que hacéis con esa... —debió ser una palabra muy mala la que iba a decir, porque no le salió de la boca, sólo me señaló con disgusto, pero Hernán, en su enojo, le bajó la mano.

—¿Qué buscáis con este tipo de gritos, Catalina? Os dije que iba a buscaros cuando fuera el momento. Además, no creo que debiéramos discutirlo frente a mis hombres.

Ella se llevó las manos a la cintura, parecía que deseaba retar a Hernán. Arqueó las cejas y dijo:

—¿Por qué no? ¿No queréis que se enteren de todo esto? Si lo saben muy bien, todos lo saben. No importa, he llegado para quedarme... os guste o no. Nos hemos casado ante Dios Nuestro Señor, en la salud y en la enfermedad, en la riqueza y en la pobreza. Conozco las riquezas que habéis robado de los salvajes, también son mías. He pensado en construirme una gran casa aquí, en llevar collares de oro, en tener muchos esclavos y en no dejar que yazcas con ninguna salvaje nunca más.

Cuanto más hablaba, más iba enojándose Hernán; se ponía rojo y enseñaba los dientes. Apretaba los puños con tal ira que, con un movimiento rápido, tomó a Catalina de la muñeca y la atrajo hacia él.

—Os comportáis como una cualquiera. Estas palabras deben hablarse en la intimidad de un hombre y una mujer.

Y diciendo esto, la arrastró lejos del patio, mientras ella se quejaba de que Hernán la estaba lastimando, pero eso a él no le importó. Se la llevó hasta que no se escucharon los gritos y la mirada de todos se posó sobre mí, como si esperaran alguna palabra que pudiera salvarme de aquel bochorno. Yo también estaba roja, sentía calor en las mejillas y mi corazón de mujer latía muy rápido. No sabía cómo irme, no podía correr. Hubiera dado la vida porque la tierra me tragara en ese momento.

Me llevé las manos al vientre y di un paso, pero estaba tan nerviosa que di un traspié y, antes de que cayera, Gerónimo me detuvo.

—Debes sentarte —me dijo, y me llevó hasta una de las sillas altas de madera. Ahí pude tranquilizarme un poco, respirar. Cerré los ojos y sentí el sol sobre mi rostro, el viento cerca de mí. Me llevaron un poco de agua para que la lengua no se me pegara al paladar.

Hernán discutía tanto con su mujer que los gritos llenaban toda la casa. No quería estar ahí, me sentía culpable, ofendida, quería llorar, gritar, morirme. ¡Me sentía tan tonta!

—Quiero regresar a casa —pedí. Sentí que mis palabras apenas y salieron de mi cuerpo.

Gerónimo me ayudó a levantarme.

—¿No esperaréis a que Hernán termine de hablar con su mujer? —me preguntó.

—Quiero regresar a casa —insistí.

Gerónimo me ayudó, porque con la panza que tenía me era muy difícil caminar. Empecé a avanzar muy lento. La verdad es que no tenía ganas de quedarme en esa casa ni un momento más. Estaba cansada de todo aquello. Es más, mientras veía mis pies ir uno adelante del otro, me dije: "Hernán no va a volver a burlarse de mí, y menos en público, no volverá a tocarme, ni volveré a ser humillada".

Pasé la tarde recostada en un petate, pensando en lo que había ocurrido.

Lo que sea que haya sucedido entre Hernán y Catalina, la discusión duró por horas y horas. No te miento, hijo, durante dos días no supe de Hernán, y el curandero de los castellanos me dijo que todos ellos los oían discutir. Las palabras eran malas, negras, como nubes de tormenta, y no se ponían de acuerdo, porque ¿sabes, hijo mío? De nada sirven esas palabras, en cualquier lengua, cuando la otra persona no las escucha.

Yo me preguntaba si Hernán pensaba en mí. Él me había visto mal antes de irse a pelear con su mujer, pero no había ido a preguntar por mi estado... A Catalina yo no le importaba, había visto el fuego negro en sus ojos, había escuchado sus palabras de odio y yo sabía que si ella se quedaba en Coyoacán haría hasta lo imposible por destruirme.

Catalina era la reina de la manada. Catalina era una asesina. Catalina era malvada. Catalina era veneno. Catalina era inteligente. No sé por qué yo tenía la idea de que Catalina podría arrancarse un ojo con tal de hacerles creer a todos que yo lo había hecho.

Mi preocupación era que Catalina envenenara la mente de Hernán y que, gracias a eso, él dejara de hablarme, o que creciera un odio dentro de él que desatara su rechazo hacia mí y hacia ti... hijo mío. ¡Ay, cómo te quiero! No sabes cuánto miedo de perderte tuve entonces...

Mi sorpresa fue muy grande cuando Gerónimo vino una tarde a decirme que Hernán había organizado una fiesta para recibir a Catalina. ¿Una fiesta para esa mujer malvada? Se me hizo muy raro, pero así fue. ¡Una fiesta! Claro, le dije a Gerónimo que iría, aunque no tuviera ganas.

Me cambié el huipil, pero no me puse collares ni pulseras. No tenía muchas ganas de ir a aquella cena. Me sentía muy cansada, y lo último que quería era estar en el mismo lugar que esa loba. ¿Me volvería a llenar de reclamos y reproches? ¿Me odiaría? ¿Habría Hernán apagado el fuego negro que aquella mujer llevaba en el alma?

Escuché música y canto en cuanto me acerqué a la casa. Comenzaba a caer la noche, el patio estaba iluminado por un fuego central y por varios fuegos pequeños que colgaban en cada una de las columnas. Se habían colocado extensas mesas de madera con telas largas sobre ellas. Los castellanos más importantes y cercanos a Hernán estaban ahí, con sus mujeres, pero yo no tenía con quién sentarme. Bernal, al verme, corrió a saludarme, me tomó del brazo y me acercó hasta una silla alta de madera que estaba junto a la suya. Acepté, era muy difícil moverme con la panza que traía, y tú, hijo mío, pateabas dentro de mí todo el tiempo.

Cuando me acomodé en aquel lugar me di cuenta de que Hernán no estaba con nosotros. Seguramente había estado discutiendo con Catalina. Después de todo, ella era su mujer y seguramente le había contado sobre el señor Tabscoob, los dioses rotos, las batallas y las fiebres en las cuales casi pierde la vida, de los encuentros con

Motecuhzoma, de la caída de la ciudad y.... me entró un dolor en la garganta... de todas las veces que él y yo nos habíamos besado bajo la luna, de cómo habíamos yacido, de cómo fue que se enteró que tú habrías de venir al mundo.

La curiosa música de los castellanos y los cantos se detuvieron. Todos los presentes giraron la cabeza hacia un marco de piedra que había en el fondo del patio, y ahí, como si se trataba de una pareja de dioses, aparecieron entre las sombras. Iban callados los dos, vestidos con sus mejores ropas. Una vez más quise que me tragara la tierra. Más porque Catalina me barrió con la mirada antes de sentarse en su silla. Hernán lo hizo después.

Así que, después de todo, ella había ganado. Catalina se había convertido en la reina de la manada que eran los castellanos y eso era peligroso.

No fue sino hasta que ella dio la orden que comenzó a llegar la comida: cerdo asado, salsas, tortillas, vino. Yo no tenía hambre, y daba igual si la hubiera tenido, porque pusieron poca comida frente a mí, y en cuanto se terminaron las tortillas, no volvieron a traer más. El resto de las mesas tuvo su comida. Entonces supe que ésa había sido orden de Catalina, pues no dejaba de verme y de cuchichear con los castellanos de su mesa. En una ocasión me señaló con el dedo y empezó a reírse. Hernán no compartió esa risa, estaba serio, muy serio. A diferencia de Catalina, yo conocía los humores de Hernán, el fuego de su espíritu, cómo bajaba las cejas cuando algo no le parecía y se acariciaba la barba cuando se sentía incómodo. Además, no era propio de Hernán que se quedara callado, pues siempre tenía algo que decir, ya fuera una historia sobre la guerra, o una alabanza a su dios, o una canción de su tierra, o un chiste para que sus amigos rieran. El silencio no era típico de Hernán.

Catalina continuó burlándose de mí, pero no puedo decirte con qué palabras, porque éstas no llegaron a mis oídos. Algo debió haber dicho ella para que él se levantara de pronto y viera yo aquel incendio en sus ojos, ese pecho enorme llenarse de aire, de odio, de sangre. Sin decir nada más, dio un paso hacia atrás, tirando la silla en la que había estado sentado, y no le importó. Sin despedirse de sus amigos, desapareció por donde había llegado. Catalina sólo se sorprendió por un instante, pidió que le sirvieran más vino y siguió riéndose de mí.

Le pedí a Bernal que por favor me acompañara, y así lo hizo. Él, y algunos de sus amigos, caminaron conmigo de vuelta a casa, donde ya me esperaba una de las mujeres que me ayudaba. De ella me apoyé para ir hasta mi cuarto y acostarme en el colchón. No me sentía bien, apenas si había cenado y tenía un presentimiento funesto en el estómago.

La noche se tornó fría. Me cubrí con una manta, con dos, con tres, pero el frío seguía llegando. Pensarás que estoy loca, hijo, pero en algún momento de la noche sentí que había alguien más conmigo en aquel cuarto, sin embargo, yo estaba sola. ¿Acaso un espíritu había llegado a visitarme? Por la luz de la luna que iluminaba una de las paredes, vi una sombra, la silueta negra de una mujer que aparecía de la nada y luego se desvanecía de repente.

Escuché los grillos, escuché el silencio y escuché mi propia respiración.

La noche estaba quieta.

Un grito desgarrador me sacó de mis pensamientos.

Intenté sentarme en la cama. De pronto, una de aquellas mujeres que me ayudaba, esclava de los castellanos en otro tiempo, entró a mi habitación.

—Ha sucedido algo terrible en casa del señor Malinche —me dijo con los ojos llenos de miedo.

—Pásame los huaraches y una manta para que pueda salir a la calle —le ordené.

—Trae usted una criatura, mejor quédese aquí —me recomendó, pero no la escuché, fui yo misma a buscar la manta y ella me colocó los huaraches.

Entonces me acompañó por las calles oscuras de Coyoacán hasta la casa de Hernán Cortés. El portón de la entrada estaba abierto. En el patio estaban las sobras de la fiesta, comida sobre los tablones de madera, el fuego en las columnas. Los castellanos se encontraban muy quietos, algo los había asustado. Me abrí paso entre ellos, subí las escaleras y entré a un oscuro pasillo de piedra. Tanteando las paredes para no caerme, y apoyada en mi esclava, caminé hasta el cuarto del fondo, desde donde brotaba una luz muy débil.

¡Ahí estaba Hernán! En el marco de la puerta, con el rostro muy pálido y la boca abierta.

—¿Qué ha pasado aquí? —pregunté.

—Así la encontraron, que Dios se apiade de su alma —respondió.

Me asomé a la habitación para comprender de qué estaba hablando y vi un cuarto pequeño, baúles abiertos con vestidos y joyas y, junto a la cama, el cuerpo sin vida de Catalina, bocarriba, con los ojos abiertos y salidos, con la cara hinchada y de un horroroso color azul, los labios estaban inflamados, los dedos parecían garras, el peinado lucía como un nido de águila y en el cuello... ¡Ay, hijo mío! En el cuello había unas marcas rojas horribles, tal como lo había visto en algún sueño lejano que me había enseñado nuestra madre Coatlicue.

—La encontró el mayordomo, estaba así cuando entró... Marina, tenéis que creerme. No fui yo, no sería capaz —las palabras salían de la boca de Hernán con mucho miedo, se tropezaban entre sí.

Yo miré el cuerpo de aquella mujer, y luego los ojos de Hernán.

—Sé de lo que eres capaz, conozco tu espíritu mejor que tus hombres.

Hernán dio un paso hacia mí.

—Vos no podéis hacerme esto. ¡Creedme! ¡Tenéis que hacerlo! —colocó sus manos en mi hombro y comenzó a sacudirme, estaba fuera de sí, tal vez creía que todo lo que había ganado se le escapaba de las manos como la arena gris de la Vera Cruz.

Estaba tan exaltado que algo provocó en mi cuerpo, pues sentí un líquido salir de mí y un dolor que me llenó el vientre.

Entré en dolores de parto. En cuanto Hernán se dio cuenta, me pidió que me apoyara en él y comenzó a decir que necesitaba ayuda.

Vida y muerte se conjugaron aquel día, un espíritu se iba y otro llegaba.

Rompía la noche.

Rompíase mi cuerpo también...

Vida nueva

FUE UNA MAÑANA en la que esto ocurrió. El mundo entero entró en parto. Recostaron mi cuerpo en uno de los colchones rellenos de paja. Por más que yo les dije que en Oluta la costumbre era que las mujeres se pusieran en cuclillas para dar a luz, el curandero castellano dijo que era más fácil si yo me acostaba. Eso hice, y algunas de las mujeres de los españoles comenzaron a sobarme los hombros y a decirme que debía respirar así y respirar asá. Lo único que yo sentía era un gran dolor en el vientre, como si todo el universo estuviera entre mis piernas, como si me encontrara rodeada por nubes de tormenta, como si las palabras no fueran suficientes para expresar el dolor y el amor que sentía en ese momento. Entonces bajaron las estrellas del cielo, y me rodearon, las vi bailar a mi alrededor mientras mis manos apretaban el colchón en el que estaba y mis dedos se parecían a las garras de nuestra madre Coatlicue. Las piernas se me abrían como la tierra cuando tiembla. Como otras veces, sentí la serpiente que se desenroscaba dentro de mí, se extendía y me pateaba.

Yo sólo deseaba que se destruyera la noche, que se rompiera el día, que cayera la luna sobre mí, que el sol ardiera hasta que no apareciera nunca más...

Y las parteras me decían que pujara, que respirara, que gritara fuerte, y yo sólo pensaba que más me valdría haber muerto en alguna batalla, porque aquello hubiera sido menos doloroso... El parto detuvo el tiempo y lo hizo más lento, y yo no supe cuántas horas estuve ahí envuelta en aquel dolor. ¿Así había nacido el universo? ¿Con tanto dolor y sangre?

Sentí mi corazón latir tan rápido que mi cuerpo entero se partió en dos y un zumbido llenó mis oídos, uno tan agudo que iba a reventarme la cabeza, pero en medio de aquel zumbido sucedió algo, escuché una voz nueva, una lengua que el mundo oía por primera vez. ¡Un llanto!

Eras tú... ¡Sí! ¡Tú, hijo mío! Llegabas al mundo con fuerza, con vitalidad, con sabiduría, comenzabas a existir y todos los dioses se posaban sobre ti. Cortaron el cordón umbilical y yo les dije que, de acuerdo con nuestras tradiciones, debían guardarlo en una cajita y.... ni siquiera me dejaron terminar de explicarles, dijeron que aquellas tradiciones no eran gratas para su dios y que ya no habrían de seguirse. Te envolvieron en una manta caliente y te arroparon con la esperanza de que pronto dejaras de llorar.

Yo estaba exhausta, me dolía todo el cuerpo y sentía que hasta el aire que respiraba me lastimaba. Parecía que me habían golpeado durante todo el parto, y al fin entendí por qué hay tantas mujeres que mueren al dar a luz.

Las parteras me colocaron telas húmedas en la cabeza y me dijeron que me recostara y descansara, ya que había dormido poco la noche anterior. En aquellas horas de parto hasta se me olvidó el cuerpo de Catalina, a quien Hernán le había dedicado también varias horas esa mañana, pues su muerte era un asunto serio, pero, según supe, después de haber terminado, le enseñaron a su hijo. Parece que él te cargó y se puso a llorar. Te abrazó con fuerza y sólo entonces dejaste de llorar. Reconocías que él era tu padre.

Yo quería nombrarte de acuerdo al día que habías nacido, consultarlo y ponerte un nombre en nuestra lengua, pues así como yo pensaba que mi nombre verdadero era Malinalli y no doña Marina, creía que tú también deberías tener un nombre en náhuatl, porque tu sangre era como la nuestra. Ah, pero tu padre ya tenía un nombre para ti. Serías llamado Martín Cortés. Martín, como su padre. Sin embargo, yo sentía que ese nombre no tenía ningún significado para mí, era una palabra que no tenía un poder, o no iba resonar a con tu espíritu.

Pero así como decidió que ése sería tu nombre, se apuró a hacer todo lo necesario para bautizarte y que tu dios no fuera ninguno de los que yo había conocido de niña, sino el dios clavado a un madero. Ni Tláloc, Coatlicue, Quetzalcóatl, Huitzilopochtli o Mictlantecuhtli serían tus dioses. Sus piedras habían sido destruidas y los castellanos estaban haciendo todo lo posible por borrar su nombre y su recuerdo de estas tierras.

No te acordarás, pero yo estuve ahí, repitiendo aquellas oraciones, mientras dejaban caer agua sobre tu frente. Tú llorabas y yo me preguntaba si eso era necesario o importante.

Mientras tanto, Hernán había comenzado a repartir terrenos entre sus hombres de acuerdo a cómo habían luchado en la guerra, y aquello ocupaba todo su tiempo.

Los artesanos mexicas, los que trabajaban la piedra, la madera y todo tipo de artes, comenzaron a tener mucho trabajo, pues construir una ciudad no es cosa fácil. Se diseñaron nuevas calles, se crearon nuevos barrios, se levantaron nuevas casas muy diferentes a las que antes existían. También empezaron a planear templos a su dios, templos... ¡Muchos templos! Pero el más importante de ellos, el más grande, el más majestuoso era el que Hernán quería edificar en el mismo sitio en el que alguna vez había estado el Huey Teocalli, porque de aquella imponente construcción no quedaba nada. Había caído y ningún dios lo había impedido.

Sucedióse, pues, que un día funesto, el más funesto de todos, Hernán vino a visitarme. Me sorprendió porque no era algo que hiciera sin avisarme. Desde la aparición de Catalina no habíamos estado juntos, a solas, y cuando venía a verte, hijo, avisaba con dos días de anticipación. Llegaba entonces con regalos para ti, con juguetes, pelotas, mantas de colores. Hernán no me dirigía la palabra, sabía que el amor entre él y yo había terminado y que sólo quedaba entre nosotros admiración mutua; el fuego de nuestras miradas se había acabado. ¡Él lo había apagado!

Aparecía silencioso, te levantaba de la cuna de madera que él mismo te había mandado a hacer y te cargaba por todo el cuarto. Te hablaba de no sé qué cosas, pero a mí... apenas si me miraba. Se quedaba una hora y luego se retiraba como si yo no hubiera estado ahí.

Ah, pero aquel día llegó sin anuncio alguno, se apareció en mi casa con el aire solemne de un guerrero que está a punto de librar una batalla. No tenía regalo para ti en sus manos, y sentí que algo grave estaba por caer sobre mí.

—Vuestro hijo es mío también —dijo a modo de saludo.

—¿Crees que no lo sé? Lo llevé dentro de mí durante varios meses. Aquéllas no eran las palabras que él estaba esperando.

—Gracias a vos, y a la caída de Tenochtitlan, me he convertido en uno de los hombres más importantes de mi reino. Todos saben que Martín es mi hijo, no puede estar con una... —y calló.

Me levanté de la cama.

—¿Con una qué? ¡UNA QUÉ! Termina la frase. ¿Qué soy?

Se mordió los labios. Eso hacen los hombres cuando no quieren decir algo, para que las palabras no salgan de su boca.

—Doña Marina, sabéis del estima que os tengo, pero lo que yo siento por vos no es lo que otros sienten. A mis hombres, a los castellanos en Cuba y a los de Europa les incomoda una mujer con poder, una mujer que hable con grandes señores y una mujer que... se encargue de la educación del hijo de un hombre importante.

¡Eran las peores noticias que pude haber recibido!

—¿Qué es lo que quieres decir?

—No criaréis a vuestro hijo, no le enseñaréis de vuestras costumbres, no le hablaréis más de vuestros dioses. En dos días vendrán hombres para que se lo lleven y vos lo entregaréis. Sabrá siempre quién fue su madre, pero no es recomendado que tengan contacto mientras esté en proceso de ser criado como un castellano. No tengo nada más que deciros.

Aunque pude notar que aquellas palabras no habían sido fáciles para él, siempre le reprocharé que no haya pensado en cómo me sentía en esos momentos. ¿De qué me servía su estima si no podía al menos consolarme ante tal noticia?

Me llené de un horror terrible que no puedo describir. Era una ansiedad que me aceleraba el corazón. Sentí que debía salvarte, llevarte lejos, no permitir que te convirtieras en un castellano como ellos. Me cubrí con una manta, te levanté en brazos y salí al patio de mi casa. Quería llorar, quería gritar, quería correr tan lejos como mis piernas me dejaran, pero Hernán no era tonto. Sabía que yo podía huir contigo tras semejante anuncio. Mi casa estaba rodeada de sus hombres, día y noche vigilaron puertas y ventanas, así que no hubo forma posible de librarte de ese destino.

Volví a mi cuarto, te abracé muy fuerte y comencé a llorar sabiendo que no tenía otra opción que perderte. Créeme, si hubiera podido dar la vida para que tú te salvaras, lo habría hecho.

Una nueva aventura

AQUELLA NOTICIA ME DESTRUYÓ. A pesar de todo lo que había hecho por Hernán, por los castellanos, por el rey Carlos, por Motecuhzoma y por mí misma, no me creían con la fuerza suficiente para criar al hijo del hombre que había logrado derrotar a Tenochtitlan. Tan sólo unas semanas pude tenerte a mi lado, mi querido Martín, tan sólo días contados pude abrazarte al atardecer y contarte sobre Oluta, sobre las olas que chocan en la playa, sobre mis dioses, sobre todo lo que se guardaba en mi corazón de mujer... luego vinieron por ti, una mañana roja, los hombres que Hernán había escogido para tan sucia labor, porque él ni siquiera tuvo el corazón de aparecerse por ahí. Llegaron aquellos castellanos vestidos de negro y te arrancaron de mi pecho sin una palabra de advertencia. Entonces comenzó tu llanto, y el mío también. Les rogué un momento más contigo, pero no me escucharon; ellos tenían sus órdenes.

Extendí la mano hacia la puerta y grité tu nombre.

—¡Es mi hijo! ¡No se lo lleven!

Pero no hubo nadie que se apiadara de mi corazón de madre, de mis lágrimas, de mis gritos, nadie que dijera: "Por meses lo llevaste dentro de ti y lo trajiste al mundo con mucho dolor. Es tuyo, es tu hijo, quédatelo".

Habían arrancado una parte de mí y no hay modo de describir cómo me sentía. No tenía palabras para el dolor, para el vacío, para la noche que sentía durante el día, para la tristeza que me invadía. Ya no tenía ganas de vivir, ni de luchar, ni de hacer nada más.

Me daba lo mismo que fuera de día o de noche, que brillara la luna en lo más alto o que cayera agua de las nubes de tormenta. Hiciera frío o calor, yo siempre estaba debajo de las mantas, porque ya no quería vivir, no tenía hambre, nada de sed, ni sabía cómo hacer para llenar el hoyo que sentía en medio del pecho, ni para que mis ojos dejaran de llorar.

¡Maldito entre los malditos!, así llamé a tu padre por lo que me había hecho, y sólo me quedó el pequeño consuelo de que él querría lo mejor para ti, pero al mismo tiempo me preocupaba saber que tal vez tú habías heredado su fuego, y que algún día serías capaz de matar a un hermano o a un amigo, de destruir una ciudad o de hacer cosas terribles como... como... las que yo te he contado.

Tu padre te entregó a hombres para que te cuidaran, que vieran por ti, que te enseñaran su lengua castellana y sus costumbres, que te hablaran de esas ciudades que se levantaron lejos, de las cuales se contaban muchas maravillas.

Hernán estaba muy ocupado como para hacerse cargo de ti, pues los suyos le habían empezado un juicio por la muerte de Catalina. Lo acusaban de haberla matado, de quedarse con sus joyas, de planearlo todo desde hacía mucho tiempo. Tenían bastantes testigos de que él le había manifestado su odio en público y de que había usado palabras malas contra ella.

Así, las palabras pueden enfrentarse. Las palabras de los que estaban del lado de Hernán y las de los que estaban del lado de Catalina, y sólo algunas palabras podrían estar sobre otras, porque así de poderosa es cualquier lengua que desee hablar con la verdad.

Muchos años ha durado ese juicio por la verdad, por las palabras de unos y de otros, y tal vez nunca se sepa qué ocurrió. Nunca escuché que les interesara lo que yo tenía que decir sobre Hernán, sobre los insultos de Catalina, sobre cómo vi su cuerpo muerto, junto a la cama, con el rostro hinchado y los labios azules. Yo hubiera hablado, hijo. Sí, yo lo habría hecho, pero nadie vino a buscarme para ello y eso me dolió.

El descontento empezó a crecer entre los castellanos. Algunos no estaban de acuerdo con el terreno que se les había dado en la Ciudad de México, o con el oro que habían conseguido de Tenochtitlan, o con los nuevos cargos de gobierno que les daban o porque las casas no se construían tan rápido como ellos querían... o si no era una cosa, era otra. Todos tenían alguna razón para quejarse con Hernán por la forma en cómo trataba a sus hombres, y él ya no sabía qué responderles para mantenerlos contentos.

Lejos quedaban aquellos días en que él y poco menos de cuatrocientos castellanos deseaban lanzarse a la aventura, y aterrorizaban a los mexicas con el sonido de trueno de los cañones. Lejos estaba esa ilusión de conquistar el mundo, de conocer los secretos de los dioses, de disfrutar juegos de pelota en Cempoala, de los grandes banquetes que organizaban los señores de Tabasco, de los momentos en los que Hernán y yo nos habíamos amado. Todo eso había terminado para siempre.

Pronto descubrí que el fuego de Hernán no se había apagado, aún ambicionaba más, y esperaba que sus hombres lo siguieran. Quería seguir descubriendo aquellas tierras, buscando aliados, encontrando oro, destruyendo dioses, quería más esclavas y aunque no se cansaba de repetir (en las pocas veces que lo vi durante esos días) que todo era para gloria de su rey Carlos, yo sabía que no era así. Era para su gloria, para él, para que su nombre no fuera olvidado como él había deseado que se olvidara el nombre de los que había conquistado.

Todo eso iba escribiéndolo en las diferentes cartas que hacía para su rey, y quién sabe si sus palabras eran de verdad o las cambiaba un poco para que su rey lo quisiera. Al final comprendí que Hernán era como un niño, necesitaba caerles bien a todos, a sus hombres, a su rey, a Motecuhzoma y hasta a mí misma.

Por todo esto ideó un plan, una nueva conquista. Quería viajar, adentrarse a territorio maya, descubrir nuevas ciudades, pueblos, aliados, ¿oro? Sí, los castellanos nunca dejaban de pensar en el oro o en la plata.

Como te podrás imaginar, hijo mío, organizó un grupo que lo acompañara, y yo estaría a su lado, traduciendo del maya al castellano. También iría Cuauhtémoc, pues aunque era su prisionero, no se confiaba en dejarlo solo, no fuera a ser que se escapara y armara una nueva guerra. Su esposa, Isabel Motecuhzoma se quedaría en Coyoacán, bien vigilada por algunos castellanos.

Volvimos a reunir todo, a preparar las armas, a pensar a dónde iríamos a caminar y comenzamos el nuevo viaje.

¡Qué solitario vi todo entonces! Pueblos que antes estaban llenos de vida ahora sólo tenían piedra muerta. La viruela había matado a casi todos, y los que habían sobrevivido habían huido porque tenían miedo. El color de aquellos campos me pareció diferente, el pasto se había secado, el cielo lucía gris, quedaban sólo los ecos de los dioses de piedra que habían muerto. La destrucción de Tenochtitlan se había llevado también a otros pueblos, a valientes guerreros, a nobles doncellas. Habían terminado con los cantos, con la risa de los niños, con el sabor de las tortillas, con todo lo que yo había conocido durante mi vida.

Hernán lo supo, pero no lo esperaba. Le dolió enterarse de que personas que había conocido, como los señores de Tlaxcala, ahora estaban muertos... Aunque Pedro de Alvarado trató de decirle que no se preocupara, pues aquéllos eran simplemente unos salvajes, Hernán no pudo evitar sentirse culpable de la destrucción que había ocasionado y que ya no podía remediar. No puede traerse a una persona de la muerte, no puede devolverse el tiempo, no pueden deshacerse las guerras ni los fuegos. Se dio cuenta de cuánta culpa había tenido él en aquellas muertes y piedras caídas.

Entonces nos deteníamos en cada pueblo para llorar, ofrecer una misa, escuchar el silencio y contemplar el vacío. Para que sólo el viento oyera nuestras penas, porque no sabíamos cómo lidiar con ellas. Yo creo que por eso Hernán estuvo tentado en volver a la Ciudad de México y terminar con esa nueva aventura... Quizás el dolor de aquella destrucción comenzó a apagar el fuego que antes había habitado en su espíritu. No tengo otra forma de decirlo.

A Hernán no lo derrotó el señor Tabscoob, ni los señores de Tlaxcala, ni los guerreros de Motecuhzoma, sino su propia conciencia de hombre. Comenzó a decir que cuando muriera, tendría que rendir cuentas a su dios y que éste lo habría de castigar en un lugar donde hay fuego eterno. Un Mictlán sólo para aquellos que han cometido grandes crímenes, y donde habitan las serpientes y demonios que antes había mencionado.

En los pueblos en los cuales todavía encontrábamos vida, Hernán prefería no entrar. No tenía la fuerza suficiente para mirar los ojos de esas personas y asumirse culpable de las muertes. Pedro de Alvarado intentó consolarlo muchas veces, y muchas veces fracasó. Los castellanos ya no estaban tan animados como antes, ni siquiera los pensamientos de encontrar oro les alegraban el día.

No hay oro o plata suficiente en el mundo para borrar la culpa de la sangre inocente que fue derramada sin razón alguna.

Avanzamos por los volcanes y caminamos bajo cielos tristes. Entonces noté algo muy raro en aquellos árboles que me rodeaban... algo familiar. Caminábamos hacia la Vera Cruz, pero no era por eso que reconocía esos caminos. De repente comprendí todo. Me detuve en seco, un dolor extraño me llenó el pecho. ¿Acaso sería lo que yo estaba pensando?

Noté que una lágrima se me escapaba; sentí que me tocaban el hombro.

Al volverme para ver quién había sido, me encontré con un rostro que nunca había esperado mirar de nuevo, no en esta vida, no nunca más.

La borrachera de Hernán

EL TIEMPO HABÍA PASADO, pero aquella mujer tenía los mismos ojos, ahora estaban tristes, su rostro tenía arrugas, su cabello estaba lleno de canas.

—Soy tu madre, Malinalli.

Hernán sólo nos miraba, intuía qué era lo que sucedía, pero yo no quería explicarle nada.

—¿Qué haces aquí?

—Oluta está a unos pasos. Ven, recuerda tu pueblo. Hasta aquí nos han llegado noticias del señor Tabscoob, de la Vera Cruz, de Cempoala, y de Tenochtitlan. Lo sabemos todo, Malinalli. Siempre hemos preguntado por tu bienestar y hemos levantado oraciones a todos los dioses para que cuidaran tus pasos.

Hernán les pidió a sus hombres que montaran el campamento y esperaran. Él, Gerónimo y yo seguimos a mamá por un camino que me resultó conocido.

Entrar al pueblo hizo que me doliera el corazón. Era el mismo Oluta del que había salido años atrás. Volví a andar por sus caminos como cuando era niña y el viento cargado de murmullos parecía decirme: "Recuerda quién eres, Malinalli"... "Recuerda de dónde vienes, Malinalli"... Era la voz de mi padre perdida en el viento. Sólo yo podía escucharla dentro de mi espíritu. Pronto entré a la casa en la que había nacido y crecido, mi cordón umbilical estaba enterrado ahí, de acuerdo con las costumbres de nuestro pueblo. Fui al cuarto en el que había escuchado al Tiempero decir que había visto la muerte de mi padre en los movimientos de las estrellas y allá, en la esquina, encontré mis juguetes. Seguían ahí, juntando polvo... El metate de juguete, el comal pequeñito, ahí estaban, como ayer, como siempre, y juro que vi la sombra de una niña jugando con ellos. Era la mía, la sombra del ayer. Lágrimas comenzaron a caer por mi rostro porque recordé de golpe el día que fui vendida como esclava, que fui entregada desnuda a Hernán Cortés, el día que entré a Tenochtitlan, y el día en que cayó la ciudad. Llegaron a mi mente todos los muertos, los que habían quedado sembrados en los campos, los que habían sufrido las fiebres de la viruela, los *tlatoanis* caídos...

Sentí un beso en la mejilla, y me volví para encontrarme a mi madre.

—Todas tenemos que hacer sacrificios para sobrevivir, es nuestro destino como mujeres.

La observé en silencio, me reconocí en su mirada.

Al fin la comprendí. Y ahí mismo... la perdoné.

La abracé y le devolví el beso en la mejilla.

Nos quedamos a comer, y me sentí feliz de haber recuperado a mamá. Hernán, siendo ya señor de todas aquellas tierras, me regaló Oluta y me dijo que esperaba que algún día pudiera gobernar mi pueblo con la sabiduría que había demostrado durante las diferentes batallas.

Volví a ser Malinalli. Esa noche tuve de nuevo el primer sueño que me dio nuestra madre Coatlicue con la *ciudad de piedra consumida, destruida y levantada, en fuego, en agua, en trueno, en sacudidas violentas hasta que el tiempo llegara a su fin...*

A la mañana siguiente continuamos nuestro avance. Hernán no me permitió quedarme en Oluta por más que se lo pedí. Teníamos planes de seguir caminando; además, Cuauhtémoc se había impacientado y les había pedido a los castellanos que partiéramos ya. Temía que alguno de los habitantes de Oluta, en venganza por el ya extinto yugo mexica, envenenara sus alimentos. Hernán estuvo de acuerdo y volvimos a emprender la marcha.

No nos tomó mucho adentrarnos a territorio maya, y pudimos encontrar nuevos pueblos que habían escuchado todo lo acontecido en Tenochtitlan. No querían hablar con nosotros, ni recibirnos, ni darnos de comer. Lo que deseaban aquellos hombres era alejarse para siempre de nosotros, no fuera a ser que se enfermaran de la viruela, o que destruyéramos a sus dioses, o que los castellanos utilizaran sus cerbatanas de fuego para matarlos.

Muchas veces escuché a hombres y mujeres de las tierras mayas decir que los castellanos eran la peor clase de salvajes que pudieron haber creado los dioses, y en ocasiones tuve que darles la razón. Aquello, hijo mío, no se lo traduje a Hernán, le inventaba otras cosas para que no se enojara y decidiera que era tiempo de matar a todos aquellos que hablaran mal de él.

Hernán se dio cuenta desde el principio de que no era bienvenido en aquellas tierras, que le sería difícil formar aliados, pues no tenía un enemigo en común como cuando había luchado contra el yugo de los mexicas, ni había un gran personaje que dirigiera sus pasos, como entonces había sido Motecuhzoma. Además, no conocía el terreno. Sólo sabía conquistar, matar y buscar oro. Ni siquiera estaba seguro de cómo mantener vivo el ánimo de sus hombres para volver a encender su espíritu. Ya no tenía palabras cargadas de pólvora. Algo había perdido su espíritu, se había apagado, y derrota tras derrota comenzó a caer en la más profunda desesperación que yo haya visto.

Los hombres que se sienten acorralados por su propia historia tienen un problema: no saben hacia dónde correr, entonces empiezan a embriagarse, y eso fue justamente lo que le sucedió a tu padre. Refugió aquellos sentimientos de derrota en el vino, en el pulque y en cualquier aguardiente que pudieran ofrecerle. Dejó de dialogar con sus hombres y se escondió en las sombras. Parecía que hablaba para él solo, y cada vez que yo intentaba acercarme, se hacía más pequeño y cerraba los labios.

Me daba tanta lástima ver a Hernán así, tan diminuto, tan diferente a aquel hombre que arriesgaba la vida por conquistar una ciudad. Y dentro de mí luchaban dos ideas: la de abrazarlo con compasión y la de mirarlo a los ojos y decirle que todo aquello se lo había buscado él.

La suerte había dejado de sonreírle, y ningún guerrero que carezca de suerte debería emprender una guerra.

Los campos se mancharon de sangre castellana.

Una mañana me di cuenta de que Hernán estaba nervioso. Movía los ojos de un lado al otro. Traía algo, pues no tenía la típica palidez de un hombre que ha estado embriagado la noche anterior. Ese día era diferente, agitaba las manos, respiraba muy rápido, apretaba los dientes y se murmuraba con Pedro de Alvarado en privado para que nadie más los escuchara. Algo tramaban y no era bueno.

Los rumores comenzaron a circular por el campamento de los mexicas. Decían que alguien iba a traicionarlos o que alguien ya los había traicionado. Empezaron a señalarse entre ellos, a acusarse. La desconfianza fue creciendo y Hernán no supo detenerlo, dejó que aquel veneno circulara hasta que no hubo forma de pararlo.

Tan locos eran esos rumores y el miedo que tenían a ser emboscados y muertos en aquel momento que incluso hubo quien acusó al propio Hernán de atentar contra sus hombres. Es más, estando yo bajo la sombra de un árbol descansando una tarde, escuché que le decían a Bernal Díaz del Castillo que posiblemente yo... ¡Imagínate eso, hijo mío! Que yo me escapaba por las noches para reunirme con algunos guerreros mayas, con la idea de vender a Hernán y a sus hombres a cambio de mi libertad.

Sé que Hernán escuchó aquello... y lo volvió más taciturno.

La situación era lamentable, al grado de que una noche, mientras bebía, Hernán nos reunió a todos ante el fuego. Yo estaba del otro lado de la hoguera y me parecía que las largas lenguas de fuego rojo le deformaban el rostro hasta hacerlo ver como uno de los demonios de los que siempre estaba hablando en sus misas y sus rezos.

—Amigos, hermanos... han llegado a mí palabras que han turbado mi espíritu. Palabras que vosotros habéis dicho contra alguien a quien tengo en estima, aunque no lo creáis...

Tuvo un momento de duda, sus ojos se posaron sobre mí y continuó:

—Ha sido de mi conocimiento que hay entre vosotros quien usa su lengua para hablar mal de mi persona y de mis amigos, que ha conjurado un plan con el objetivo de traicionarme para que, en medio de la noche, se levante una lucha en mi campamento y que un cuchillo sin nombre se me entierre en la espalda.

Comencé a temblar. Sus ojos no parpadeaban, ni me quitaban la mirada.

—El nombre de la persona, a quien tengo tanta estima y ha decidido traicionarme es...

Parecía como si las lenguas de fuego hubieran detenido su crepitar, como si la noche entera cayera sobre mí. Los castellanos, creyendo lo que su capitán estaba por decir, me miraron con odio, con lástima, con desprecio, con cariño.... me vieron como si fuera la última vez que habrían de hacerlo. Y yo sabía que las sombras de aquel fuego no sólo marcaban mi rostro, sino también mi espíritu.

Entonces, Hernán despegó los labios y exclamó con voz potente:

—¡Cuauhtémoc, el águila que cae!

Si Cuauhtémoc fue el autor de aquella conspiración, nunca lo supe. Fue sometido a un juicio privado donde, sospecho, ya estaba decidido el final. Cuauhtémoc fue declarado culpable de organizar la muerte de los principales castellanos, pues argumentaron que deseaba venganza por lo que había sucedido en Tenochtitlan, y se le condenó a ser colgado en un árbol.

Una vez más, fui obligada a observar aquel horror, a ver cómo Cuauhtémoc le escupía al hombre que le colocaba una cuerda alrededor del cuello, y luego la pasaba por encima de una gruesa rama. Todos fuimos testigos de cómo Hernán dio la orden y dos de sus hombres levantaron la cuerda para que Cuauhtémoc se elevara por los aires. Vi cómo sus manos se agitaban en el aire tratando de liberarse, cómo sus gritos iban ahogándose, cómo su maravillosa cara se hinchaba cada vez más y sus labios se ponían azules. Vi la muerte del último gobernante mexica, y el último vestigio de Tenochtitlan.

Ahí se quedó, meciéndose, mientras yo cerraba los ojos y tenía ganas de vomitar. ¿Cuánto tiempo seguiría rodeada de muerte? ¿Durante cuánto tiempo tendría que seguir sobreviviendo? ¿Valdría la pena? Me habían arrebatado mi única razón para hacerlo. ¡Tú!

Para sobrevivir tanto como yo lo he hecho se necesita una razón, una lucha interna, un deseo de no dejarse vencer, y entender que la vida es el más cruel de los juegos, que las reglas se transforman todos los días, que a veces hay que hacer como que somos más tontos de lo que parecemos, otra veces más inteligentes... Pero después de tanto tiempo moviéndome con los aires de cambio, como si fuera una hoja de pasto... También yo tenía ganas de rendirme, de decir ¡basta! Ya no tenía más fuerzas para seguir luchando. No me había doblegado como Hernán, sólo estaba cansada de tanta guerra, tanto caminar, tantas muertes y tanto lidiar con el dios de los castellanos.

No sé qué tanto lo entendió Hernán, porque no crucé palabra con él. Sabía que algo había cambiado dentro de mí, que no me había gustado que Cuauhtémoc muriera de esa manera... ni tampoco aquellos hombres que fueron acusados de pertenecer a la conspiración: uno que otro castellano, y varios mexicas.

Aquello provocó que Hernán se sumiera aún más en su depresión. Una vez lo encontré llorando detrás de un árbol, como aquella noche triste en la que apenas había logrado escapar de Tenochtitlan. Repetía una y otra vez: "Cuauhtémoc.... Cuauhtémoc...".

Pero por más que dijera su nombre, por más que lo invocara, no podría regresarlo de la muerte, no podría deshacer lo que ya había hecho. Estoy segura de que dentro de sí dudaba de que el antiguo *tlatoani* hubiera sido realmente culpable, quizá solamente lo había usado de excusa para tratar de calmar los ánimos de sus hombres.

De modo que, tras la muerte de Cuauhtémoc y dándose cuenta de que aquella nueva guerra había fracasado, anunció a sus hombres que volveríamos pronto a Tenochtitlan, pero que nos despediríamos con un banquete.

Mal hizo Hernán, porque es bien sabido que los dolores personales no deben mezclarse con las bebidas embriagantes, porque cuatrocientos conejos entran al espíritu del hombre y lo alteran de tal forma que comete actos atroces contra sus amigos o las personas que más quiere. En aquella ocasión, me sucedió a mí.

De nuevo nos reunimos ante el fuego. Comimos de aquella carne salada que tanto les gustaba. Los castellanos comenzaron a beber de ese vino que tan mal los ponía. Bebían mucho y comían poco. Yo sabía que eso no terminaría nada bien, por lo que decidí que me retiraría pronto, porque cuando los castellanos comienzan a cantar, a tropezar las palabras y a hablar de insinuaciones, es mejor escapar de aquel lugar.

Así que los evité durante toda la cena, preferí contemplar las estrellas, perderme en la noche, y cuando vi que su borrachera estaba ya muy avanzada, me levanté con la intención de irme a dormir, sin siquiera despedirme de aquellos hombres que se divertían.

—¡Quedaos, doña Marina! —escuché a Hernán llamarme desde lejos.

—Estoy muy cansada, deseo irme a dormir.

Hernán comenzó a reír con fuerza.

—¿Para qué queréis dormir si la noche es aún joven y cualquiera de estos caballeros puede daros los dulces sueños que vos esperáis? ¡Quedaos!

Aquello me pareció de muy mal gusto, me había faltado al respeto frente a todos sus hombres y eso era algo impropio de él.

Los otros castellanos sintieron que también podían faltarme al respeto, y comenzaron a aplaudir, a cantar, a llamarme por mi nombre y a invitarme a sentarme junto a ellos. Me jalaron el huipil, sabía que algo malo iba a suceder.

Me senté junto a Hernán y bajé la cabeza.

—¿Por qué siempre estáis sola, Marina? —preguntó Pedro de Alvarado.

—Porque el corazón de una mujer no es como una ciudad que puede ser conquistada por hombres o por armas. Cede ante quien ella desea, y en estos momentos no desea abrirse a ninguno...

—¡Como si el amor tuviera algo que ver con el matrimonio! —se burló Bernal.

—¿Cuántas de estas mujeres y de aquellas que nos acompañaron en la guerra no yacieron con nosotros sin promesas de matrimonio? En cambio tú, Hernán, tuviste que ganarte el corazón de ésta... —dijo otro de los castellanos.

—Ah, pero al final cayó en los encantos de nuestro capitán Cortés —rio Pedro.

Hernán escuchaba todo eso mientras continuaba bebiendo, y se le encendían los ojos al tiempo que me miraba.

—¡Hasta un hijo le dio! Debería casarse con ella —fue Gerónimo el que habló, pues aun ebrio se expresaba bien de mí.

—No puedo casarme con ella —respondió Hernán en un susurro que nadie más oyó.

—O al menos conseguirle un hombre entre los suyos —añadió Pedro—, un salvaje como ella.

Aquello provocó más risas entre ellos. De mis ojos brotaban ríos.

Juan Jaramillo, ¿recuerdas que lo mencioné antes en algunas ocasiones?, le dio unas palmadas a Hernán en la espalda.

—Algo tendrá que hacerse, no la podemos dejar desprotegida.

Hernán le dio un trago a su bota de vino, éste resbaló entre sus labios. Se levantó dando un traspié, así que tuvieron que ayudarle. Se veía horrible ante el fuego rojo, un remedo del hombre que había conocido años atrás.

—¡Oídme bien todos vosotros! Muchos de los triunfos se los debemos a doña Marina, y he decidido casarla con uno de vosotros para protegerla. Contigo, Juan, tú serás quien cuide de ella. Seáis testigos de mi decisión.

No hubo aplausos, sólo burlas, grandes risotadas mientras me aventaban entre ellos para que llegara a Juan Jaramillo y éste me abrazó con fuerza. Su aliento me dio asco... Lloré como pocas veces lo he hecho.

¡Casada a la fuerza con un desconocido!

¡Maldito Hernán Cortés!

Así como había llegado a su vida, me había apartado...

Nuevos sueños de piedra

EL MUNDO SE MUEVE EN CÍRCULOS, hijo mío, de alguna forma las historias terminan donde empezaron. A pesar de las tormentas, la luna vuelve a iluminar la noche, y yo... también retorné al lugar donde todo comenzó. ¿Recuerdas que fui a Oluta? De regreso de la guerra fallida de Hernán, volvimos a ese lugar. Mamá había muerto en mi ausencia, sólo se había mantenido con vida para arreglar aquel asunto conmigo o... ¿había visto su espíritu? Ahora me lo pregunto.

Recogí mis juguetes y los llevé conmigo a la Ciudad de México. Los guardé en el baúl que uno de los castellanos me regaló el día de la boda. Ah, porque me casaron con Juan Jaramillo, tal como Hernán había ordenado en su borrachera. No pudo dar marcha atrás y la única forma en que él hubiera podido evitarlo habría sido matando a Juan... pero no podía hacerlo, no podía ser acusado de otro asesinato, todavía lo culpaban por la muerte de Catalina.

Yo creo que Hernán pensaba que, en cuanto regresáramos a Tenochtitlan, podría ganarse mi corazón de nuevo. Quería mi cuerpo, mi mente, mi lengua, mi inteligencia, quería todo lo que mi espíritu pudiera ofrecer y ahora lo había regalado por completo. Ésa fue su derrota final. Se había quedado solo, había perdido a sus amigos y sólo te tenía a ti, hijo mío... como si fueras un premio de consolación.

Casi todas las batallas de aquel nuevo territorio se perdieron. Tu padre estaba derrotado desde antes de empezar aquella guerra, y cuando sus hombres empezaron a morir, se dio cuenta de que no podía prolongar más aquel momento, debía volver a donde era más fuerte, a Tenochtitlan... a Ciudad de México.

Mi regreso no fue a la casa que me había dado Hernán en Coyoacán, sino a la que Jaramillo tenía en la Ciudad de México. Hernán, muerto de rabia, fue al palacio que estaba construyendo cerca de donde alguna vez había estado el Huey Teocalli y se refugió ahí para escribirle más cartas a su rey Carlos, quien de pronto se había sentido amenazado por la popularidad de Hernán y había decidido ignorarlo.

Creo, sin temor a equivocarme, que llegará el día en que aquel rey Carlos V y Hernán Cortés serán rivales ante su pueblo. Ya verás, hijo mío, esto no quedará solamente en un asunto de celos.

Así han pasado estos últimos años. No ha existido la paz, pero al menos no he tenido que arriesgarme en la guerra. Juan me ha tratado muy bien, con respeto y decencia. Aunque no creo que haya sentido amor por mí, sospecho que me he convertido en una amiga y apoyo para él. Por las noches, cada uno duerme en su propia habitación, pero nos reunimos por la mañana o por la tarde para comer y platicar. Él me ha contado muchas cosas sobre España, y yo, sobre cómo era Oluta, la casa del señor Tabscoob y cómo servíamos a nuestros dioses. Ahora estoy esperando un hijo suyo, aunque eso de hijo... ¡Nada! Tengo el presentimiento de que esta vez se trata de una niña. Así que tendrás una hermanita, hijo mío.

Sí, no me lo tienes que repetir. Sé a qué has venido, y por eso he decidido platicarte mi historia. Tu padre te enviará a su tierra, más allá del mar, y no sabes si volverás a verme. Por eso te he contado hoy mi historia. Aunque seas pequeño y no entiendas mucho, crecerás y escucharás mi voz por las noches, todos aquellos que han sido parte de esta historia vendrán a ti en nuevos sueños de piedra, de fuego y humo. Llevas mi sangre, nuestra madre Coatlicue se te aparecerá durante las noches para cuidarte y advertirte de los peligros que habrán de venir, quizá también te hablen los espíritus de Motecuhzoma, o de Cuauhtémoc, o de Tecuelhuetzin, o de Gerónimo, o de Pedro de Alvarado, o de Tecuichpo... algunos están aquí, entre las sombras, escuchando todo lo que te digo.

Anda, hijo mío, ve en aquella embarcación, cruza el mar y lleva esta historia contigo. Nunca olvides a tu madre, nunca olvides quién eres, porque la vida habrá de recordártelo. Abre aquel baúl y llévate el comal de juguete para que no me olvides.

Yo siempre estaré contigo, ya sea en vida o en sueños viejos.

No me olvides, soy tu madre.

¡Yo soy Malintzin! Aquella que nació bajo el nombre de Malinalli y fue transformada en doña Marina a través de un bautismo de fuego y sangre; hija por igual de la diosa Coatlicue y de la Virgen que trajeron los españoles de tierras distantes; llamada traidora por aquellos que reclaman una historia que no es suya, señalada como mujer violada por los ignorantes que nunca han estado en un cuarto conmigo a puerta cerrada, que me inventan nombres e historias inflando el pecho para sentirse héroes.

¡Hombres sin hombría! Que me insultan con esto, y lo otro... porque no conocen el corazón de una mujer que florece en campos llenos de pólvora, ni entienden que el espíritu libre no puede ser sometido por cadenas humanas. Por más odio que sientan hacia mí, por más poder terrenal que les haya otorgado su dios, ninguno de mis acusadores podrá jamás cambiar mi pasado, mi destino, el color de mi piel, mis ojos negros y mis labios gruesos, mi empatía con la noche, mi eterna soledad. No soy un dibujo, tampoco una idea.

¿Qué les molesta tanto: que haya utilizado mi voz, que haya demostrado fortaleza, que haya sobrevivido a los golpes de la vida?

No sólo vi los horrores de mi tiempo, a las madres llorando sobre los cuerpos de sus hijos, espadas de metales extraños chocando entre sí, sucesos que quizá comprenda hasta que sean narrados por otras voces y otras palabras... o tal vez hasta que la posteridad les haga justicia.

Siempre habías querido venir a pasar una tarde conmigo, ¿no es cierto, hijo mío? Sentarte al borde de mi cama, mirar el crucifijo de madera que han colgado de la pared, y esperar a que te cuente no sólo mis secretos, sino los de tu padre, las dudas de Motecuhzoma, los errores de Cuitlahuatzin, la horrorosa muerte de Cuauhtémoc y el destino de su esposa Isabel, ahora casada con un castellano de buena cuna...

Ésta es tu historia, porque tú eres mi hijo, y ningún dios, ningún hombre y ninguna guerra podrá cambiar eso. Tú y yo llevamos la misma sangre hasta el fin de los tiempos.

Estas palabras llenas de sangre también son tuyas.

De acuerdo con la mayoría de los historiadores, doña Marina murió durante la segunda epidemia de viruela, acaecida en 1529. Su funeral fue concurrido, pues ella era una mujer muy querida por europeos y americanos... Hasta la fecha, su tumba nunca ha sido encontrada.

Mucho se ha escrito sobre ella a lo largo de los siglos.

Desde la Independencia de México hemos sido particularmente crueles con aquella niña que, atrapada en el choque de dos mundos, hizo lo necesario para sobrevivir y convertirse en la madre involuntaria del mestizaje mexicano.

A quinientos años de la caída de Tenochtitlan, es importante crear una nueva narrativa que destaque la humanidad y el contexto histórico de todos los protagonistas de este drama humano que cambió la historia del mundo. Se lo debemos a doña Marina, una joven valiente cuya voz de vida aún resuena fuerte en el tiempo...

¡Escuchémosla!

Agradecimientos

Este libro fue escrito durante la pandemia de 2020 en la que todos, como Malintzin, aprendimos a sobrevivir mientras el mundo que conocíamos desaparecía en la incertidumbre. Así que no podría haber llegado al final de esta aventura sin el apoyo incondicional de mi esposo, Andoni, y de los cuatro peludos que me acompañaban todo el día (aunque se hayan masticado más de un libro).

También tengo que agradecer a mi mamá y a mi hermana, que siempre me fueron guiando por el mejor camino para contar esta historia. Han estado ahí desde el primer libro y sé que disfrutan este tipo de historias.

Por supuesto a Fernanda Álvarez, quien le dio forma para que la historia pudiera contarse de una forma coherente.

Por último, pero no menos importantes, a mis queridísimos agentes: Paulina Vieitez y Gerardo Cárdenas, que me ayudaron en momentos de crisis y a creer de nuevo en esta increíble historia.

Y a todos mis lectores que me apoyan de forma incondicional desde hace más de diez años. Gracias por acompañarme en este sueño. Nos seguiremos encontrando en la tinta y el papel.

Cronología

1519

- *14 de marzo*: batalla de Centla entre los hombres de Hernán Cortés y los hombres del señor Tabscoob. Ante el triunfo de los castellanos, Malintzin (junto con otras jóvenes) es ofrecida como esclava a Hernán Cortés.
- *22 de abril*: fundación de la Villa Rica de la Vera Cruz.
- *24 de abril*: los primeros embajadores de Motecuhzoma visitan a Hernán Cortés.
- *26 de julio*: Alonso Hernández Portocarrero parte a España.
- *Finales de julio*: Hernán Cortés manda hundir sus naves.
- *16 de agosto*: Hernán Cortés y su grupo parten hacia Tenochtitlan.
- *Primeros días de septiembre*: batallas entre los guerreros de Tlaxcala y los castellanos.
- *16 a 18 de octubre*: se lleva a cabo la matanza de Cholollan, en la cual los castellanos asesinan a más de cinco mil cholultecas.
- *8 de noviembre*: encuentro entre Motecuhzoma y Hernán Cortés, a las afueras de Tenochtitlan. Malintzin es traductora del encuentro.

1520

- *19 de abril*: comienzan a llegar las tropas de Pánfilo de Narváez.
- *10 de mayo*: Hernán Cortés sale de Tenochtitlan con dirección a Veracruz.
- *20 de mayo*: se lleva a cabo la matanza del Templo Mayor.
- *28 de mayo*: por la noche, las tropas de Narváez y las tropas de Cortés se enfrentan. La batalla se detiene en cuanto Pánfilo de Narváez pierde el ojo.

- *24 de junio*: Hernán Cortés y sus hombres vuelven a Tenochtitlan y encuentran una situación tensa.
- *25-29 de junio*: muerte de Motecuhzoma.
- *30 de junio*: al intentar escapar, Hernán Cortés y sus hombres son emboscados por los guerreros mexicas. Es un evento conocido como la Noche Triste.
- *7 de julio*: batalla importante entre los mexicas y los castellanos en Otumba.
- *Julio-octubre*: Hernán Cortés vuelve a establecer alianzas.
- *7 de septiembre*: Cuitlahuatzin es nombrado Tlatoani.
- *25 de noviembre*: Cuitlahuatzin muere a causa de la viruela.

1521

- *25 de enero*: Cuauhtémoc es nombrado Tlatoani.
- *10-13 de mayo*: comienza el sitio de Hernán Cortés y sus aliados a Tenochtitlan.
- *13 de agosto*: caída de la gran Tenochtitlan, Cuauhtémoc es capturado.
- *14 de agosto*: Hernán Cortés y sus aliados celebran la victoria, en lo que ahora se denomina la primera "taquiza" de la historia.

1522

- *Mediados de agosto*: Catalina Suárez llega a Veracruz, y de ahí irá a Coyoacán a buscar a su esposo, Hernán Cortés. Malintzin tiene su propia casa en Coyoacán.
- *1 de noviembre*: Catalina Suárez, esposa de Hernán Cortés, es encontrada muerta en sus aposentos. Testigos reportan que tenía marcas en el cuello.
- *Primeros días de noviembre*: nacimiento de Martín Cortés.

1525

- *28 de febrero*: Hernán Cortés acusa a Cuauhtémoc de conspirar en su contra, y ordena su ejecución. Poco tiempo después, Malintzin se casa con Juan de Jaramillo y viven en la Ciudad de México.

1526

- *6 de julio*: Carlos V otorga a Hernán Cortés el título de Marqués del Valle de Oaxaca y capitán general de la Nueva España.

1529

- *Primeros meses*: se sospecha que Malintzin muere a causa de una epidemia de viruela. Juan de Jaramillo se casa poco después con otra mujer.

Bibliografía

Alcántara Rojas, Berenice, "Los ocho presagios de la conquista en el *Códice Florentino*", *Arqueología Mexicana*, núm. 89, febrero de 2020.

Camba Ludlow, Úrsula, "Gloria y amargura: el fin de Hernán Cortés", *Relatos e historias en México*, año XI, número 122, noviembre de 2018.

Cortés, Hernán, *Cartas de Relación*, Editorial Porrúa, México, 2018.

Díaz del Castillo, Bernal, *Historia verdadera de la Conquista de la Nueva España*, tomos I y II, edición especial de Miguel León-Portilla, Dastin S.L., España.

Duverger, Christian, *Vida de Hernán Cortés: la espada*, primera reimpresión, Taurus, México, 2019.

_____, *Vida de Hernán Cortés: la pluma*, primera reimpresión, Taurus, México, 2019.

González González, Carlos Javier, "La llamada noche triste", *Arqueología Mexicana*, núm. 163, agosto de 2020.

León-Portilla, Miguel, *La visión de los vencidos*, Universidad Nacional Autónoma de México, México, 2013.

Martínez, José Luis, *Hernán Cortés*, Fondo de Cultura Económica, México, 1990.

Olivier, Guilhem, "Tetzáhuitl: los presagios de la Conquista de México", *Arqueología Mexicana*, núm. 89, febrero de 2020.

_____, "Pedro de Alvarado, Eva y la serpiente", *Arqueología Mexicana*, núm. 163, agosto de 2020.

Prescott, William H., *Historia de la Conquista de México*, Porrúa, México, 2013.

Restall, Matthew, *Cuando Cortés conoció a Moctezuma*, primera reimpresión, México, Taurus, 2019.

Ricalde, Nora, "¿Hernán Cortés asesinó a su esposa?", *Relatos e historias en México*, año xi, núm. 132, septiembre de 2019.

Rosas, Alejandro, *Las caras ocultas de Hernán Cortés*, primera reimpresión, Editorial Planeta, México, 2019.

Rueda Smithers, Salvador, "El árbol de la derrota", *Arqueología Mexicana*, núm. 163, agosto de 2020.

Townsend, Camilla, *Malintzin: una mujer indígena en la conquista de Mexico*, Ediciones Era, México, 2015.

Thomas, Hugh, *La conquista de México: Moctezuma, Cortés y la caída de un imperio*, México, Editorial Planeta, 2020.

Esta obra se imprimió y encuadernó
en el mes de octubre de 2023,
en los talleres de Impregráfica Digital, S.A. de C.V.,
Av. Coyoacán 100–D, Col. Del Valle Norte,
C.P. 03103, Benito Juárez, Ciudad de México.